学术研究专著

内河船舶行为建模与视觉融合感知关键技术研究

郑元洲　钱　龙　著

西北工业大学出版社

西安

【内容简介】 本书是在船舶智能化发展的背景下,在内河复杂水域船舶碰撞现状的基础上,结合作者多年来的研究工作,从通航安全和船舶自主航行角度出发,凝聚出的关于内河船舶行为建模与视觉融合感知关键技术的研究。本书旨在解决当前桥区水域船舶非安全行为识别、基于双目立体视觉的船舶目标测距及监测、AIS和视觉信息融合以及恶劣天气条件下通航环境视觉增强感知等问题,主要进行了四个方面的针对性研究:船舶非安全行为建模与识别、内河复杂环境下船舶目标检测、基于双目立体视觉的船舶目标测距、船舶AIS和视觉信息融合感知。

本书可供从事船舶行为建模与视觉融合感知研究和应用的科技工作者使用,亦可作为高等学校高年级本科生、研究生与教师的教学和科研参考用书。

图书在版编目(CIP)数据

内河船舶行为建模与视觉融合感知关键技术研究 / 郑元洲,钱龙著 . — 西安:西北工业大学出版社, 2024.2

ISBN 978 - 7 - 5612 - 9233 - 4

Ⅰ.①内… Ⅱ.①郑… ②钱… Ⅲ.①内河船-船舶航行-自主制导-安全行为-系统建模-研究 Ⅳ. ①U674

中国国家版本馆 CIP 数据核字(2024)第 047628 号

NEIHE CHUANBO XINGWEI JIANMO YU SHIJUE RONGHE GANZHI GUANJIAN JISHU YANJIU

内河船舶行为建模与视觉融合感知关键技术研究
郑元洲 钱龙 著

责任编辑:高茸茸		策划编辑:杨 军	
责任校对:董珊珊		装帧设计:高永斌 李 飞	
出版发行:西北工业大学出版社			
通信地址:西安市友谊西路 127 号		邮编:710072	
电 话:(029)88491757,88493844			
网 址:www.nwpup.com			
印 刷 者:陕西向阳印务有限公司			
开 本:720 mm×1 020 mm		1/16	
印 张:13.375		彩插:5	
字 数:269 千字			
版 次:2024 年 2 月第 1 版		2024 年 2 月第 1 次印刷	
书 号:ISBN 978 - 7 - 5612 - 9233 - 4			
定 价:69.00 元			

序

内河水路运输是国家综合运输体系的重要组成部分。在全球科技迅猛发展的背景下,人工智能与航运技术的深度融合成为必然趋势。船舶运输作为水路交通系统的核心,其智能化程度对于航运业的可持续发展至关重要。本书作者在国家自然科学基金、湖北省自然科学基金以及交通运输部战略咨询项目的支持下,聚焦内河船舶行为建模与视觉融合感知这一前沿领域,致力于深度融合人工智能与船舶安全航行,提升船舶航行的智能化水平,保障船舶的安全、自主和高效航行。

当前,在船舶行为建模与视觉融合感知研究领域,系统性、综合性研究与阐述这些关键技术的书籍相对较少。本书是作者结合自身多年航海实践经验和一线教学与科研经历,在广泛吸取国内外学者优秀成果的基础上形成的著作,对智能航运的研究和实践开展了积极的探索。

本书是作者对科研成果的整理分析与深度提炼,同时,在本书的撰写过程中,凝聚了众多学者与研究人员的智慧和心血。其中,武汉理工大学水路交通控制全国重点实验室、国家水运安全工程技术研究中心、内河航运技术湖北省重点实验室及航运学院的教师和学生给予了重要的支持,为本书的顺利完成提供了帮助。

期望本书可为从事相关领域的科研人员和工程师提供有益的参

考,也可为高等学校交通运输类相关专业师生的教学和研究工作提供参考和借鉴。

中国工程院院士

水路交通控制全国重点实验室主任

武汉理工大学教授

2023 年 12 月

前　言

"交通强国,水陆并行",水路运输作为综合交通运输方式之一,是交通强国的应有之义。近年来,随着我国经济持续稳步的发展,党中央国务院提出的长江经济带发展战略、"一带一路"倡仪和京津冀协同发展战略已成为推动我国经济发展的强大动力。习近平总书记在重庆视察时指出,长江流域经济社会迅猛发展,综合实力快速提升,是我国经济重心所在、活力所在。船舶运输是水上交通的重要组成部分,其航行智能化程度直接影响航运业发展水平。

在国家自然科学基金、湖北省自然科学基金以及交通运输部战略咨询项目的支持下,本书主动对接交通强国战略,深入服务水上交通安全保障重大行业需求,注重人工智能关键前沿技术同船舶安全航行的深入融合,围绕内河船舶行为建模与视觉融合感知关键技术展开研究工作,有效保障了船舶安全、自主、高效地航行,提升了船舶航行的智能化水平。

近年来,国内外在船舶行为建模与视觉融合感知领域开展了大量的模型和算法研究,取得了一些宝贵的研究成果,涌现出了大量文献资料,但系统介绍船舶行为建模与视觉融合感知理论、方法和应用的书籍非常少,这使得很多刚刚踏入这一研究领域的初学者感到学习起来相当困难,不利于船舶行为建模与视觉融合感知研究和应用的进一步普及和深入发展。为此,笔者在多年船舶行为建模与视觉融合感知研究的基础上,结合国内外学者的相关研究成果撰写了本书。

本书主要介绍船舶行为建模与视觉融合感知关键技术的相关概念、理论、模型、技术框架、方法以及实现。全书共分为 6 章,具体内容如下:第 1 章主要介绍船舶行为建模与视觉融合感知关键技术的研究背景、研究意义、研究现状和研究内容。第 2 章建立桥区水域船舶非安全行为分析与识别模型,详细阐述船舶航行规律和行为特征提取的概念和方法。第 3 章介绍船舶目标检测的相关算法和工作流程。第 4 章介绍基于双目立体视觉(Binocular Stereo Vision,BSV)的船舶目标测距方法与监测系统。第 5 章介绍船舶自动识别系统(Automatic Identification System,AIS)和视觉信息融合感知的相关研究和方法实现。第 6 章为本书的总结与展望部分,本章详细总结船舶行为建模与视觉融合感知研究工作,并针对本书的不足之处做进一步的工作安排。

本书具体分工如下:郑元洲负责全书研究内容的确定,技术路线的实施,试验方案的设计以及第 1、2、3、6 章的撰写工作;钱龙、曹婧欣负责本书第 4、5 章的撰写和全书的材料整理工作。在此,衷心地感谢课题组刘欣宇、崔康靖、黄海超、侯文波、李鑫等对本书材料的整理和优化工作。

本书的出版得到了国家自然科学基金项目"基于船岸协同感知的船桥主动避碰研究"(项目批准号:51979215)及"面向内河智能船舶过桥的场景感知与语义理解研究"(项目批准号:52171350)的资助。在撰写本书的过程中,武汉理工大学内河航运技术湖北省重点实验室及航运学院的教师和同学给予了莫大的鼓励和帮助,在此对他们表示诚挚的谢意。

在撰写本书的过程中,参考了大量相关文献资料,在此谨向其作者表示感谢。

由于水平有限,书中不足之处在所难免,恳请广大读者和同行批评指正。

著 者

2023 年 12 月

目　　录

第1章 船舶行为建模与视觉融合感知发展现状

1.1 研究背景及意义

随着长江经济带发展战略和"一带一路"倡仪进程的全面推进,长江黄金水道建设日益纵向深入。与此同时,交通运输部在 2021 年发布的《数字交通"十四五"发展规划》[1]和《绿色交通"十四五"发展规划》[2]中提出,我国水运行业需坚持创新驱动、数字赋能,形成以智能船舶、数字航道、智慧港口等为主体的"新一代航运系统"。在新一代航运系统的建设中,内河航运占据着重要地位,其基础设施体系已成为促进我国交通产业结构调整与绿色低碳发展的主攻方向,极大促进了内陆地区与沿海地区的经济联系,推动了区域协调发展。

目前,长江水域船舶运输活动日益壮大和繁忙,航道等级越来越大,桥梁数量不断增加。桥梁的建设和使用完善了陆上交通系统,推动了经济发展,但也在一定程度上影响了桥区通航环境,使得船桥碰撞事故时有发生。船桥之间的安全防撞逐渐引起更多关注,这对桥区水域的信息感知与处理能力提出了更高要求。然而,按照现行的内河船舶航行规章制度,船舶通过桥区河段时依旧采用人工操舵的方式航行,其主要原因在于仅利用目前船舶配备的导助航设备,无法满足桥区船舶自动航行要求,船舶驾引人员需凭借丰富的经验在短时间内采取正确的船舶操纵策略,以快速应对桥区通航条件的变化,从而安全通过桥区水域。因此,利用当前日益成熟的通信网络及设备等感知手段,针对桥区河段水域环境与船舶操纵特性,对船-桥防撞进行预控并实现桥区船舶自主航行成为主要研究方向。为此,本书立足内河船舶智能化发展重大需求,以智慧引领科技创新,强化船岸协同的内河航运安全管控,大力发展智慧交通,以通航安全为出发点,深入开展内河桥区水域船舶行为建模与视觉信息融合关键技术研究。

笔者根据近年来在船舶通航安全保障的工作实践,针对内河桥区河段船舶航行特征及建模、水面目标检测及恶劣通航条件下视觉增强感知、基于双目立体视觉技术的船舶目标测距、AIS 和视频信息融合感知等问题展开深入研究。结合船舶历史航行数据,通过对桥区河段船舶通航环境及特征的分析,建立船舶非安全行为识别模型,通过识别桥区船舶违章行为,及时给海事监管人员发出警报,对其进行重点监控,为水上执法部门监管提供参考,进一步预防桥区水域船舶交通事故,保障船舶安全通过桥区水域。在船舶目标检测方面,分析传统检测算法的不足,并结合目前主流的检测算法进行研究。同时,分析恶劣通航环境下视觉感知的不足,研究不同天气条件下的视觉增强感知模型,进一步保障船舶航行安全。在船舶目标水面测距方面,以双目立体视觉技术为基础,建立船舶目标深度估计模型,通过视觉信息准确恢复船舶航行特征。最后,为解决桥区水域多源异构信息之间的复杂性、强噪声、冗余性以及难以统一利用的问题,提出自适应卡尔曼滤波算法的 AIS 和视频信息融合模型,提高了多传感器信息的置信度和鲁棒性。

本书研究成果可作为船桥碰撞预警理论体系的补充,可促进桥区水域船舶通航安全保障技术的发展,对研究桥区水域船舶安全通航具有重要的现实意义,同时,可为未来内河船舶智能化、智慧水上交通奠定坚实的理论基础。

1.2　国内外研究现状

1.2.1　船舶非安全行为建模与识别研究现状

船舶行为被定义为船舶在驾驶人员操纵下以航行、避让为主要目的的行动方式和规律[3]。通过对船舶运动特性的分析与研究,可以全面了解船舶在航行、操纵与避碰等方面的基本规律,从而为船舶交通理论研究、交通安全管理与规划等领域的发展奠定基础。在船舶行为分析与建模方法的基础上,学者们主要从轨迹数据处理与分析、轨迹聚类分析、异常行为检测等方面开展了深入的研究。

在船舶轨迹数据处理与分析方面,刘敬贤等[4]通过分析港口航道环境特征及航道交通流特征,建立了基于船舶行为特征的港口航道通过能力模型并进行了仿真。张代勇等[5]提取船舶自动识别系统(AIS)数据中的航速、航向、位置信息,通过计算船舶间的距离、时间差与航向差识别船舶会遇和追越等行为,实现了对内河水域的异常行为的快速识别。Van Hage 等[6]通过计算轨迹段的平均速度推导出了加减速、锚定等船舶行为类型,将船舶数据语义转换成了实际行为。Xiao 等[7]通过比较狭窄水道与宽阔水道的 AIS 数据、分析不同类型和大小的船舶的位置、速度、航向和间隔时间分布来描述船舶行为,得出了研究水域的船舶航向和船速均符合正态分布的结论。Rong 等[8]根据船舶类型、大小和最终目的地对历史交通数据进行分组,根据轨迹和速度分布图的横向分布,在识别的航线航段和航路点处对海上交通进行了概率表征。Zhou 等[9]通过分析船宽与船舶位置、对地航向和对地航速等之间的关系对船舶的特征进行了分类,并基于统计分类方法得到了不同船舶的运动规律,实现了船舶的行为分类。文元桥等[10]以船舶时空轨迹为基础,根据船舶的运动状态、轨迹所处空间特征以及行为的语义特征,将抽象的船舶时空行为具象为原子行为、拓扑行为和交通行为,实现了从船舶的时空轨迹到对应行为语义描述的转换。Wang 等[11]通过分析轨迹数据并提取速度、航向等特征,基于朴素贝叶斯方法实现了内河船舶轨迹的准确分类。Qian 等[12]通过对采集到的 AIS 数据进行预处理,并从中提取出一系列典型的轨迹,结合深度长短时记忆网络框架和遗传算法对每类典型轨迹进行预测,实现了船舶未来运动信息的精准预测。

在船舶轨迹聚类分析方面,Liu 等[13]通过对原始 AIS 数据的处理,利用 K - 均值聚类算法识别交通流的结构特征,基于不同船舶类型研究航道资源的时空消耗以及转换航路方式造成的航道资源浪费,量化繁忙航道中不同类型船舶的航道通行能力,为繁忙航道船舶航道设计和调度方案的确定提供了支持。陈克嘉[14]使用改进的 K 均值聚类算法对桥区航行特征进行提取和行为划分,为克服数据点噪声和离群值的敏感性,结合 K - Means＋＋和迭代自组织数据分析(Iterative Selforganizing Data Analysis, ISODATA)算法的优势,设计了 KM - ISO 算法,弥补了 K - Means 算法的不足。Mazzarella 等[15]提出了一种从渔船历史 AIS 数据中自动提取捕鱼区的算法,通过识别停靠点与移动点来区分捕鱼停止点和移动区域,使用经典的基于密度的噪声应用空间聚类(Density - Based Spatial Clustering of Applications with Noise, DBSCAN)算法评估捕鱼区的位置,从而识别船只可能捕鱼的点。朱姣等[16]针对现有 DBSCAN 方法从状态空间中抽取相似船只航迹时运算量大的问题,采用增量式算法对 DBSCAN 算法进行了改进,实现了对不同类型船只航迹的快速识别。

在船舶异常行为检测方面,Zouaoui 等[17]通过监控港口中船舶的行为来维护港口安全,基于概率隐马尔可夫模型方法与反应式同步语言方法相结合的方式进行建模,从而识别了正常和异常的船舶行为。何帆等[18]将船舶异常行为识别方法分为时空分析法与航行状态判定法,通过研究船舶在航行中的异常行为,建立相关的数学模型,并将其运用到 ECIVMS SDK 电子地图平台上,可准确检测船舶违章信息。李爽[19]为解决渔船可疑行为中的"一船多码"现象,根据分段余弦相似性识别渔船共用统一海上移动业务识别（Maritime Mobile Service Identity，MMSI）号的情况，有效解决了渔船监管混乱的问题。D'afflisio 等[20]提出了基于广义似然比测试和模型阶数选择的异常检测方法，解决了船舶故意报告虚假 AIS 信息的问题。该方法通过多重假设验船舶是否正在通过 AIS 消息报告掺假位置信息以隐藏其当前计划路线和可能偏离标称路线的问题。马杰等[21]结合支持向量机（Support Vector Machine，SVM）与贝叶斯分类器两者的优势，提出了联合支持向量机-贝叶斯滤波的辨识会遇态势模型，对交叉、对遇和追越等会遇态势进行了有效识别，有效降低了单独使用 SVM 的误判概率。靳晓雨[22]利用改进的多类回归算法对船舶轨迹进行了分类研究，构建了船舶轨迹分类预测模型，可以准确地预测船舶运动信息。王畅[23]提出了一种基于泊位聚类的船舶靠泊轨迹分类方法，利用密度聚类算法对泊位点进行聚类，从而准确区分船舶靠泊点及靠泊轨迹，并验证了聚类结果的准确性。杨帆等[24]通过训练人工标注的船舶异常行为状态标签，使用双向长短期记忆神经网络对船舶异常行为进行分类，实现了基于时间序列的 AIS 数据的船舶异常行为识别。王立林等[25]从大量船舶航迹数据中抽取出有鉴别能力的船舶航迹，使用多尺度卷积技术提取了轨迹数据的特征，以构建船舶航迹识别网络。

从已有文献资料来看，针对船舶 AIS 数据进行处理、分析和挖掘已成为船舶行为建模的主要研究热点，但如何有效并充分利用 AIS 数据的时空特征仍然面临较大的挑战。采用深度学习进行船舶行为建模是目前较为主流的方向，本书旨在进一步研究内河桥区、闸口等复杂水域的船舶行为建模及非安全行为识别。

1.2.2　船舶目标检测研究现状

视觉感知作为一种辅助感知方式，相当于船舶的"眼睛"，其通过准确检测航行环境中的物体，尤其是船舶，对助航和自主船舶的安全控制起着至关重要的作用。目前，利用卫星遥感[26]、合成孔径雷达[27]和视频监控系统[28]进行船舶检测引起了航运业广泛的关注。

目标检测算法通常分为两阶段检测算法和单阶段检测算法。两阶段检测算法[29]主要基于区域检测的思想，将检测过程分为两个步骤，即先提取目标候选框的特征信息，然后利用卷积神经网络（Convolution Neural Network，CNN）对候选框位置进行分类与位置回归，此类算法精度高，但存在鲁棒性差、计算成本高、检测速度较慢等缺点，难以满足实时性的要求。单阶段检测算法[30-31]则将分类问题转化为回归问题，采用 CNN 的卷积特征，直接预测不同目标的类别与位置信息,极大地提高了算法的检测速度,且适用性较强,能够满足实时性的要求。近年来,研究者提出了基于变压器(Transformer)[32]的目标检测算法,引入了注意力模块以增强特征信息的表达能力,此类算法对目标特征的融合能力较强,检测精度高,但模型的训练成本较大。

目前,对于各类船舶目标的检测算法主要以 YOLO[31] 系列为主,Li 等[33] 以 YOLOv3 模型为基础,将卷积块注意力模块(Convolutional Block Attention Module,CBAM)引入主干网络,拓展了预测模型的通道,使模型更加关注目标特征,进一步提高了模型对小目标的检测精度。同样地,Chen 等[34] 针对特征融合过程中底层特征语义信息不足的问题,将注意力增强(Attention Enhancement,AE)模块嵌入 DarkNet‐53 网络结构,以增加相应特征层的感受野大小,增强特征提取网络的关联度,并通过构建一种 AE‐YOLOv3 船舶检测模型,提高了模型在复杂导航背景下的特征提取能力。Han 等[35] 在 YOLOv4 模型的基础上,将空洞卷积引入空间金字塔池化(Spatial Pyramid Pooling,SPP),提升了模型对小型船舶空间信息的获取能力,然后使用注意力机制和残差思想对特征金字塔进行改进,进一步提升了模型的特征提取能力。Zhou 等[36] 提出了一种改进的 YOLOv5 船舶检测模型,用混合深度卷积替换主干网络中的标准卷积运算,并引入协同注意力模块,同时利用焦点损失和完整交并比(Complete Intersection over Union,CIoU)损失作为模型的整体损失函数,进一步提升了算法的检测能力。Zhao 等[37] 针对具有复杂背景的大规模船舶遥感图像,利用并行注意力残差块(PARB)进行了主干网络的卷积特征提取,并设计了一种轻量级分类器过滤大量背景信息,最后结合带方位回归的无锚探测器进行船舶检测,取得了较好的检测效果。Zhang 等[38] 将改进的 CA‐Ghost、C3Ghost 和 DepthWise 优化模块引入 YOLOv5 模型,在降低模型参数量和计算量的同时,保证其强大的特征表达能力,实验证明,改进模型的检测精度和鲁棒性均较高。Tian 等[39] 通过设计密集特征提取模块,将不同分辨率的底层信息和高层语义信息进行融合,同时最小化计算量,提升了模型的特征表达能力。

虽然船舶目标检测已经得到了广泛应用,但仍然存在一些困难和问题需要进一步研究解决。分析现有的检测算法和相关文献资料可以发现以下问题:

(1)复杂背景和通航环境。船舶经常在复杂的水域环境中行驶,可能包括波浪、浓雾等,这些因素增加了目标检测的难度。

(2)船舶的多样性。船舶的种类多样,包括货船、渔船、游艇等,它们在形状、大小和纹理上差异巨大。有时,甚至船只的状态(比如船只倾斜)也可能影响目标检测的准确性。

(3)遮挡和部分可见性。船舶在水面上移动,可能被其他物体、波浪或者雾气等遮挡,甚至只有部分露出水面,这种情况下,船舶的部分可见性会影响检测的准确性。

（4）光照条件。不同光照条件下，船舶的外观会发生变化，这可能影响视觉系统的性能。例如，在强烈的阳光照射下，船舶可能会产生阴影，使得检测算法难以识别。

（5）实时性要求。在一些应用场景中，例如航行辅助系统，对船舶目标的快速、准确检测至关重要，这对算法的实时性提出了较高要求。

（6）海上（内河）航行安全性。船舶目标检测的准确性直接关系到海上航行的安全性，误报或者漏报可能导致碰撞或其他安全事故。

（7）目标检测算法通用性差。尽管已经存在许多优化的检测方法，但对于某一特定的应用和研究区域，选择一个合适的方法仍然十分困难。

为了克服这些问题，研究者需不断改进船舶目标检测的算法，采用更加先进的计算机视觉和深度学习技术，以及更为丰富的数据集来提高算法的鲁棒性和准确性。

1.2.3　基于双目立体视觉的船舶测距研究现状

双目立体视觉（BSV）[40]技术作为计算机视觉领域的一个分支，正在逐步走向成熟，其主要由双目相机标定[41]、图像立体匹配[42]和深度计算三部分组成，通过模拟人的"眼睛"，以两台摄像机同时拍摄相同的目标场景，直接处理周围环境信息，由三角测量原理[43]实现对三维场景中目标的识别与距离测量。该技术结构简单，具有较高的灵活性和可靠性，被广泛应用于三维图像重建[44]、机器人导航[45]、工业产品的质量检测[46]等方面。

在船舶目标水面测距方面，黄椰[47]通过构建双目图像视差与相机焦距间的线性模型，提出了一种长焦距相机的标定方法，实现了双目相机对远距离船舶的运动跟踪。郑坤等[48]对双目拍摄的海浪图像采用 Harris 特征点进行立体匹配得出视差图，实现了对海浪精确的三维重建。雷洁[49]将双目视觉定位技术引入船舶运动控制的室内模型研究中，所建立的双目视觉系统可以实时地反馈船模的位置信息，并通过控制系统实现了船模的定艏向控制和航行跟踪控制。李建起[50]将双目视觉测距和卡尔曼滤波算法相结合，采用三维坐标计算船舶的运行轨迹，并根据卡尔曼滤波原理，建立了船舶轨迹跟踪模型，实现了对船舶运行状态的实时跟踪。卢俊[51]将双目立体视觉技术应用于船舶高度测量，以视觉背景提取（Visual Background Extractor，ViBE）建模法和三帧差分法从背景中检测并提取船舶运动目标，采用基于块的局部匹配算法进行特征搜索与匹配，所设计的船舶测高系统误差较小，有效保障了向家坝船舶的通航安全。张啸尘等[52]将YOLOv3 算法与双目视觉相结合，在快速、准确检测船舶目标的基础上，实现了目标的精准测距与定位。金超[53]通过优化特征点提取方案和双目图像立体匹配算法,设计了亚像素级视差计算方法,实现了无人水面艇的距离测量。陶韬[54]将双目立体视觉技术应用在复杂水面环境下无人艇的检测与测距中,有效提高了无人艇的环境感知能力,保障了其自主航行的安全性。

从已有研究及相关文献资料可以看出,双目立体视觉测距作为一种常用的三维感知方法,被广泛应用于诸多领域,但目前该技术仍存在一些困难和问题需要进一步解决:

(1)视差(基线)范围限制。双目视觉测距的基本原理是通过两个摄像头(或单个摄像头的不同视角)观察同一场景,从中计算出像素间的视差,进而计算物体到摄像头的距离。然而,视差的计算范围通常受到硬件设置的限制,这限制了测距的有效范围。

(2)目标纹理信息缺失。在某些场景下,物体表面缺乏足够的纹理或纹理过于均匀,这会导致双目视觉难以准确计算视差,从而会影响测距的精度。例如,光滑、反光或单一颜色的表面通常难以提供足够的视觉特征。

(3)匹配问题。双目视觉中的匹配问题指的是如何将左右两幅图像中的对应点正确地匹配起来。在存在遮挡或形状不规则的情况下,匹配变得更加困难。一些算法,如经典的立体匹配算法,对于这种情况容易产生误匹配。

(4)光照和环境条件。强光、阴影、不均匀的光照和恶劣的天气条件(如雨、雾、雪)可能导致图像中的物体边缘不清晰,从而影响视差计算。

(5)硬件精度。双目立体视觉系统的硬件精度对测距的准确性有很大影响。摄像头的内部参数、镜头畸变等因素都需要精确校准,否则会引入误差。

(6)实时性和计算复杂度。高精度的双目视觉测距通常需要复杂的计算,这对于实时性要求较高的应用(如自动驾驶)是一个挑战。在有限的计算资源下,如何在保证精度的同时提高算法的计算速度是一个问题。

为了克服以上问题,研究者还需不断优化双目立体视觉算法和相关硬件设备,包括寻找更高效的立体匹配算法,优化纹理缺失和遮挡情况下的深度信息估计方法,以及解决现有算法计算量大、实时性差等问题。

1.2.4　船舶 AIS 与视频信息融合感知研究现状

目前,国内外多源异构信息协同感知机制与模型研究较多,但针对航运领域中船岸信息、通航环境信息、天气条件等信息协同感知方面的研究还较为少见。智能感知技术作为船舶智能航行的前提,利用雷达、摄像头、AIS 等船载传感器设备以及信息处理技术设备获取船舶自身状态信息和船体周围各种信息,为船舶智能航行后续的智能决策、智能控制等关键技术提供更可信的数据支持,一定程度上决定了船舶航行智能化的水平。

在船岸信息融合与一体化研究方面,孙辉[55]指出,船舶网络与信息安全工作是继航线规划、造船投入和人才培养之后的"第四种生产要素"。生力军[56]针对当前船岸通信依赖海事通信卫星而导致成本高,以及天气影响因素严重的现状,采用管理信息系统(Management Information System,MIS)技术改善船舶通信中面临的数据处理的分类问题,从通信算法和逻辑控制层面提升了整体的船岸通信效率。此外,在船岸网络互连方面,2014年,中国沿海港口日照港率先规划建设了无线基站,该基站能辐射日照港锚地以内的海区[57]。陈超等[58]运用先进的Web技术,开发了一种基于浏览器-服务器(Browser/Server,B/S)结构的船岸一体化管理信息系统,该系统可以先将船载设备采集的机舱设备实时数据打包,通过卫星发送到邮件服务器,然后在岸基通过Web服务器接收并处理邮件服务器中的数据包,使得船舶管理人员可以通过标准浏览器访问本系统网站,从而实现了岸基船舶公司对中远距离船舶信息的实时监控,实现了船岸信息一体化。严忠贞等[59]在总结现有数据融合技术的基础上,对目前的多层次传感器数据融合技术进行了分析,提出了通航环境下的数据融合模型,并基于长江航运研究领域信息采集的多数据源融合问题,提出了多数据源的数据融合模型及其采用的主要算法。刘波[60]提出了一种船岸信息一体化系统的设计和实现方法,采集多种船舶通信导航设备的数据,对数据进行处理分析后,提出了一种适合窄带情况下的视频传输方案,并通过实现船载数据采集、应用船舶卫星通信链路、建设岸基信息化系统,最终实现了船岸一体化的在线监控与管理平台。其低造价及易于安装和使用的特性非常适合应用于我国船舶航行环境,对提高我国船舶航行的安全性具有积极意义,同时对内河水域乃至长江干线桥梁水域船舶航行安全起到了至关重要的作用。周晓菱[61]系统研究了基于Web技术的船岸一体化信息平台技术,通过嵌入式CAN/Ethernet网关将各分平台底层船舶设备实时数据采集并存入上层数据库,利用J2EE技术对这些已共享的数据进行进一步分析处理,给出了基于Web技术的船岸一体化信息平台的解决方案,开发了一个基于B/S架构的预演系统,解决了目前国内船舶计算机联网与船岸海事卫星无线网络通信中自动化装置采集的实时数据的分散、不完善且利用程度低等问题。

目前,AIS和视频、AIS和雷达以及AIS、视频和雷达信息融合成为主要研究方向。沈炜[62]在AIS和导航雷达融合研究中,提出了基于决策树进行航迹关联判断的方法,并构建了结合扩展卡尔曼滤波和统计加权的融合模型,得到了融合系统轨迹,有效降低了目标状态估计误差,改善了多目标信息融合效果。俞金龙[63]在研究舰载AIS与雷达信息融合问题上,采用隶属度函数加权求和实现了各船舶信息的关联,且融合结果表明,融合后航迹位置精度高于雷达信息,信息采样点高于 AIS 信息。张蒙蒙[64]围绕目标船舶的高频地波雷达(HFSWR)、AIS、合成孔径雷达(SAR)的融合问题,基于 Munkres 设计了一种全局最优关联算法,其效果优于最近邻关联方法。汪旸[65]围绕船舶交通服务(Vessel Traffic Services,VTS)系统的需求和潜能,采用时空校准算法完成了雷达与视频的关联校准,并利用 K 近邻(K - Nearest Neighbor,KNN)聚类算法获得目标中心所在位置,实现了多雷达视频融合。王维刚[66]针对航行环境感知问题,设计了一个航行环境感知平台,在船舶目标检测与跟踪的基础上,实现了 AIS、雷达和图像数据的融合。

由现有研究和相关文献资料可知,基于多传感器信息融合的船舶环境感知方法有效提高了信息的利用率和置信度,能够进一步提升航行安全性。但是,构建一种精准的信息融合模型仍然具有较大的挑战。本书聚焦于构建船舶 AIS 和视觉信息融合模型,在实际应用中仍面临如下问题和难点:

(1)数据不一致性。AIS 提供船舶的位置、速度、航向等信息,视觉信息可能提供更为详细的场景信息,然而,这两种数据的更新频率、精度和准确性可能存在差异,导致信息不一致,融合时需要解决数据不一致性的问题。

(2)遮挡和视野盲区。船载视觉采集系统受到天气、光照、遮挡等因素的影响,可能无法获取完整的船舶信息。当船舶被建筑物、其他船只等遮挡时,AIS 数据可能是唯一可用的信息源,这种情况下融合会受到挑战。

(3)数据精度和准确性。AIS 提供的信息可能受到船舶设备状态、信号传输等因素的影响,导致位置信息产生偏差。视觉系统也可能受到摄像头精度、校准等问题的影响。因此,融合时需要考虑各种数据的精度和准确性问题。

(4)大数据处理和实时性。海事领域通常需要处理大量的船舶数据,包括来自 AIS 的实时数据和来自视觉系统的图像或视频数据。如何高效地处理大规模数据,保证融合系统的实时性,是一个非常具有挑战性的问题。

为了克服这些问题,研究者通常需要进一步优化多传感器融合技术,以提高船舶信息融合系统的准确性和可靠性。同时,需要结合领域专家的知识,设计合适的数据处理和融合策略,以应对不同场景和需求。

1.3　主要研究内容

本书旨在解决当前桥区水域船舶非安全行为识别、基于双目立体视觉的船舶目标测距及监测、AIS 和视觉信息融合以及恶劣天气条件下通航环境视觉增强感知等问题。根据拟解决的问题,本书主要进行了以下四个方面的针对性研究。

1. 船舶非安全行为建模与识别

(1)桥区水域船舶轨迹预处理。桥区水域是指桥轴线上、下游一定距离范围内的水域。本书从桥梁对航道的影响和船舶操纵的角度出发,结合《内河通航标准》(GB 50139—2014)等规范,界定了武汉长江大桥、武汉长江二桥及武汉二七长江大桥的桥区水域。以此为基础,通过安装与调试 AIS 设备,实时接收桥区船舶通航轨迹数据,通过数据去噪、修复等工作对轨迹数据进行处理。考虑到 AIS 数据冗余和计算效率的问题,采用改进道格拉斯-普克算法(Douglas - Peucker Algorithm,D - P 算法)实现了轨迹压缩,并有效保留与重构了原始轨迹。

(2)船舶非安全行为特征提取。在船舶行为建模方面,本书主要对桥区水域船舶非安全行为进行了深入研究。依据桥区水域船舶航行相关法律法规,综合考虑船舶速度、航向、航迹等特征进行分析,建立了船舶超速、掉头、横越、追越以及并列行驶 5 种非安全行为判别方法,并以实例验证了该方法的有效性。

(3)船舶非安全行为识别模型建立。本书依据船舶非安全行为特征,结合 AIS 数据中船舶静态信息和动态信息,建立了典型桥区水域的船舶非安全行为数据集。为提高识别准确性,结合 CNN 和长短期记忆(Long Short Term Memory,LSTM)神经网络,建立了一种具有强大时序处理和特征提取能力的深度 CNN - LSTM 模型,并开展了不同工况下的船舶非安全行为识别实验,以验证所提方法的有效性和优越性。

2. 内河复杂环境下船舶目标检测

(1)目标检测算法原理及流程。目标检测作为计算机视觉的重要任务之一,主要用于在所给定的图像上检测特定类别的目标。本书详细介绍了基于候选区域思想和基于回归思想的目标检测算法的基本原理和流程,并针对目前较为流行的 YOLO 目标检测算法进行了相关改进,设计了适用于内河船舶目标的轻量化检测模型。

(2)恶劣通航环境下视觉增强。内河航行环境复杂多变,受雾霾等恶劣天气的影响,船载视觉传感器所采集到的图像或视频,经常出现能见度低、对比度差、背景昏暗以及细节信息丢失等问题,一定程度上影响了其他中级和高级视觉任务。本书针对雾天环境下的视觉增强感知进行了深入研究,以卷积神经网络为基础,设计了船舶图像去雾算法。

(3)复杂环境下船舶目标视觉增强感知。船舶安全航行的关键在于对周围航行环境的有效感知,为保障恶劣通航环境下船舶航行安全,本书构建了雾天船舶图像数据集,设计了视觉增强感知算法,开展了不同通航环境下的船舶目标检测实验,以验证所提算法的有效性和优越性。

3. 基于双目立体视觉的船舶目标测距

(1)双目立体视觉测距模型。本书将双目立体视觉技术引入内河船舶的监测,将其作为对 AIS 和雷达监测手段的补充,以实现在缺少 AIS 或雷达信息的情况下对监测水域内的船舶进行精准定位,实时掌握船舶航行状态。首先,详细描述了相机成像的几何模型,实现了多种坐标系之间的转换;其次,为解决因相机畸变等因素所带来的影响,采用张正友标定法对双目相机进行标定,以获取相机内参和外参矩阵;最后,建立了双目立体视觉测距模型,以获取水面目标(尤其是船舶)的深度信息。

(2)基于图像增强的船舶特征提取与匹配。双目图像的视差是基于图像特征提取与匹配计算的,为提高视差计算的准确性,设计了一种基于船舶图像增强的 ORB 特征检测与匹配算法,有效提升了不同距离船舶特征的信息量和定位精度。

(3)基于双目立体视觉的船舶监测系统。本书对基于双目立体视觉的船舶监测系统的硬件组成和软件开发平台做了详细介绍,建立了双目立体视觉测距系统架构,并采用 PyQt5 框架对交互界面进行设计,实现了内河船舶目标的有效监测。

4. 船舶 AIS 和视觉信息融合感知

(1)数据融合系统及原理。智能船舶在感知周围环境时涉及多种传感器信息,存在数据量大、结构互异以及信息之间存在冲突等问题,无法全面、准确地反映通航水域交通状况,对于船舶安全航行产生了一定的影响。本书以桥区水域船舶 AIS 和视频监控信息为基础进行深入研究,详细介绍了 AIS 通信系统和闭路电视(Closed-Circuit Television,CCTV)监控系统的优势,阐述了多源信息融合的基本原理和分类标准。

(2)多源异构信息融合算法简介。本书详细阐述了目前多源异构信息融合算法的优点和不足,并介绍了几种主流的融合算法,为提高船舶 AIS 和视频监控信息的融合精度和可靠性,提出了一种基于卡尔曼滤波的信息融合算法,有效解决了目前融合算法的不足。

(3)AIS 和视频信息融合感知分析。本书主要验证提出的数据融合算法的有效性和优越性,首先,通过 AIS 和视频监控设备实时采集了内河桥区船舶信息;其次,通过坐标转换和时间插值同步实现了信息之间的时空统一,并以此为基础,采用融合多特征的轨迹关联算法实现了信息之间的有效关联;最后,开展了不同实验条件下的信息融合实验,有效实现了船舶 AIS 和视频监控信息的实时交互与融合。

第 2 章　船舶非安全行为建模与识别

　　船舶非安全行为的有效识别与检测是中国海上(内河)船舶目标监视和管理工作的重要内容,对于严厉打击海上非法行为,保障船舶在海上的正常安全航行,维护中国海洋权益等方面具有重要意义。船舶非安全行为检测主要是指利用船舶的监测数据进行分析处理,确定船舶的行为是否存在异常。异常的行为可能是对海洋安全潜在的威胁,也可能是船舶不合法、不合规的行为表现。从数据上来说,可能是航速、航向、位置等船舶监测数据反常,从实际情况上来说,可能是存在违规捕捞、驶入禁区、走私贩毒等非法活动。有必要对超出限度的异常行为进行检测,从而保障海洋安全。

　　船舶异常行为检测包括多方面的内容,如船舶位置是否合法、船舶速度是否在规定范围、船舶是否进行非法活动以及船舶是否威胁海洋安全等等。通过对船舶异常行为的检测,可以减少船舶违法行为的发生,保障海上船舶航行安全。随着海洋监视技术的快速发展,多方位立体化的海洋监视监测网络对船舶异常行为检测提出了新的要求,探索更全面、更可信的船舶异常行为检测技术对于提升海事监管的能力、扩大海事监测的范围以及保障海上安全具有重要意义。

　　长江航道作为我国内河运输网络的重要组成部分,是我国内陆低成本输运的主要通道。随着国内经济发展和交通运输需求的增加,长江干线桥梁建设的速度也在不断加快。为保障桥区水域船舶安全通过桥梁,相关主管部门制定了相应的管理规定和通航准则,海事部门出台了《长江海事局桥梁通航安全管理规定》[67],规定了船舶在桥区范围内的航路和航法等。桥梁规则的设置对桥区水域的信息感知与处理能力也提出了更高的要求。因此,构建合适的桥区水域船舶非安全行为检测模型,对预防桥区水域船舶交通事故、规范过桥船舶安全航行至关重要,对实现海事交通安全管理具有重要的意义。从微观上来讲,对某一桥区水域的船舶非安全行为进行检测监控,有助于该水域的水上交通主管部门及时发现容易引发高风险的船舶交通事故行为,辅助海事主管部门的调度。从宏观上来讲,建立桥区的船舶非安全行为识别模型有助于管理决策部门把握水上交通安全水平趋势,以及相关法律法规的制定和实施。通过识别桥区航行船舶违章行为,可以及时发出警报给海事监管人员,对其进行重点监控,为水上执法部门监管提供参考。

本书从内河桥区水域船舶安全通航出发,以长江武汉段 AIS 数据为依据进行船舶非安全行为的深入分析与研究。首先,通过对历史 AIS 数据进行采集与处理,提高数据的利用率和置信度。然后,结合相关法律法规提取船舶在内河桥区水域的非安全行为,包括超速、掉头、横越、追越和并列行驶 5 种违章行为。最后,引入 CNN 和 LSTM 深度学习框架,构建深度卷积时序网络(CNN - LSTM)进行船舶非安全行为的检测与识别,以验证模型的有效性。

2.1　桥区水域界定

桥区水域是指桥轴线上、下游一定距离范围内的水域。桥区水域范围的划定可以从两个角度考虑:从桥梁对航道的影响范围来看,桥区水域是桥梁对航道水流(流速、流向等)的影响范围;从船舶操纵的角度来看,桥区水域是指保证船舶安全通过桥梁所需要的最小水域范围。各级水上交通安全监管的机构根据桥区水域的划分,负责监督管理各自管辖范围内的桥区水域通航安全,包括维护通航环境和秩序、发布航行通告、组织协调水上交通事故调查处理等工作。

根据《内河通航标准》有关要求,界定桥区范围:限制性桥梁桥区水域上游范围按照代表船型单船长度的 4 倍,下游范围按照代表船型单船长度的 2 倍;非限制性桥梁桥区水域上游范围按照代表船型单船长度的 2 倍,下游范围按照代表船型单船长度的 1 倍。为维护桥区水域通航秩序,保护桥梁和过往船舶安全,由各级交通运输局根据《中华人民共和国桥区水域水上交通安全管理办法》[69]、《中华人民共和国内河交通安全管理条例》[70]等法律法规,明确桥区水域范围的划分并以《航行公告》形式公布。本书研究区域主要包括武汉长江大桥、武汉长江二桥、武汉二七长江大桥,根据武汉海事局港区海事处规定的桥区水域范围划定如表 2 - 1 所示,具体地理位置如图 2 - 1 所示。

表 2 - 1　武汉段桥梁基本情况

名　称	水域范围	日均断面流量/艘	通航代表船型
武汉长江大桥	上游 1 200 m,下游 800 m 左右	200～350	10 000 t 级
武汉长江二桥	上游 1 200 m,下游 800 m 左右	200～350	15 000 t 级
武汉二七长江大桥	上游 1 200 m,下游 800 m 左右	200～350	5 000 t 级

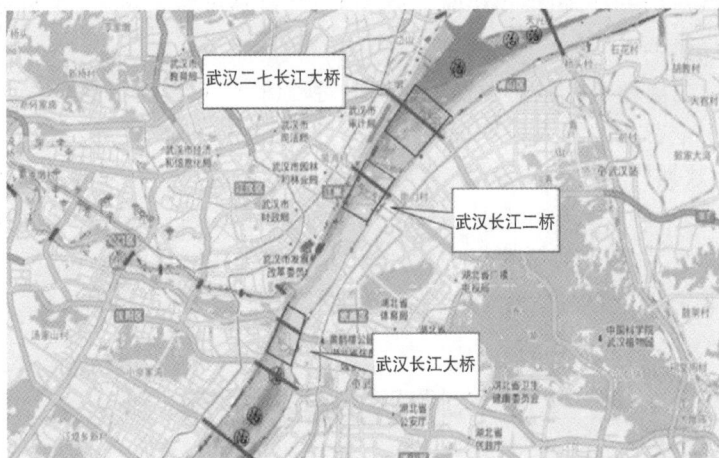

图 2-1　武汉段桥区范围示意图

2.2　桥区船舶 AIS 数据采集及处理

2.2.1　AIS 简介

AIS 作为海上船舶目标监测的最重要手段,是一种用于船-船和船-岸之间进行自动识别和信息交换的无线电设备系统,其有效增强了水上交通安全,降低了碰撞风险。1997 年,国际海事组织(International Maritime Organization, IMO)在《国际海上人命安全公约》(International Convention for Safety of Life at Sea,SOLAS)中规定,所有排水量超过 300 t 或船长超过 20 m 的商船必须安装 AIS 设备,并且在航行中不断地广播船舶的位置、速度、航向等信息[71]。此外,IMO 要求船舶必须接收和处理其他船舶和岸站发送的 AIS 信息,并及时采取避碰措施。之后,IMO 又于 2002 年、2010 年和 2014 年相继发布了修订版本的 SOLAS 公约,不断加强了对 AIS 系统的要求和规定。其中,2014 年版本的 SOLAS 公约对 AIS 系统的技术要求、接口标准和设备测试等方面进行了详细规定,要求船舶必须在航行中持续监测 AIS 系统的工作状态,并确保其正常工作。AIS 系统已经成为国际海上交通管理和船舶安全的标准设备之一,因此越来越多的国家和地区对其进行了规定和要求,以提高海上交通安全和减少碰撞风险。

AIS 系统通过船载信息设备将船舶航行状态信息通过无线电甚高频(Very High Frequency,VHF)在海上广播,周边船只和岸站接收信息,并实现相应的处理和应对措施。AIS 系统可以辅助船舶驾引人员更好地了解周围船舶的情况,预测可能的碰撞风险,并采取及时、正确的操纵行为。船舶交通服务(VTS)也可以通过 AIS 实现对水上交通拥挤区域的航迹规划和指导。AIS 数据具体包含的信息如表 2-2 所示。

表 2-2　船舶 AIS 数据结构

静态信息	动态信息	航行信息
船名	对地航向	船舶状态
呼号	航速	目的地
船舶类型	经度	预计到港时间
船长、船宽	纬度	吃水深度
IMO 识别码	航迹向	危险货类

2.2.2　AIS 数据采集与解析

本书 AIS 数据来源于课题组架设在长江武汉段的 AIS 岸边基站。为收集到实验所需的桥区违章行为数据,以武汉长江二桥水域为中心架设 AIS 基站,其采集范围可以覆盖周围桥梁。此处船舶交通流量密集、船舶类型丰富,有利于研究工作的顺利进行。实验采集数据可视化如图 2-2 所示。

图 2-2　原始 AIS 数据可视化

AIS 数据格式分为明码和暗码。明码以"＄"开头,格式较为简单,无须进行其他操作,可直接进行读取。暗码以"!"开头,格式较为烦琐,需通过字符转换和格式定义,才能用于数据分析。暗码以 UNIX 格式定义的时间戳与 AIS 信息组成,其中,AIS 的信息格式为"! XXYYY, A, B, C, N, Data, V * HH＜CR＞＜LF＞",具体符号代表的含义如表 2 - 3 所示[72]。收集到的 AIS 数据利用 ASCII 格式进行编码存储。

表 2 - 3　AIS 暗码格式表

格　式	含　义	内　容
XX	设备类型	AI 指船载设备,BS 指基站
YYY	语句类型	VDM 指他船信息,VDO 指本船信息
A	报文条数	1～9
B	报文序列数	1～9
C	报文识别码	0～9
N	信道	信道 A 或信道 B
Data	封装信息	数据部分
V	填充位数	需转换为 6 b 的 ASCII 码形式
HH	检验字段	8 位 CRC

对采集的 AIS 信息逐行进行比对核验、二进制转码、二进制解码等处理,将解码后的数据与对应的信息格式进行匹配,进而保存解析出的 AIS 数据,部分数据展示如表 2 - 4 所示。

表 2 - 4　解码及部分 AIS 数据

时　间	MMSI	经度(Lon)/(°)	纬度(Lat)/(°)	SOG/kn	COG/(°)
2021 - 11 - 16 15:25:11	413932554	114.288 9	30.553 28	4.0	218.7
2021 - 11 - 16 15:25:19	413789341	114.279 3	30.565 45	5.9	221
2021 - 11 - 16 15:25:23	413932552	114.280 3	30.567 27	3.6	221.3
2021 - 11 - 16 15:25:26	413812946	114.289 1	30.567 07	9.9	222.1
2021 - 11 - 16 15:25:31	413932554	114.288 9	30.553 28	4.0	222.2
2021 - 11 - 16 15:25:38	413771819	114.298 2	30.571 93	10.7	221.6
2021 - 11 - 16 15:25:53	413789341	114.280 4	30.566 02	5.9	300.1

注:表中 SOG 指对地航速,COG 指对地航向。

2.2.3　AIS 数据去噪

AIS 数据中的动态信息来自 GPS,由于设备自身原因或其他外部环境因素的影响,轨迹数据中会出现影响整体数据质量的噪声数据,其表现为个别 AIS 船舶位置严重偏离正常船舶航行轨迹[73]。数据清洗的目的之一是找出并删除这些噪声,避免其对整条轨迹的影响。数据清洗前后分别如图 2-3 和图 2-4 所示。本书根据研究范围进行以下去噪操作:

(1)删除航行过程中完全重复的数据。本书所使用的 AIS 数据由多个采集点进行采集,存在采集范围叠加的现象,因此要对收集所得数据进行查重、清洗。

(2)删除经、纬度不符合实际情况的数据以及支流数据。根据研究区域划定相应经纬度范围,删除在划定经纬度范围外的数据;采集的数据中会出现支流数据,不在研究范围内,为方便后续数据分析,将支流数据删除。

(3)删除 AIS 点数量不足 50 的船舶轨迹。AIS 数据具有数量庞大、采集频率高、获取速度快等特点,当船舶轨迹点较少时,不能充分体现船舶的运动特性,实验中,低于 50 个轨迹点的船舶轨迹将被直接剔除。

(4)删除停泊轨迹点及停泊轨迹段。本书以运动中的船舶为研究对象,需要对静止状态的轨迹点进行删除以缩短计算时间。有些船舶在锚泊时会产生一些速度低于 1 kn(1 kn=0.514 444 m/s)的 AIS 轨迹,若一条船舶轨迹点的所有速度都小于 1 kn,则认为当前轨迹为静止状态,应对静止轨迹进行删除。

(5)删除坐标发生突变的轨迹点。预处理的轨迹里面包含一些速度突然增大很多倍的轨迹点,明显不符合内河船舶的额定船速。通过计算相邻两个轨迹点之间的平均速度,删除平均航速大于 15 kn 的错误数据。由于 AIS 数据中的坐标来自差分 GPS 中的 WGS84 坐标系,所以相邻两个轨迹点之间的距离可由下列公式计算[73]:

$$d = \sin(y_{i-1})\sin(y_i) + \cos(y_i)\cos(x_{i-1}-x_i), \quad i=2,3,\cdots,n-1,n$$

$$(2-1)$$

$$D = R \times \arccos(d) \times \left(\frac{\pi}{180}\right) \tag{2-2}$$

式中:R 为地球半径,$R=6\ 371\ 000$ m;x、y 为船舶所处位置的经、纬度。

因此,相邻两个轨迹点之间的平均航速为

$$\overline{V_i} = \frac{D}{t_i-t_{i-1}}, \quad i=2,3,\cdots,n-1,n \tag{2-3}$$

式中:$\overline{V}$ 的单位为 m/s,将 15 kn 换算为 7.7 m/s。

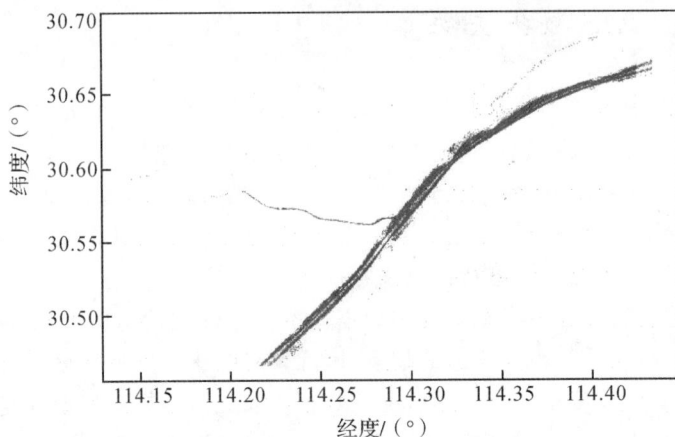

图 2 - 3　数据清洗前

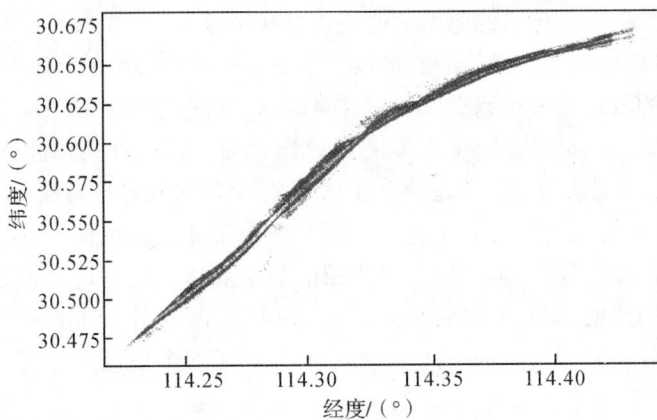

图 2 - 4　数据清洗后

2.2.4　AIS 数据修复

由于 AIS 在传输过程中可能会出现传输错误,在解码后有时也会出现船舶经纬度、航速、航向等数据缺失的情形,且在数据清洗过程中,已经删除了一些异常数据或无效数据,因此导致 AIS 数据存在部分丢失的现象。此外,每条船的报文接收时间也不同,当收集到的同一条船舶轨迹中相邻点时间间隔或位置距离相差较大时,数据的使用效率也极大降低。AIS 数据的缺失会影响船舶轨迹的完整性和准确性,通常使用插值的方法来填补缺失值,以恢复轨迹的连续性。

1. 船舶轨迹分段

由于船舶数据是按照桥区水域范围进行截取的,同一条船舶的轨迹会出现截断,如果直接对每条船舶的全部数据进行插值处理,那么会出现一条船舶在不同时间段下轨迹之间混乱的情况,如图 2-5 所示。为解决这种情况,以确保插值处理的准确性与真实性,需要对船舶轨迹进行分段处理,采用时间间隔方式将轨迹分段。

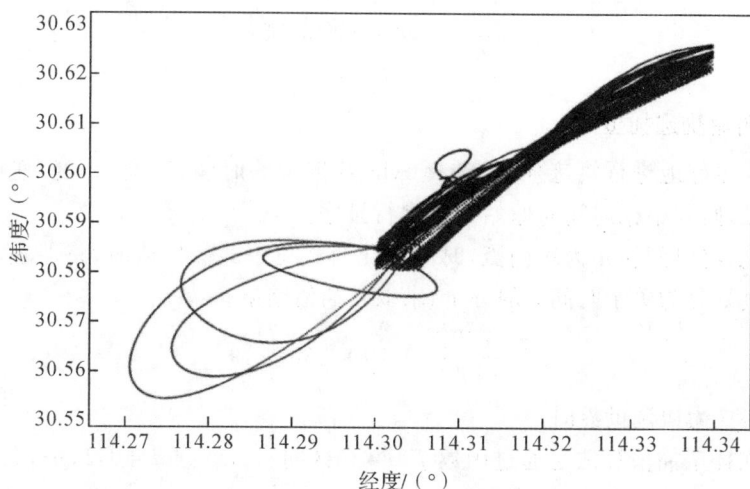

图 2-5　未分段轨迹插值

本书首先将船舶数据按船名拆分,即对数据中全部船号识别 MMSI 号进行排序,按船舶号将现有数据中包含的共 5 401 艘船舶的轨迹拆分成 5 401 条单独轨迹,并对每条船舶的 AIS 数据按照时间顺序排列,计算出一艘船舶每两个相邻原始轨迹点的间隔时间。若相邻两点的时间间隔超过 10 min,则认为其为不同轨迹段。然后,将该条轨迹在两点之间进行分割,按照分割点提取轨迹段,分段进行插值处理。这样的分段方法既能有效地保证插值的准确性,也不会将后续一段连续的违章行为进行分割,分段结果如图 2-6 所示。

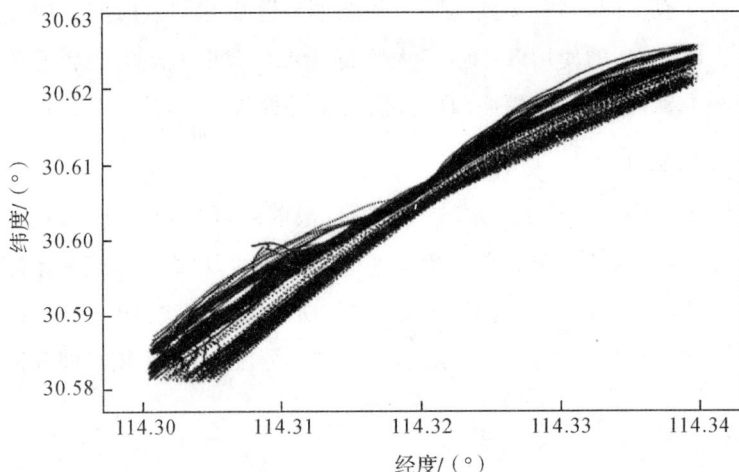

图 2-6　分段后轨迹插值

2. 船舶轨迹插值

为了更好地进行轨迹插值,选择 AIS 数据中的时间、经度、纬度、速度和航向进行处理,并根据时间对原始数据进行排序。

首先,将时间转化为时间戳,时间转化公式见下式。插值时,将船舶所要插值的维度划分为关于时间 t 的分量,求取其插值结果。

$$t = \frac{\text{UTC}}{86\,400} + 70 \times 365 + 19 \tag{2-4}$$

式中:UTC 为协调世界时。

三次样条插值算法是通过函数 $f(x)$ 在区间 $[t_i, t_{i+1}](i=0,1,\cdots,n-1)$ 上分段,当分成 n 段时,有 $n+1$ 个节点,在每个区间段上插入三次的多项式[74]。以经度插值为例进行插值处理:

(1)设某轨迹点的经度为 l_i,时间为 t_i,对三次样条函数 $C(t)$ 在 t_i 时求取二阶导数 M_i,则有

$$C''(t_i) = M_i \tag{2-5}$$

(2)对导数 $C''(t_i)$ 在区间 $[t_i, t_{i+1}]$ $(i=0,1,\cdots,n-1)$ 上进行线性表示,有

$$C''(t_i) = M_i \frac{t_{i+1} - t}{h_i} + M_{i+1} \frac{t - t_i}{h_i} \tag{2-6}$$

式中:$h_i = t_{i+1} - t_i$,$t \in [t_i, t_{i+1}](i=0,1,\cdots,n-1)$。

(3)根据 $C''(t_i) = l_i$ 和 $C''(t_{i+1}) = l_{i+1}$,对 $C''(t_i)$ 求取二次积分,可求得三次样条函数 $C(t)$ 如下:

$$C(t) = -M_i \frac{(t - t_{i+1})^3}{6h_i} + M_{i+1} \frac{(t - t_i)^3}{6h_i} + \left(l_i - \frac{M_i h_i^2}{6}\right)\frac{t_{i+1} - t}{h_i} +$$

$$\left(l_{i+1} - \frac{M_{i+1} h^2}{6}\right)\frac{t - t_i}{h_i} \tag{2-7}$$

对式(2-7)进行求导,得未知导数 M_i 为

$$C''(t) = -\frac{M_i}{2h_i}(t - t_{i+1})^2 + \frac{M_{i+1}}{2h_i}(t - t_i)^2 + \frac{l_{i+1} - l_i}{h_i} - \frac{M_{i+1} - M_i}{6}h_i$$

$$\tag{2-8}$$

(4)对 $C(t_i)$ 在区间 $[t_i, t_{i+1}](i=0,1,\cdots,n-1)$ 以及 $[t_{i-1}, t_i](i=1,2,\cdots,n)$ 上分别进行求导,有

$$C''(t_i - 0) = -\frac{h_{i-1}}{6}M_{i-1} + \frac{h_{i-1}}{3}M_i + \frac{l_i - l_{i-1}}{h_{i-1}} \tag{2-9}$$

$$C''(t_i + 0) = \frac{l_{i+1} - l_i}{h_i} - \frac{h_i}{3}M_i - \frac{h_i}{6}M_{i+1} \tag{2-10}$$

式中: $i=0,1,\cdots,n$ 。

根据连续性条件 $C'(t_i - 0) = C'(t_i + 0)$ 可得

$$\mu_i M_{i-1} + 2M_i + \lambda_i M_{i+1} = z_i \tag{2-11}$$

其中,

$$\left.\begin{array}{l} \mu_i = -\dfrac{h_{i-1}}{h_{i-1} + h_i} \\[3mm] \lambda_i = \dfrac{h_i}{h_{i-1} + h_i} \\[3mm] z_i = \dfrac{6}{h_{i-1} + h_i}\left(\dfrac{l_{i+1} - l_i}{h_i} - \dfrac{l_i - l_{i-1}}{h_{i-1}}\right) = 6f[t_{i-1}, t_i, t_{i+1}] \end{array}\right\} \tag{2-12}$$

为了避免振荡,利用边界条件使得函数 $f(x)$ 未知系数个数与方程式个数同为 $n+1$,得到端点方程:

$$\left.\begin{array}{l} 2M_0 + M_1 = \dfrac{6}{h_0}(f[t_0, t_1] - l_0') \\[3mm] M_{n-1} + 2M_n = \dfrac{6}{h_{n-1}}(l_n' - f[t_{n-1}, t_n]) \end{array}\right\} \tag{2-13}$$

设 $\lambda_0 = 1, z_0 = \dfrac{6}{h_0}(f[t_0, t_1] - l_0'), \mu_n = 1, z_n' = \dfrac{6}{h_{n-1}}(l_n' - f[t_{n-1}, t_n])$,求得 $M_0, M_1, \cdots, M_n$ 的 $n+1$ 阶线性方程组如下:

$$\begin{bmatrix} 2 & \lambda_0 & & & \\ \mu_1 & 2 & \lambda_1 & & \\ & \ddots & \ddots & \ddots & \\ & & \mu_{n-1} & 2 & \lambda_{n-1} \\ & & & \mu_n & 2 \end{bmatrix} \begin{bmatrix} M_0 \\ M_1 \\ \vdots \\ M_{n-1} \\ M_n \end{bmatrix} = \begin{bmatrix} d_0 \\ d_1 \\ \vdots \\ d_{n-1} \\ d_n \end{bmatrix} \tag{2-14}$$

通过式(2-14)求得经度的三次样条插值结果。同理,代入纬度、速度和航向特征求得轨迹的三次样条插值结果。部分轨迹的三次样条插值效果如图2-7所示。

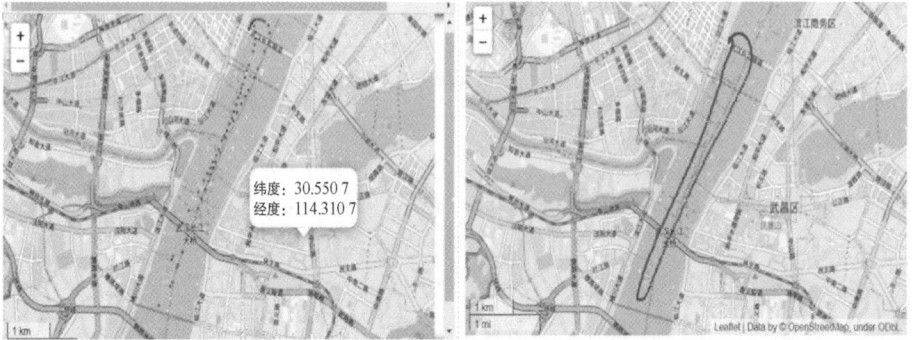

纬度: 30.5507
经度: 114.3107

图 2-7　插值前后对比

2.2.5　AIS 轨迹数据压缩

AIS 设备根据船舶不同的航行状态(尤其是速度信息)以不同的时间间隔向外发送航行信息,间隔时间由几秒至几分钟不等。研究船舶特征、提取典型轨迹需要数天甚至数月的数据,如果将几秒产生一个轨迹点的数据全部记录下来进行分析处理,会严重浪费计算时间,影响运算效率。因此,需要对轨迹数据进行压缩处理,减少数据存储空间,提高分析效率。在处理中,需要考虑如何在压缩过程中能尽可能多地保留原始轨迹数据的位置、航速等属性信息,最大限度保留原轨迹的特征信息。

1. 经典 D-P 算法

道格拉斯-普克(D-P)算法作为目前主流的轨迹压缩算法之一,也被称为迭代适应点算法,由道格拉斯(Douglas)和普克(Peucker)二人于 1973 年提出,其主要思想是通过线状要素降低数据量,并尽可能地保留轨迹数据内在特性[75]。D-P 算法首先连接首尾两端,寻找折线上距离该线最远的点并计算距离,当距离大于距离阈值时,则保留该点,然后对首点和该点之间的折线部分和该点和尾点之间的折线部分重复上述过程;当距离小于距离阈值时,则用连线代替该部分折线。

为了更直观地描述 D-P 算法选取轨迹特征点的具体工作原理,现以一具体轨迹为例进行说明,具体步骤如下:

（1）将轨迹的起点 T_1 与终点 T_{16} 连接［见图 2-8(a)］,得到该轨迹的弦 $T = \{T_1 \sim T_{16}\}$。

（2）遍历计算轨迹点到弦的距离,找到距离最大的点,如图 2-8(b)中的点 T_7,并判断该点到轨迹弦的距离是否大于算法阈值参数,若大于阈值,则选取该点为特征点,并将剩余轨迹点以该点为界限划分,生成新的两段轨迹。图 2-8(c)中划分为 $\{T_1 \sim T_7\}$ 和 $\{T_7 \sim T_{16}\}$。

（3）循环处理新划分的轨迹段,直到选不出新的特征点为止。将所有特征点连线,形成的线段即划分后的轨迹。

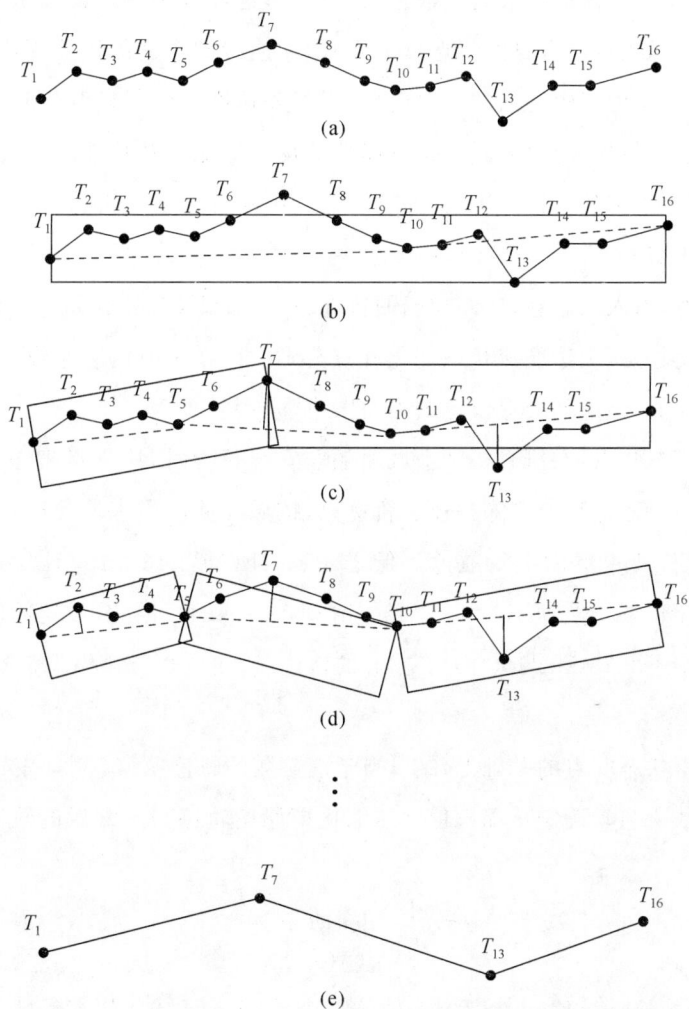

图 2-8　经典 D-P 轨迹压缩流程

2. 改进的船舶轨迹 D – P 压缩算法

通过经典的 D – P 压缩过程可知,在该算法中阈值是一个关键参数,它控制了轨迹压缩的程度。当阈值较小时,压缩后的轨迹会保留更多的细节,生成的线段与原线段更接近,但数据点仍然冗余,而当阈值较大时,算法会删除更多的点,生成的线段更为简单,但容易丢失轨迹重点信息。因此,选择合适的阈值非常重要,并且需要根据具体应用场景和数据特点进行调整。算法的压缩率对阈值比较敏感,而压缩阈值的设置需要依靠大量经验,这导致了每次设置压缩阈值时,都需要根据每条轨迹自身的特点反复实验,才能找到合适的压缩阈值。经典的 D – P 算法只考虑了轨迹点的位置信息,当船舶速度发生明显变化时,算法会根据位置信息保留轨迹点,误删了包含船速等反映船舶运动特征的关键位置。因此,本书设计改进的自适应阈值 D – P 算法,在保留速度变化的基础上,对数据进行自动压缩。

具体地,引入状态驻点,即在船舶轨迹点中,如果速度变化超过阈值,则为航速状态变化驻点,无论航速状态变化驻点与 D – P 算法中轨迹连线的距离是否大于距离阈值,该点都会保留在最终的压缩轨迹中。

选取状态驻点:在研究桥区水域船舶非安全行为时,涉及超速行为的判定,为避免出现压缩过程中删除超速的轨迹点,按照在武汉段水域交通管制设定状态驻点阈值,要求船舶上行航速不低于 4 km/h(即 2.15 kn),不高于20 km/h(即 10.7 kn),下行航速不高于 24 km/h(即 12.9 kn)。因此,设定阈值门限,即保留速度小于 2.15 kn 与大于 10.7 kn 的轨迹点,如图 2 – 9 所示,空心点即为状态驻点。

在保留状态驻点的基础上,结合自适应参数的轨迹压缩算法,引入预设压缩比 λ 的方法来自动确定压缩阈值。压缩比即原始轨迹与压缩后的轨迹之比,表达式为

$$r = \frac{len(T)}{len(T')} \tag{2 – 15}$$

式中:r 为轨迹压缩比;$len(T)$ 为轨迹点个数;$len(T')$ 为压缩后轨迹点个数;T 与 T' 分别表示压缩前与压缩后的轨迹。

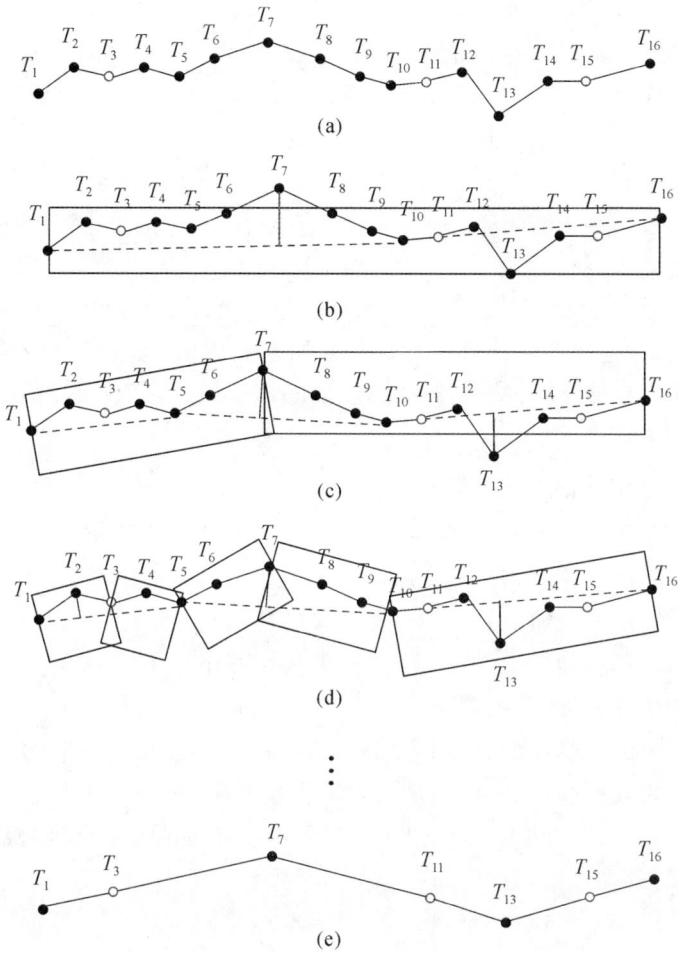

图 2-9 保留状态驻点的自适应参数轨迹压缩流程

算法主要过程如下:

步骤 1:将 2 kn 与 10 kn 分别设为阈值 ∂_1 与 ∂_2。

步骤 2:将速度超过阈值 ∂_2 的点与低于阈值 ∂_1 的点记为航速状态变化驻点并保留。

步骤 3:将轨迹起点、终点及状态驻点作为轨迹分段点标记,轨迹 $T = \{t_1, t_2, \cdots, t_n\}$。

步骤 4:计算轨迹段上所有点到该轨迹段的欧式距离 ed,找出最大欧式距离 med。

步骤 5：比较距离该段轨迹最大的轨迹点 T_p，比较该点与预设阈值 δ 的距离大小：如果 $Dist_p < \delta$，则删除该轨迹段上全部数据点；如果 $Dist_p > \delta$，则在该点将轨迹划分为两段，对这两部分轨迹重新进行步骤 3 的操作，直到所有 $Dist_p < \delta$，计算此时原始轨迹与压缩后轨迹的比率 r。

步骤 6：根据想要的压缩比 λ，自动更新预设阈值 ε，如果 $r < \lambda$（目标压缩比），那么逐步缩小压缩阈值 $\varepsilon \rightarrow 0.9\text{med}$ 直至 $r = \lambda$，此时的阈值即为最终确定的算法阈值 δ。

步骤 7：将最终确定的阈值 δ 代入算法中重复压缩步骤。当所有子轨迹都处理完毕，依次连接各个分割点形成的轨迹线，得到保留速度变化的压缩轨迹。

该算法不仅能够获得保留重要信息的相似度轨迹，还省去了人工设置压缩阈值的过程。

3. 不同压缩比的 D-P 算法论证

选取某条典型船舶轨迹，并采用改进的 D-P 算法进行实验，本书通过计算原轨迹与压缩后轨迹的相似性对比不同压缩比下的压缩效果，根据相似性选择最优压缩比。由于压缩后的轨迹与原轨迹的轨迹点长度不一样，相对于传统的距离度量，运用动态时间规整（Dynamic Time Warping，DTW）可以直接计算轨迹之间的相似度，因此采用 DTW 来度量轨迹之间的相似度。

DTW 的思想是自动扭曲两个序列，并在时间轴上进行局部的缩放对齐，以使其形态尽可能一致，从而得到最大可能的相似性[76]。DTW 将两个时间序列在时间轴上进行拉伸或压缩，即使数据长度不一样也能比较精准地测量出轨迹间的相似度，其动态规划算法如下：

$$\gamma(i,j) = d(c_i, c_j) + \min\{\gamma(i-1,j), \gamma(i,j-1), \gamma(i-1,j-1)\}$$

$$(2-16)$$

即找出一条从起点到终点累加距离最小的连续路径。其中，$\gamma(i,j)$ 表示 $(1,1)$ 点到 (i,j) 点的最小累加距离。

图 2-10 所示为压缩比分别为 2、3、4 的船舶轨迹压缩效果图。为进一步量化压缩结果，采用 DTW 算法计算压缩前后轨迹相似性，结果如图 2-11 所示。当压缩比为 3 时，轨迹之间的相似度在 0.017 左右，而当压缩比为 4 时，轨迹之间的相似度高达 0.111 以上，但船舶整体航行状态信息表达性较低。因此，本书选择压缩比为 3 的船舶轨迹处理结果。所选取的船舶轨迹共有 2 778 903 个轨迹点，使用保留状态驻点的自适应参数的轨迹压缩算法进行压缩处理之后保留有 127 037 个轨迹点，处理数据运行时间由压缩前的 13′10″17‴缩短为 6′22″45‴，极大缩短了数据处理的时间。

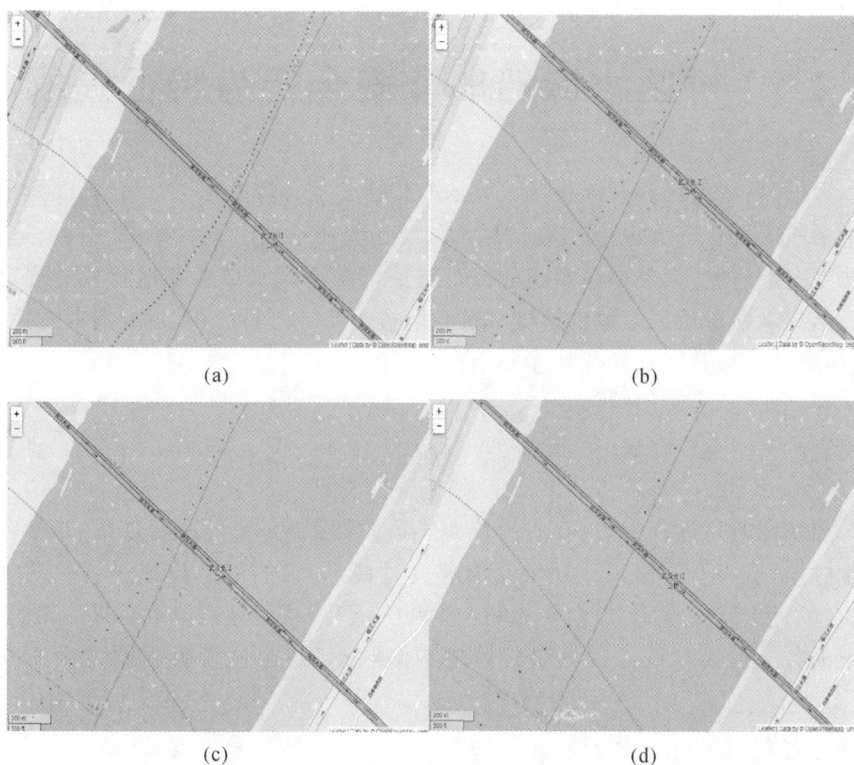

(a)　　　　　　　　　　　　　　　　(b)

(c)　　　　　　　　　　　　　　　　(d)

图 2-10　船舶轨迹压缩效果图

(a) 压缩前;(b) 压缩比为 2;(c) 压缩比为 3;(d) 压缩比为 4

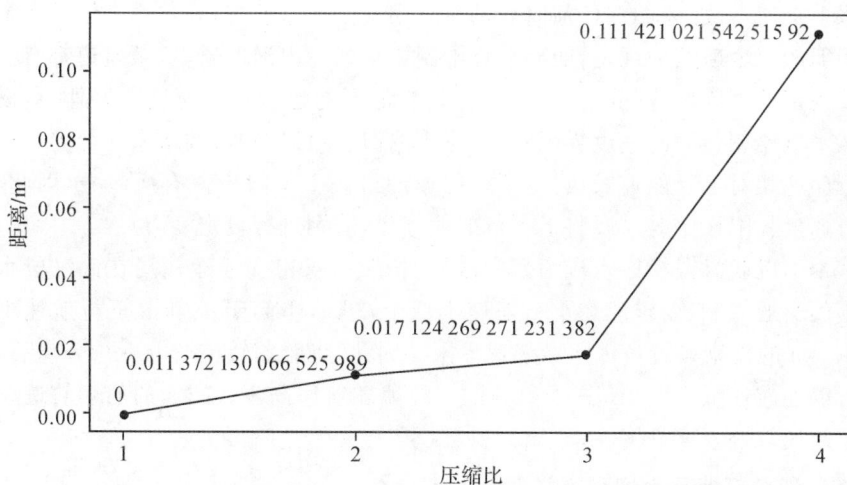

图 2-11　轨迹相似度对比

2.3　桥区水域船舶非安全行为特征提取

根据《中华人民共和国桥区水域水上交通安全管理办法》[68]和《长江海事局桥梁通航安全管理规定》[67],在桥区水域禁止船舶锚泊、淌航、掉头、横越、追越、不按规定航路航行、船舶超高速航行。本节依据桥区水域船舶航行相关规定进行总结提炼并对桥区船舶的速度、航向、航迹等特征进行分析,主要研究超速、掉头、横越、追越、并列行驶 5 种非安全行为。

2.3.1　船舶超速非安全行为

船舶在航行过程中,自身质量较大导致惯性很大,一旦速度过快,非常容易发生碰撞,造成严重损失。如果船舶速度过慢,导致船舶上行或过桥时动力不足,在风、浪、流的作用下,会使船舶产生较大漂移,从而导致严重后果。因此,本书根据各个桥区水域的规则设定速度界限,一旦超出速度界限便视为非安全行为。

1. 船舶超速行为定义

超速行为是指船舶驾驶人员在行驶过程中,机动船的行驶速度超过该段通航水域管理部门以及法律法规规定的速度。为了维护水上交通秩序,预防和减少水上交通事故,船舶在任何时候都应采用安全航速航行,并且遵守辖区海事局关于船舶安全航行的规定,明确航速限制要求。在内河航道,每条航道都有主管机关规定的固定航速,除执法艇外,每条船都不能超越这个速度。另外,在设定桥区水域船舶行驶的速度界限时,考虑到内河航道以逆水、顺水来区分上、下行,下行船速相对上行船速较快,上下行船速的最高上下限应该有所区分,因此,在进行速度界限设定时需要将上下行船舶分离,分别进行设定。

本书以武汉段桥区水域为研究区域,按照武汉市交通运输局在武汉段水域实施的交通管制,要求船舶上行航速不低于 2 kn,不高于 10 kn,下行航速不高于 13 kn 的规则设置桥区水域船速界限。因此,将船舶轨迹按上下行分离后,将上行船舶航速低于 2 kn、高于 10 kn,下行船舶航速高于 13 kn 的船舶轨迹视为违章超速轨迹。

2. 船舶超速行为判别方法

船舶在内河行驶过程中,根据《中华人民共和国内河避碰规则》规定:机动船航行时,上行船应当沿缓流或者航道一侧行驶,下行船应当沿主流或者航道中间行驶,上行与下行船舶之间应有明显距离[77]。因此,按照寻找交通流中心的方式划分上下行船舶,通过检测 AIS 数据形成的交通流航路密度,找到密度最小的分割带,即为交通流中心。交通流是船舶历史轨迹的重叠,在使用网格划分形成矩阵后,每一个子网格内的数值是在该网格大小的状态下计算出的船舶路径点数,即密度值[78]。将中心低密度区设为中心线,以 200 m×200 m 的大小划分单元格,对单元格内的轨迹点数目进行计算,并以不同颜色代表其密度大小,颜色越深代表其密度越大,单元格内的轨迹点数目就越多,密度分布如图 2-12所示。

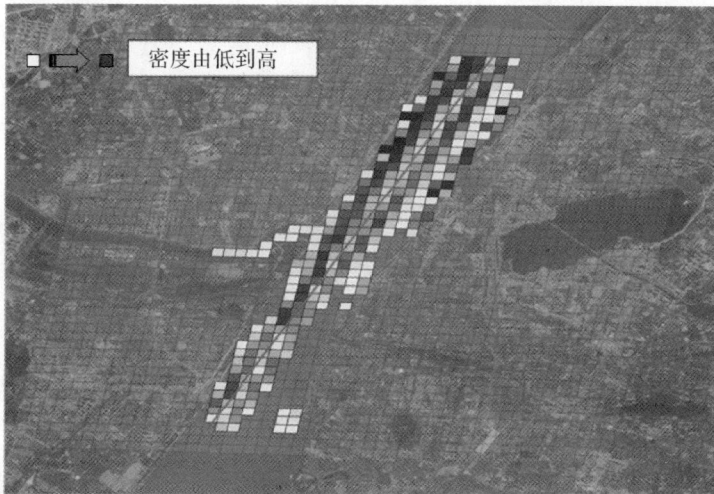

图 2-12　密度分布

由图 2-12 可以看出,两个高密度轨迹带之间有明显的低密度分隔带,即图中直线中线。在中线上任意取两经纬度点(114.285 8,30.557 1)(114.276 3,30.542),过这两点的直线解析方程为

$$y_1 = \frac{0.015\ 099\ 999\ 999\ 996\ 783}{0.009\ 499\ 999\ 999\ 988\ 518}x + \frac{-1.435\ 423\ 129\ 999\ 89}{0.009\ 499\ 999\ 999\ 988\ 518}$$

$$(2-17)$$

以 y_1 为分界线分割上下行船舶,受武汉段航段弯曲度的影响,上行船舶航向在 180°～270°之间,下行船舶航向在 0°～90°之间,上下行船舶基本可以通过这条线得到区分,如图 2-13 所示。

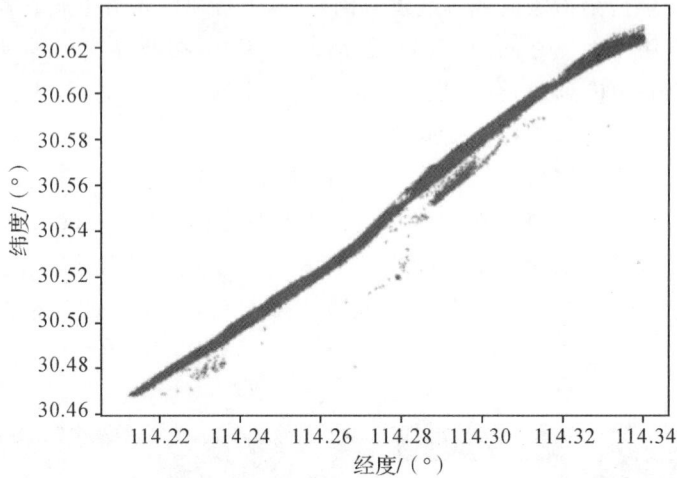

(a)

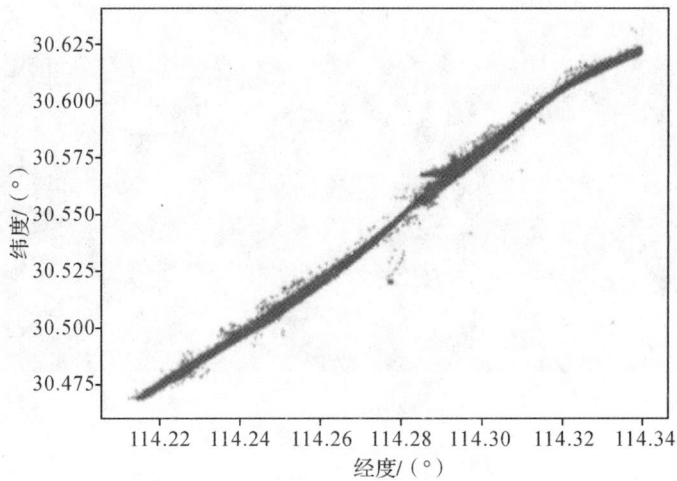

(b)

图 2-13　上下行轨迹分布图

(a)上行船舶轨迹;(b)下行船舶轨迹

由图 2-14 可知:武汉桥区上行船舶航速主要分布在 2~7.5 kn,平均航速为 4.17 kn;下行船舶航速主要分布在 5~12.5 kn,平均航速为 7.17 kn。下行船舶速度明显大于上行船舶速度,下行船舶受水流的影响航速较快,符合实际情况,且上下行船舶确实存在少量超速行为。

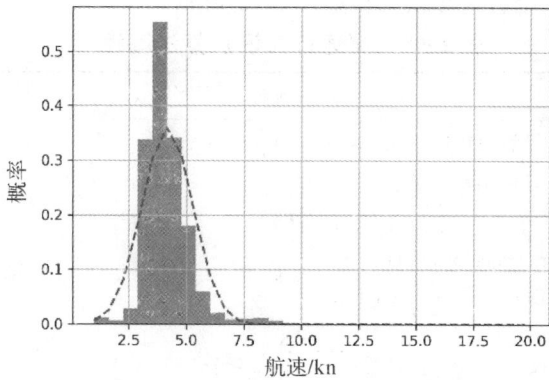

(a)

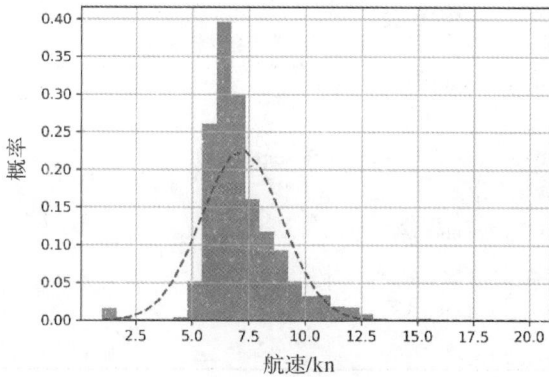

(b)

图 2-14　上下行船舶航速分布图

(a)上行船舶航速分布；(b)下行船舶航速分布

根据定义的违章超速船舶特征设置超速约束函数：

上行：

$$G_u = \begin{cases} 0, & 2 \leqslant v_s \leqslant 10 \\ 1, & 0 \leqslant v_s < 2 \text{ 或 } v_s > 10 \end{cases} \tag{2-18}$$

下行：

$$G_d = \begin{cases} 0, & 0 < v_s \leqslant 13 \\ 1, & v_s > 13 \end{cases} \tag{2-19}$$

式中：G_u 和 G_d 分别为根据阈值判定上行和下行船舶是否有超速行为的判定公式；v_s 表示上下行船舶航速。当船舶航速大于所给定阈值时，则判定为超速行为。

船舶超速非安全行为算法流程如表 2-5 所示。

表 2-5　超速行为识别算法流程

算法流程
输入:分离后的上下行船舶轨迹 trajectories＝{ t_1 , t_2 ,…, t_n } , 　　t_n ＝$time_n$, lat_n , lon_n , sog_n , cog_n 输出:超速点 sd＝[ ] for i in range (0, len(trajectories)): 　　　如果 AIS_Data.上行 ← AIS_Data 　　是: 　　　　如果 AIS_Data 满足 2≤AIS_Data.sog≤10 　　　　是: 　　　　　　sd＝[ ] append 'ZC' 　　　　否则: 　　　　　　sd＝[ ] append 'CS' 　　否则: 　　　　如果 AIS_Data 满足 AIS_Data.sog≤13 　　　　是: 　　　　　sd＝[ ] append 'ZC' 　　　　否则: 　　　　　　sd＝[ ] append 'CS' end

3. 船舶超速行为实例分析

根据上述所设计的船舶超速非安全行为检测算法,检索数据库中全部数据,共找出 56 艘船舶的 1 221 条不符合桥区水域航行速度规定的轨迹点,其中 43 艘均为执法船,不在研究范围内,故将其剔除。设置"CS"为超速行为的标签,"ZC"为正常行驶船舶轨迹的标签,部分示例如表 2-6 所示。

表 2-6　上行船舶超速实例

MMSI	SOG/kn	经度(Lon)/(°)	纬度(Lat)/(°)	COG/(°)	标　签
	11.4	114.339 3	30.624 56	234	CS
	12	114.280 5	30.551 65	207.8	CS
413834989	12.1	114.277 6	30.546 89	213.8	CS
	11.5	114.273 3	30.540 88	210.3	CS
	11.9	114.271 4	30.537 73	208.9	CS

续表

MMSI	SOG/kn	经度(Lon)/(°)	纬度(Lat)/(°)	COG/(°)	标　签
413834989	12.3	114.261 9	30.524 49	220.2	CS
	12.3	114.224 1	30.480 06	222.8	CS

2.3.2　船舶掉头非安全行为

船舶在进行掉头行为时,必须充分考虑自身旋回性能、船舶吃水、可用水深、流速、天气及周围其他船舶动态影响等,以便拉开足够的横距,然而,桥区水域受桥墩通航孔影响,供船舶掉头的水域明显不足。船舶在桥区行驶过程中,受周围船舶复杂交通的影响,会遇到因避碰不及时不得已对船舶实施掉头的行为,在掉头过程中船舶可能触碰桥墩或其他船舶而发生交通事故,导致桥体与船体受损。因此,海事监管部门禁止船舶在桥区水域掉头,即使如此,仍有船舶驾驶人员存在侥幸心理,强行掉头,导致船体与桥体发生不同程度的损失,对公共设施与自身造成经济损失。

1. 船舶掉头行为定义

船舶航行时,将其船首方向改变 180° 的操纵称为掉头作业。本书主要研究内河桥区水域,多为中小型船舶,在掉头过程中先降速再用主机进车增加舵力的情况下,一般需要直径为 3 倍船长的水域[79]。但是,在实际掉头过程中,受风致偏转(见图 2-15)和漂移的影响,船舶在整个掉头过程中,随着风舷角的变化,船舶变向角度可能小于 180°,掉头后大角度靠泊的情况下,仅需变向 120°,甚至更小。

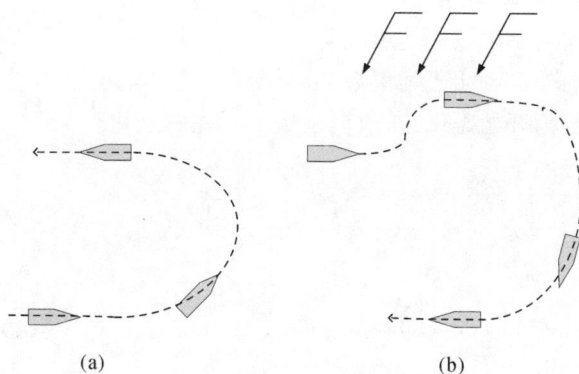

图 2-15　风致偏转影响下的掉头轨迹

(a)逆风掉头;(b)顺风掉头

2. 船舶掉头行为判别方法

船舶掉头行为的过程中会涉及航向大幅度变化,因此提取船舶往返的轨迹,对其航向与航向转向率进行分析。由图 2-16 可以发现,当船舶发生大角度转向时,航向转向率随之出现大幅度波动,这是由于在掉头操作的初始阶段,船舶以一定的船速和舵角开始作业,受水流冲击后,舵面和横向阻力不断增大,转动惯性逐步增大,将会产生船速缓慢降低和转向角速度不断加大的变化。在操舵一定时间后,船速和转向角速度才能基本稳定[80]。因此,根据转向率的波动判断该时间段会出现掉头行为。此外,船舶在旋回过程中,水阻力和舵阻力增加,推进器效率降低,会出现减速现象。

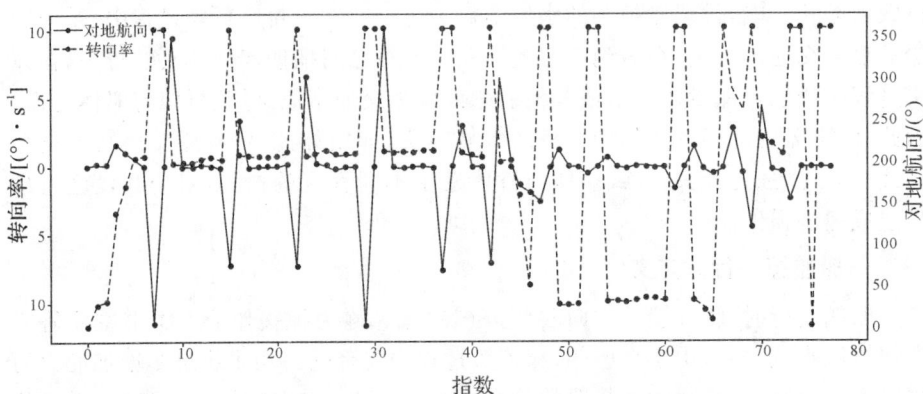

图 2-16 掉头轨迹的转向率与航向

通过以上分析可知,掉头行为主要通过航速、航向及航向转向率进行提取,船舶掉头特征提取需同时满足以下 3 个条件:

(1)在掉头的初始阶段船速出现降速。

(2)航向转向率波动出现增大趋势。

(3)从掉头行为开始至结束,航向发生 180°左右变化。

其中,航向转向率:

$$\text{rate}_{\text{COG}} = \frac{|\text{COG}_i - \text{COG}_{i-1}|}{t_i - t_{i-1}} \tag{2-20}$$

航向差:

$$\Delta c = \begin{cases} 360° - c(t) - c(t-1), & c(t) - c(t-1) \geqslant 180° \\ 360° + c(t) - c(t-1), & c(t) - c(t-1) \leqslant -180° \\ c(t) - c(t-1), & -180° < c(t) - c(t-1) < 180° \end{cases} \tag{2-21}$$

由于在实际行驶过程中,考虑到船舶掉头不是严格按照 180°转向,因此设计识别算法时,航向差变化通过提取现有轨迹中存在的最大角度 200°的掉头轨迹与最小角度 120°的掉头轨迹计算完成。

综上所述,掉头轨迹判别方法为:计算在航向转向率发生波动增大时刻与结束这一行为时刻的航向差 Δc,若满足 $120° \leqslant \Delta c \leqslant 200°$,且出现降速,则判定为掉头行为,其中转向率的波动通过计算转向率的斜率得到。

3. 船舶掉头行为实例分析

客渡线横穿长江干线航道,发船频率高,掉头行为出现频率较高,为保证掉头行为数据集的充足,选择在武汉段桥区水域的往返观光客轮数据为示例进行掉头行为分析。截取算法识别出的一段轨迹进行分析,如表 2-7 所示,以 MMSI 号为 413592610 的客船为例进行验证。从 2021 年 11 月 1 日的 19:57:06 到 20:00:36 降速,且在 19:57:06 时转向率出现波动并开始增大,检查此点航向与后续 20 个轨迹点的航向差,发现至 20:01:36 时航向为 208.8°,计算得出 $\Delta c = 143.4°$,满足 $120° \leqslant \Delta c \leqslant 200°$,符合 3 种条件,将此段轨迹视为掉头行为,在"标签"列标为"DT"。

表 2-7 掉头船舶实例

时 间	SOG/kn	经度(Lon)/(°)	纬度(Lat)/(°)	COG/(°)	标 签
2021-11-01:19:56:36	11.2	114.302 4	30.580 93	22	ZC
2021-11-01 19:57:06	11	114.302 6	30.582 40	352.2	DT
2021-11-01 19:57:34	10	114.302 2	30.583 51	360	DT
2021-11-01 19:58:06	4.8	114.301 5	30.584 12	304	DT
2021-11-01 19:58:36	3.6	114.300 9	30.584 33	283.3	DT
2021-11-01 19:59:06	3.6	114.300 3	30.584 43	277.8	DT
2021-11-01 19:59:36	3.4	114.299 8	30.584 46	269.7	DT
2021-11-01 20:00:06	3.3	114.299 2	30.584 44	267.2	DT
2021-11-01 20:00:36	3	114.298 8	30.584 34	243.9	DT
2021-11-01 20:00:54	3	114.298 5	30.584 18	360	DT
2021-11-01 20:01:14	3.9	114.298 2	30.583 91	360	DT
2021-11-01 20:01:36	3.9	114.298 0	30.583 56	208.8	DT
2021-11-01 20:02:06	2.8	114.297 7	30.583 15	204.7	ZC
2021-11-01 20:04:34	2.8	114.297 6	30.582 88	360	ZC
2021-11-01:20:04:54	2.8	114.297 6	30.582 88	360	ZC

以 MMSI 号为 413592610 的客船进行掉头行为数据可视化,结果如图 2-17(见彩插)所示,其中红色点即为算法所判别的掉头态势轨迹。

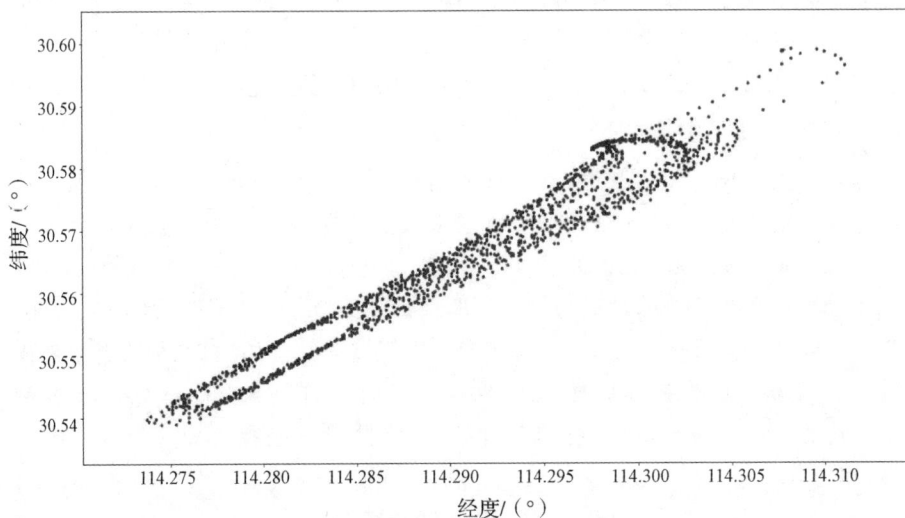

图 2-17　掉头行为识别结果

2.3.3　船舶横越非安全行为

1. 船舶横越行为定义

《中华人民共和国内河避碰规则》第五条定义"横越"是指船舶由航道一侧横向或者接近横向驶向另一侧,或者横向驶过顺航道行驶船舶的船首方向[77]。在内河航道,横越行为包括"各类横江渡轮和横江渡船的航行""船舶横越通航分道靠离码头、进出停泊区""船舶避让时船首超出通航分道边界""船舶从警戒区横越通航分道"等过程和行为。桥区上下游小型船舶划江横越,容易因避让他船不当发生事故险情,因此横越行为在桥区水域范围是明令禁止的。

2. 船舶横越行为判别方法

由横越定义可知横越行为分为多种情况,本书研究的桥区水域横越行为主要是从一个航道横越至另一个航道,即一条横越船的 AIS 轨迹必须包含两个航道的数据。内河航道内设有助航标志用以划分可通航水域,长江干线航道设有分道通航制航道、双向通航的一般航道等规则,上下行的直行船舶都是按照航道大致走向航行,因此可以通过观察船舶航向与主流船舶航向的偏差,判断船舶是否在横越,如图 2-18 所示。

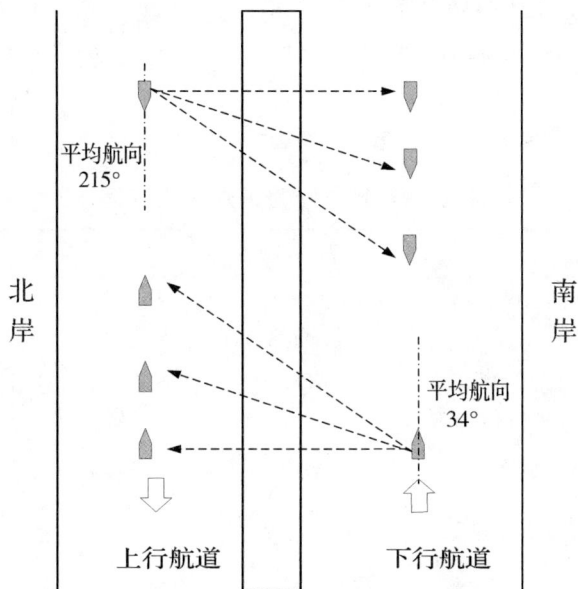

图 2-18　船舶横越局面示意图

　　根据船舶上下行数据分析船舶正常行驶时的大致航向,如图 2-19 所示,上行船舶航向主要分布在 $200°\sim240°$ 之间,平均航向为 $215°$,下行船舶航向主要分布在 $20°\sim60°$ 之间,平均航向为 $34°$,基本符合武汉段长江桥区水域的航道走向。

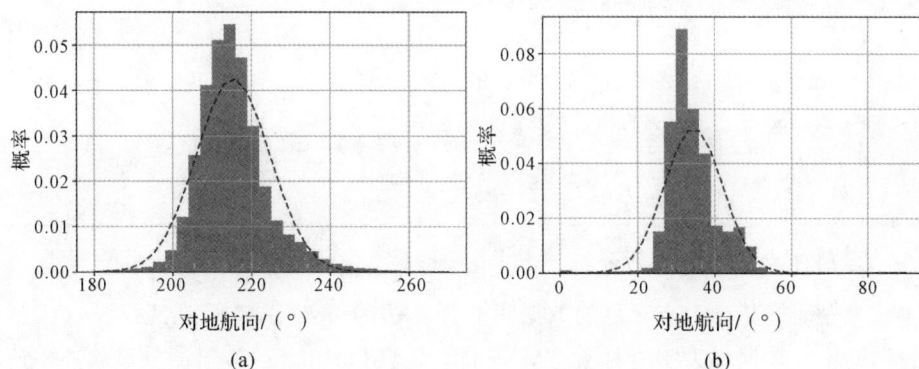

图 2-19　上下行船舶航向分布图

(a)上行船舶航向分布;(b)下行船舶航向分布

因此,横越船舶轨迹应满足以下两个条件:

(1)数据包含上下行两个航道。

(2)上行横越船舶航向满足 60°<COG<200°,下行横越船舶航向满足 270°<COG<360°。

船舶横越非安全行为算法流程如表 2-8 所示。

表 2-8　横越行为识别算法流程

算法流程

输入:处理好的全部 AIS 数据 trajectories

　　　trajectories={t_1,t_2,…,t_n},t_n=$time_n$,lat_n,lon_n,sog_n,cog_n

输出:横越点 hy=[ ]TA={TR_1,TR_2,…,TR_i,…,TR_n}

(1)将 trajectories 按照 MMSI 号分离

(2)for mmsi in mmsi_list:

(3)　　如果轨迹两点之间 Δt>10 min:

(4)　　　　轨迹以此点为分割点断开

(5)　　否则:

跳出本次循环,输入下一个待处理轨迹点

(6)　　直到:

轨迹中所有轨迹分段 si

(7)for i in si:

(8)　　如果 i 在航道中心线 y_1>0 与 y_1<0 时都有轨迹点存在

　　　　　　保存在列表 df[ ]

　　　　　直到遍历完全部轨迹段

　　end

(9)　　如果 60°<df.COG<200°或 270°<df.COG<360°:

(10)　　　hy=[ ] append ′HY′

(11)　　否则:

　　　　　　hy=[ ] append ′ZC′

3.船舶横越行为实例分析

为保证横越行为有充足的数据集验证算法的有效性,选择在武汉长江大桥的往返轮渡数据作为实验对象。MMSI 号为 413932552 的客船的分段轨迹中所判别的横越行为,如图 2-20 所示,船舶横跨上下行两个航道,以异于主流的航向驶入岸边锚泊区进行锚泊,横越过程的航向均不在正常上下行航向范围内,满足对横越行为的定义,如表 2-9 所示。

图 2 - 20　横越行为

表 2 - 9　横越船舶实例

时　　间	SOG/kn	经度(Lon)/(°)	纬度(Lat)/(°)	COG/(°)	标　签
2021 - 11 - 01 18:42:06	6.6	114.287 4	30.552 46	290.5	HY
2021 - 11 - 01 18:42:16	7.4	114.287 1	30.552 61	306.7	HY
2021 - 11 - 01 18:42:26	8.3	114.286 8	30.552 87	317.5	HY
2021 - 11 - 01 18:42:36	9.0	114.286 6	30.553 21	326.9	HY
2021 - 11 - 01 18:42:46	9.6	114.286 4	30.553 61	338.5	HY
2021 - 11 - 01 18:42:56	9.9	114.286 3	30.554 06	356.2	HY
2021 - 11 - 01 18:43:06	9.9	114.286 3	30.554 53	357.2	HY
2021 - 11 - 01 18:43:16	9.9	114.286 4	30.555 01	358.4	HY
2021 - 11 - 01 18:43:22	9.9	114.286 5	30.555 31	360.0	HY
2021 - 11 - 01 18:43:32	10.1	114.286 6	30.555 80	279.8	HY
2021 - 11 - 01 18:43:42	10.5	114.286 8	30.556 30	166.9	HY
2021 - 11 - 01 18:43:52	11.0	114.286 9	30.556 79	55.6	HY
2021 - 11 - 01 18:43:56	11.1	114.287 0	30.556 99	19.2	HY
2021 - 11 - 01 18:44:06	11.3	114.287 2	30.557 48	39.9	HY
2021 - 11 - 01 18:44:16	11.4	114.287 4	30.557 96	60.5	HY

2.3.4　船舶追越非安全行为

1.船舶追越行为定义

在《中华人民共和国内河避碰规则》中,对两船追越做了相关法律规定:"一机动船正从另一机动船正横后大于 22.5 度的某一方向赶上、超过该船,可能构成碰撞危险时,应当认定为追越"[77],如图 2-21 所示,可以看出,追越行为的形成必须满足以下 3 个条件:

(1)追越是在两机动船之间形成的。

(2)两船方位的构成为一机动船位于另一机动船正横后大于 22.5°的某一方向。

(3)两船的行动为后船正赶上、超过前船,即后船的航速大于前船。

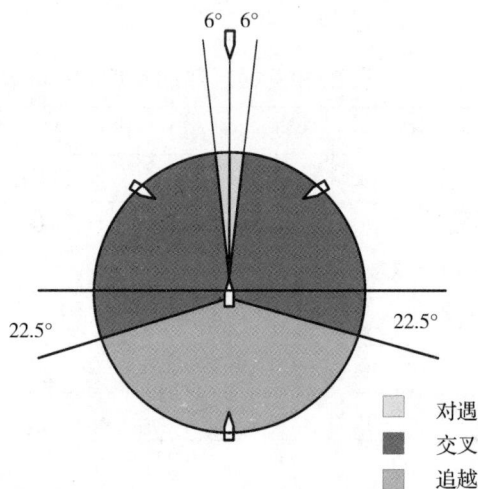

图 2-21　追越行为示意图

2.船舶追越行为判别方法

判断两船是否产生追越行为,可以通过观察两船的相对位置和速度的变化来确定。判断船舶发生相对运动的趋势首先需要定义两船会遇距离值,而确定两船会遇距离值,需要根据所研究水域的具体情况进行分析。参考文献[81]判断船舶在开阔水域的会遇距离范围通常为 300 m。参考文献[82]统计结果得出 91%的船舶会遇距离分布在 200 m 以内。本书通过计算交通流的宽度来定义发生追越行为的水域范围。与航道宽度不同,航道宽度是指垂直于航道中心线的航道两边之间的水平距离,而交通流航迹的分布指某一固定水域内所有船舶运动轨迹的空间分布。交通流航迹分布能直观地反映一定水域内航路的分布、走向和繁忙程度,能一定程度上反映水域交通拥挤状态(如会遇位置、会遇局面以及会遇率等),并了解水域内船舶的碰撞危险。

　　为了更直观地测量交通流宽度,将 AIS 数据添加到 Folium 库自带地图上的图层来可视化数据。如图 2-22 和图 2-23 所示,将桥区水域交通流分为上行与下行进行交通流宽度计算。

　　上行轨迹包含三类轨迹,如图 2-22 所示。第一类是出现较大转向的弯曲航迹,这是由于桥梁通航孔接近主流,水流较为湍急,船舶为减小水流对船舶的影响,靠北岸的缓流行驶以减小油耗。准备过桥时,驾驶员调整航向,垂直驶过通航孔,过桥后,继续右转向驶进缓流区靠北岸行驶。第二类为小型船舶经过其他通航孔的轨迹,为缓解交通压力、保障航行安全,其他通航孔会在水位较好的情况下开放,供小型船舶上行。因此,有少量小型船舶过桥时不经过常用通航孔,而是保持航向经其他通航孔过桥。第三类是直行直接通过常用通航孔的常规轨迹。前两种轨迹与此种轨迹存在一定距离,不会构成追越局面。因此,通过测量第三类交通流的宽度界定追越行为发生水域范围,测量结果为 200 m。

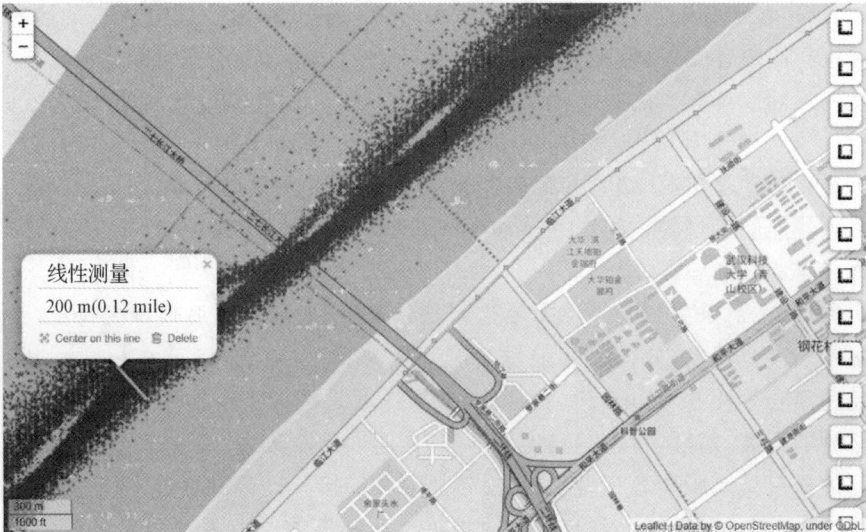

图 2-22　上行交通流宽度测量

　　相对于上行船舶轨迹,下行船舶轨迹较为顺滑且分布更为集中。直接取一段宽度进行测量,测量结果为 181 m,如图 2-23 所示。

图 2-23　下行交通流宽度测量

综合上行、下行各自交通流宽度,本书设定 200 m 为追越的水域发生范围界限,即追越船与被追越船之间应存在小于 200 m 的距离。采用 AIS 的经纬度坐标进行距离计算时,船舶视为一个质点,没有考虑船长、船宽对距离的影响,导致使用经纬度计算出的距离比实际船间距要大,因此,在实际比较船舶间距与追越行为发生范围界限时,应在设定距离 200 m 的基础上加上船长。《内河通航标准》[83] 规定,3 000 t 级货船代表船型尺度的总长 × 型宽为 95.0 m×16.2 m。设定追越船舶水域界定距离,在 200 m 的基础上叠加一个代表船型总长 95 m,最终设定为 300 m。

因此,在对采集到的 AIS 数据进行预处理后,根据船舶追越行为特征,结合桥区水域航行特点,分析船舶追越的航行行为规律:首先,满足在相同时刻 t_1,两船距离相隔小于 300 m;其次,判断他船速度是否大于目标船舶,计算出两船各时刻的距离;最后,在追越船追越前船时,两船的距离表现为先逐渐接近,直到两船的相对运动距离达到最小后,追越船继续加速驶过被追越船,两船相对距离随之增大。在追越的过程中,两船的相对运动距离数值上表现为先逐渐减小后逐渐增大。若满足以上 3 个条件,则视为追越行为。

由于追越行为涉及追越船与被追越船的判断,所以将船舶轨迹分为上下行进行研究,具体操作流程如下:

(1)对齐数据时间。由于 AIS 的时间戳精确到秒,时间相同的轨迹点非常少,因此将时间精确到分后,寻找时间相同的轨迹点。

(2)筛选潜在追越目标船舶。两船在时间相隔 1 min 内,相对距离小于300 m 的船舶轨迹对(MMSI$_1$,MMSI$_2$)都被筛选出来作为潜在追越目标船舶。

(3)确定追越船。通过比较(MMSI$_1$,MMSI$_2$)之间的经度确定前后船,如果后船速度大于前船,取出 MMSI$_1$ 与 MMSI$_2$ 相同时间后 30 min 内的数据,两两对齐数据,计算轨迹点之间的距离,判断它们的距离是否具有先减小后增大的趋势,若是,则判定后船为追越船。

船舶追越行为判别算法的具体流程如图 2-24 所示。

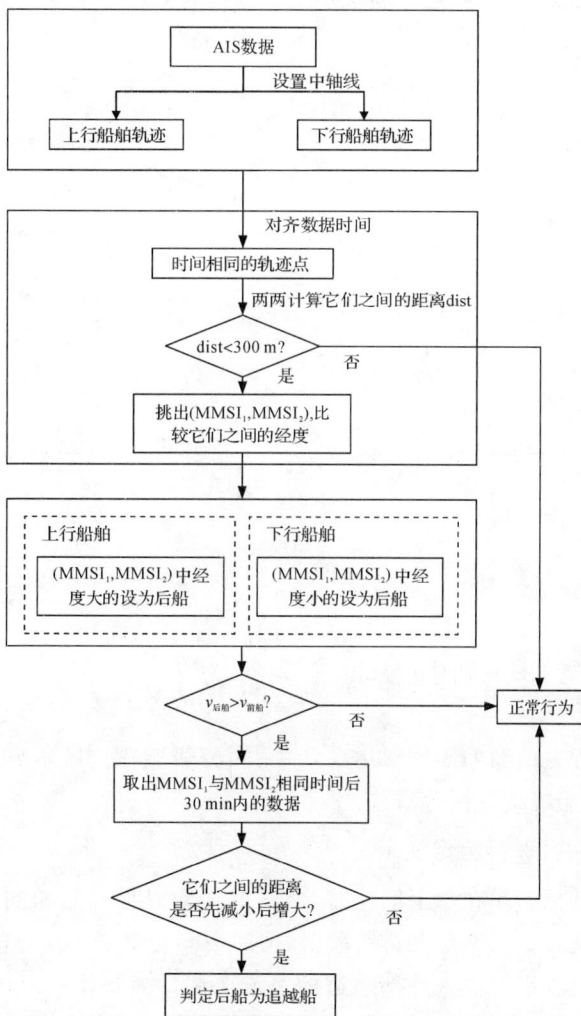

图 2-24　船舶追越行为判别流程

3. 船舶追越行为实例分析

追越行为实例可视化分析如图 2 - 25 所示,其目标船舶 MMSI 号为413864027,船舶类别为货船,船长为 92 m,船宽为 16 m。2022 年 5 月 18 日 17时 17 分 17 秒时,该船在武汉长江二七大桥桥区水域以 9 kn 的速度,入侵了被追越船的船舶领域,被追越船此时速度为 7.6 kn,满足后船速度大于前船。而且,此时的两船间距为 257 m,小于设定的追越船舶界定范围。在 2022 年 5 月18 日 17 时 23 分 53 秒,两船距离达到最小值 105 m。在这之后完成追越行为,满足追越行为的识别条件,可以验证识别算法的有效性。

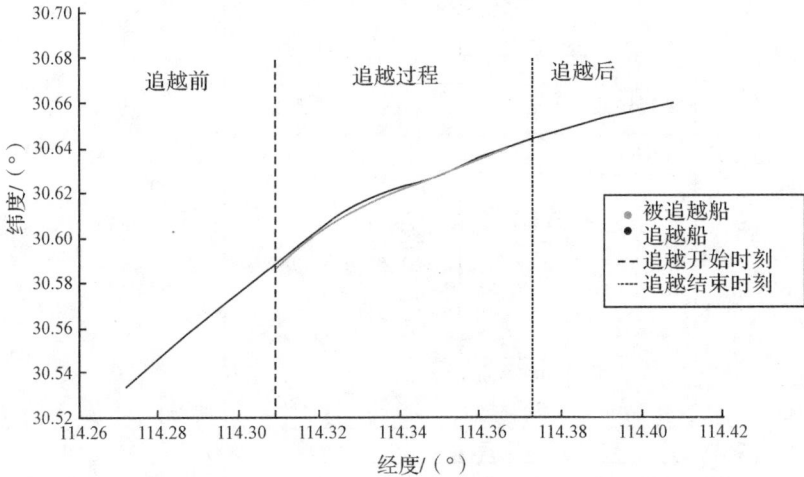

图 2 - 25　追越行为实例

2.3.5　船舶并列行驶非安全行为

并列行驶行为由船舶间相对运动产生,大型船舶在桥区水域违规进行并列航行,容易发生船吸或碰撞等事故。

1. 船舶并列行驶行为定义

并列行驶是指船舶在水上航行时,两艘或两艘以上的船舶同时并排航行在同一航道内的现象。当两船并排行驶时,两船中间会形成一条更薄的水道,因此流入中央水道的水流比流入外部水道的水流要快。当物体在流体中运动时,如果两侧流体的速度不同,将产生横向力,将物体从低速侧挤压到高速侧。当两船并排航行时,意味着外力将两船推向中心,易导致两船之间发生横向碰撞。流体间流速大的地方压强小,流速小的地方压强大,当两船靠近时,两船之间流速大、压强小,两船外侧流速小、压强大,会产生向内的压强,导致两船靠拢,发生碰撞,造成事故。因此,开展对船舶并列行驶行为的研究可以有效降低交通事故发生的风险。

2. 船舶并列行驶行为判别方法

判断船舶并列航行时,首先将没有沿主航道行驶的航行动态数据剔除,如掉头行为、横越行为。由于船舶并列航行也属于船舶间的相对运动,与追越行为可能存在一部分重叠,因此将船舶轨迹数据中掉头、横越、追越行为剔除后才能进行并列行驶行为的判别。由于并列行驶行为是指两船同时航行在同一航道的现象,需要确定船舶间距离来界定是否为并列航行,因此根据前述设定的船舶间追越水域范围,以 300 m 作为界定两船间是否存在并列行驶行为的最大距离。此外,为判断船舶是否发生并列行驶行为,需在上下行航道中各设中轴线,如图2-26所示,若两船分布在同一航道的中轴线两侧,则认定为并列航行。

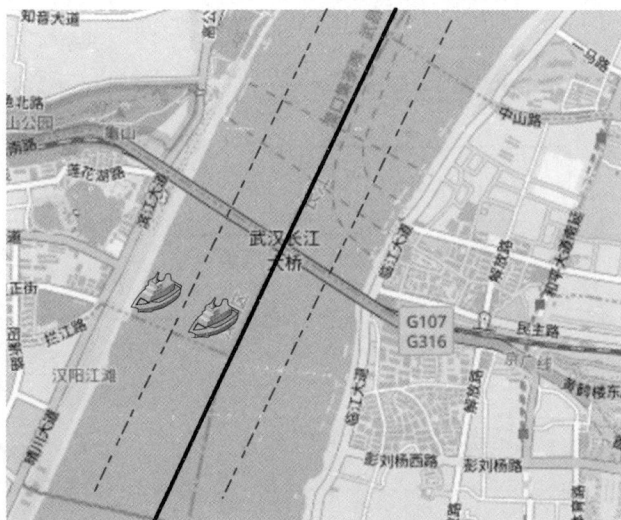

图 2-26　并列行驶行为

综上所述,并列航行船舶的轨迹应在相同时间内满足以下 3 个条件:

(1)两船距离间隔小于 300 m。

(2)两船处于并列状态,即将上行、下行船舶轨迹分开后,在上、下行航道中各设中轴线 $y_上$、$y_下$ 区分并列航行船舶。

$$y_上 = \frac{0.002\,500\,000\,000\,001\,279}{0.003\,599\,999\,999\,99}x + \frac{-0.175\,601\,380\,000\,443\,9}{0.003\,599\,999\,999\,99} \quad (2-22)$$

$$y_{\text{下}} = \frac{0.007\ 100\ 000\ 000\ 001\ 216\ 4}{0.009\ 699\ 999\ 999\ 995\ 157}x + \frac{-0.514\ 781\ 730\ 000\ 322\ 6}{0.009\ 699\ 999\ 999\ 995\ 157} \quad (2-23)$$

（3）两船航速基本一致，航向基本一致。将两船航速精确到个位、航向精确到十位后寻找航速、航向相同的数据。

船舶并列行驶行为判别算法的具体流程如图 2-27 所示。

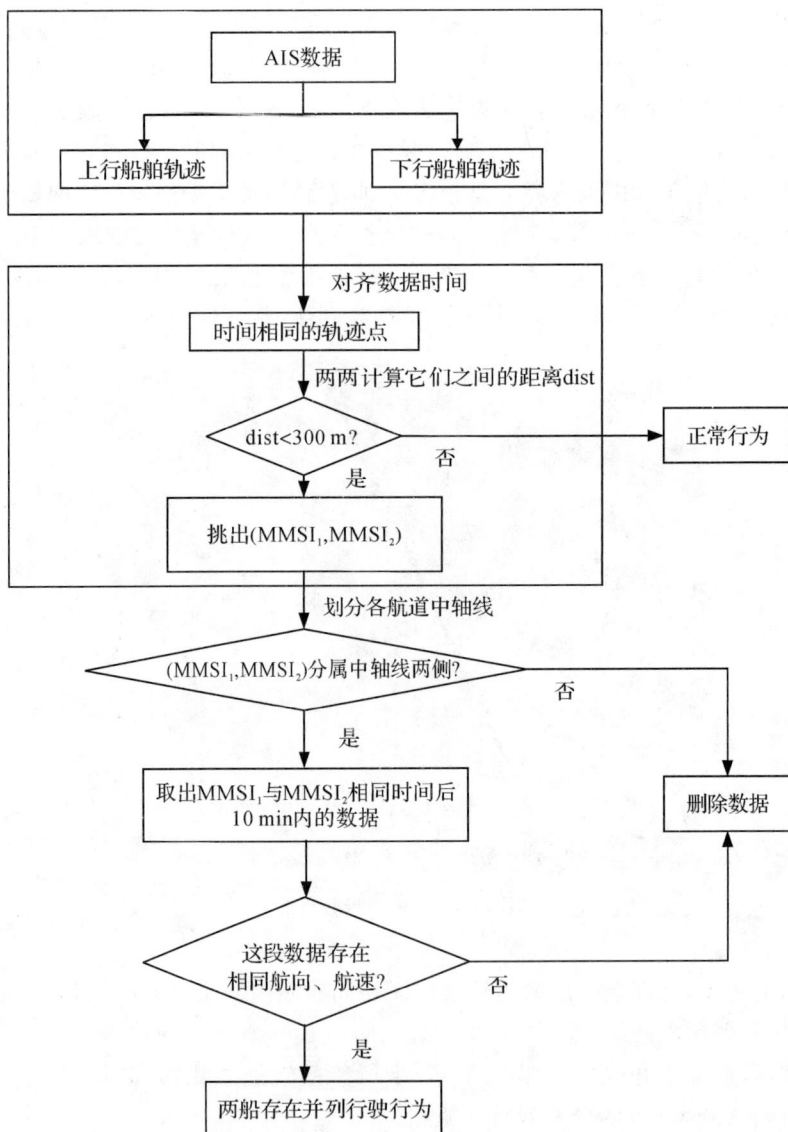

图 2-27　并列行驶行为判别算法流程

3. 船舶并列行驶行为实例分析

根据上述船舶并列行为判别方法,采用 MMSI 号为 413253910 的船舶与 MMSI 号为 413781386 的船舶进行实例分析,如图 2-28 所示,两船在驶过武汉二七长江大桥桥区水域时,在同一航道并列驶过桥区,航向均为 30°左右,航速均在 8 kn 上下,且两船距离始终保持在 300 m 以内,符合并列行驶定义的条件,验证了所设计判别算法的有效性。

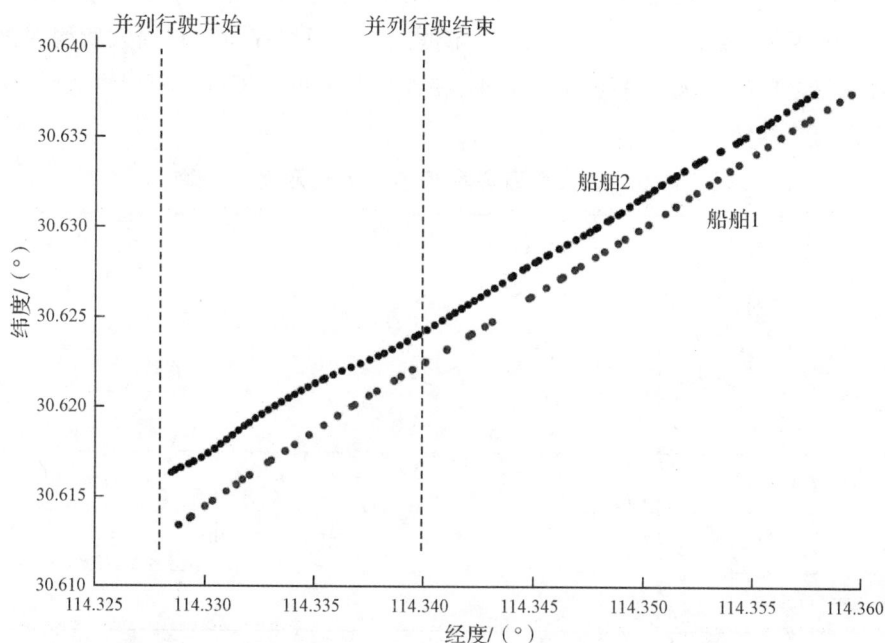

图 2-28　并列行驶行为实例

2.4　船舶非安全行为识别实验与分析

在 2.3 节中,本书主要介绍了长江武汉段连续桥区水域 5 种典型的船舶非安全行为的定义及其判别方法。所设计的船舶非安全识别方法需要根据不同通航环境设置相应的参数,存在识别算法泛化性差、提取流程烦琐的问题。针对这一问题,本章采用深度学习框架对桥区水域船舶非安全行为进行建模,通过网络训练,建立智能分类与识别模型,实现在不同的工况下船舶非安全行为的实时识别,为水上安全监管提供辅助决策。

2.4.1 数据集构建

桥区水域非安全行为数据集按照时间序列形式将人工提取的数据进行整合,主要由 MMSI、航速、航向、经度、纬度、标签组成,样本数及对应片段长度如表 2-10 所示,数据均来自 2.2 节中介绍的三座大桥。在将数据输入所构建的神经网络之前,需要将数据集进行处理,使原始数据更适于用神经网络处理,更易于进行网络训练。

表 2-10 算法提取各类行为样本数及对应标签

行　为	样本长度/个	数量/段	标　签
正常航行	24	204	ZC
超速行为	24	61	CS
掉头行为	24	90	DT
横越行为	24	32	HY
追越行为	24	25	ZY
并列行驶行为	24	20	BH

1. 滑动窗口法

滑动窗口[84]即通过连续滑动得到给定宽度为 w 的重叠窗口。使用滑动窗口法可将提取的船舶行为数据分割为多个片段,则时序数据 $x(T) = x_1, x_2, \cdots, x_t, \cdots, x_T$ 可重组为多个时间片段序列 $S(P): s_1, s_2, \cdots, s_p, (P \ll T)$,每个片段 $S_p = (x_p, x_{p+1}, \cdots, x_{p+w-1})$ 即为时间序列 $x(T)$ 的子序列。在每一个迭代周期内,通过将滑动窗口向前移动一个时间步长,可以保证神经网络学习到整个时间序列的特征,同时可以有效避免在时间序列中漏掉重要的信息,其处理过程如图 2-29 所示。

经过滑动窗口分割后,得到神经网络的输入和输出数据如下式所示,式中 $\boldsymbol{X}$ 包括经度（Longitude）、纬度（Latitude）、航速（SOG）、航向（COG）、标签

(Label),其对应的识别后的行为类别为该片段的标签 Y,Y 包括 ZC、CS、DT、HY、ZY、BH。

$$X = \begin{bmatrix} x_{11} & x_{12} & \cdots & x_{1m} \\ \vdots & \vdots & & \vdots \\ x_{t1} & x_{t2} & \cdots & x_{tm} \\ \vdots & \vdots & & \vdots \\ x_{N1} & x_{N2} & \cdots & x_{Nm} \end{bmatrix}, \quad Y = \begin{bmatrix} y_1 \\ \vdots \\ y_t \\ \vdots \\ y_N \end{bmatrix} \tag{2-24}$$

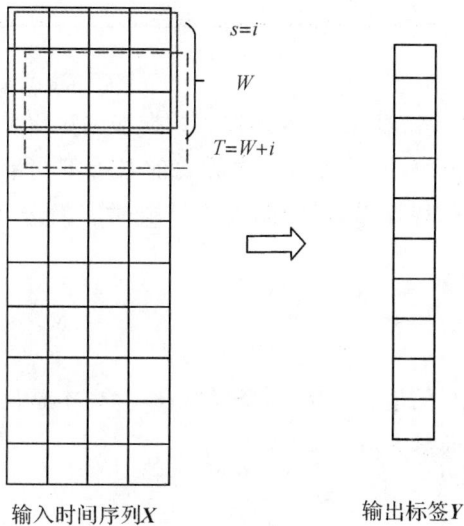

输入时间序列X　　　　输出标签Y

图 2-29　滑动窗口

2. 独热编码

独热编码(one-hot 编码)是一种常用的分类变量编码方法,其原理是将每个分类变量的可能取值映射为一个二进制向量,该向量长度等于分类变量可能的取值数。在向量中,每个可能的取值对应一个元素,其中只有一个元素是 1,其他元素都是 0,1 所处位置表示该数据所属的类别。经过滑动窗口处理后得到多个数据片段,需要为每一个窗口的数据片段标注对应的标签,此标签代表了该窗口中数据的行为类别。考虑到神经网络的数据处理机制,本书采用独热编码对 5 种船舶非安全行为标签进行转换,将分类变量转换为数值变量,以便应用于机器学习模型中,从而对其进行有效的建模和分析[85],编码结果如表 2-11 所示。

表 2 - 11　独热编码结果

标签	BH	CS	DT	HY	ZC	ZY
ZC	0	1	0	0	0	0
CS	0	0	1	0	0	0
DT	0	0	0	0	0	1
HY	0	0	0	1	0	0
ZY	0	0	0	0	1	0
BH	1	0	0	0	0	0

3. 数据归一化

神经网络在反向传播过程中,根据输入数据误差对权重和偏置参数进行更新,在所构建的数据集中,不同的特征参数之间具有不同量纲,如速度、经纬度等。因此,在使用这些特征参数之前,通常需要对它们进行归一化,转换公式如下:

$$\hat{x} = \frac{x_i - x_{\min}}{x_{\max} - x_{\min}}, \quad i = 1, 2, \cdots, N \qquad (2-25)$$

式中:$\hat{x}$ 为归一化之后的值;x_i 为第 i 个样本;N 为样本总量;$x_{\min}$ 为样本中的最小值;$x_{\max}$ 为样本中的最大值。

4. 数据集分割

将所构建的数据集随机划分为训练集、验证集及测试集,其中训练集样本用来训练模型,验证集样本用于评估所训练模型的优劣,而测试集样本则用来测试神经网络对新样本的泛化能力。实验中数据集按 6∶2∶2 的比例划分训练集、测试集、验证集。

2.4.2　船舶非安全行为识别模型构建

1. 卷积神经网络

卷积神经网络通常应用于图像和视频等二维数据领域,也被称为二维卷积神经网络(Two - Dimensional Convolutional Neural Network,2D - CNN)。对于一维时间序列 AIS 数据,在使用 CNN 进行特征提取和池化时,位置信息的提取能力较弱。为了减少位置信息的丢失,使用一维卷积神经网络作为处理时序序列的 CNN 架构,该架构的卷积核在序列的一个维度上滑动,保留了时序数据的位置信息,且可以更好地学习数据的语义特征,减少不必要的参数量。

卷积神经网络主要由以下几部分组成:输入层(input layer)、卷积层(convolutional layer)、池化层(pooling layer)以及输出层(output layer)。卷积层主要用于提取特征,池化层主要用来进行特征压缩。CNN 模型如图 2 - 30 所示。

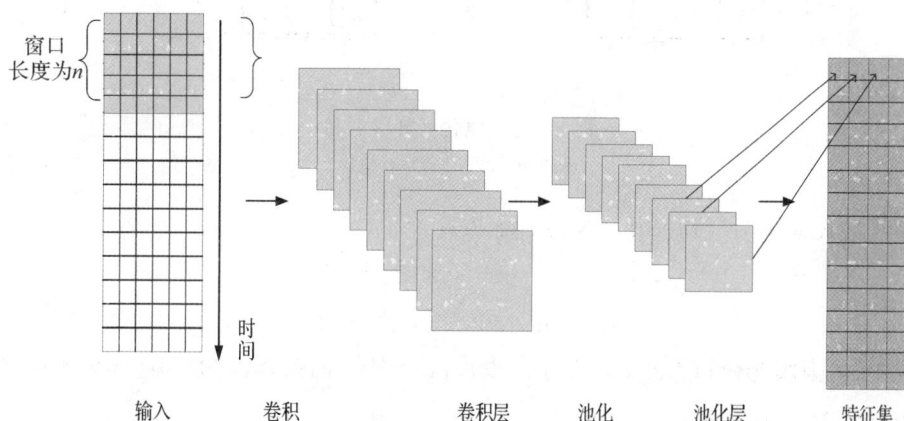

图 2 - 30　CNN 模型

(1)卷积层。卷积层的主要作用是对输入数据进行卷积操作,利用卷积核对输入数据进行滑动窗口卷积,将对应位置上的元素乘积相加,从而生成具有输出特征的向量。卷积操作可以看作对输入特征进行一种局部的特征提取操作。

卷积层参数包括卷积核大小、步长和填充。设当前输入的特征序列为 $x \in R^{N \times L}$,N 为特征通道数,L 是序列长度。使用卷积核大小为 $1 \times K$、卷积步长为 T、卷积核个数为 M 的卷积层对输入序列进行卷积处理,计算公式如下:

$$z_k = f\left(\sum_{i=1}^{N} \text{conv1D}(w_{ik}, x_i) + b_k\right), \quad k \in [1, M] \qquad (2-26)$$

式中:z_k 为输出的第 k 个特征序列;f 为激活函数;conv1D 为一维卷积运算;w_{ik} 为第 i 个特征与卷积层第 k 个神经元的核参数;b_k 为神经元的偏置。

(2)池化层。通过卷积层获取特征后,输出的高维特征信息较为冗余,导致整个网络的计算参数较多、效率降低,易出现过拟合的问题。因此,常用池化操作来降低特征维度,减少参数量,从而降低模型计算量及内存消耗。此外,通过池化层的特征选择和信息过滤,还可以去除冗余信息和噪声,保留重要的特征信息,从而提高模型的泛化能力和鲁棒性。

池化层根据预设的池化函数,将输入相邻区域的特征向量统计运算,得到池化后的特征向量。通常使用最大池化和平均池化两种不同的池化函数进行运算,池化计算示意图如图 2-31 所示。

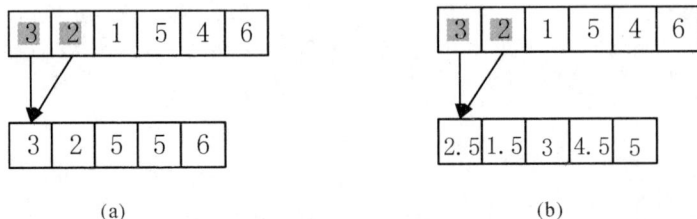

图 2-31　池化计算示意图

(a)最大池化；(b)平均池化

最大池化与平均池化计算过程如下:

$$p_i^l = \max_{r \in R}(\boldsymbol{c}_{i \times T+r}^l) \tag{2-27}$$

$$p_i^l = \mathrm{avg}(\boldsymbol{c}_{i \times T+r}^l), \quad r \in R \tag{2-28}$$

式中:r 为池化窗口大小;T 为池化步长;$\boldsymbol{c}$ 为特征向量;max 和 avg 为最大池化运算和平均池化运算。

由式(2-28)可知,最大池化可以提取数据中的重要特征,更好地捕捉数据中的显著特征。因此,在船舶行为特征提取方面,最大池化函数可以提取出最显著的、最具代表性的特征,从而可以更好地描述船舶行为。

2. 长短期记忆神经网络

传统循环神经网络(RNN)在处理时序数据时,每个时间步的输入都会被传递到下一个时间步,但是随着时间步的增加,模型在处理长序列数据时存在梯度消失和梯度爆炸的问题。LSTM 神经网络作为一种特殊的循环神经网络模型,其自带的遗忘门在处理长序列时具有优秀的表现,解决了 RNN 的长期依赖问题。

LSTM 神经网络的关键在于其特殊的内部结构,其由一系列的 LSTM 单元组成。每个 LSTM 单元包含 3 个门,分别是遗忘门、输入门和输出门。LSTM 神经网络内部的 3 个控制门分别为遗忘门 f_t、输入门 i_t 和输出门 o_t。遗忘门可以决定细胞状态需要丢弃的信息,该门接收 h_{t-1} 和 x_t。输入门由两个交互的层构成,分别为 c_t^i 和 i_t,其中,$\boldsymbol{c}_t^i$ 代表新输入的信息,i_t 用于决定哪些信息将被更新,两者共同决定数据的输入。输出门决定数据结果的输出。LSTM 神经网络结构如图 2-32 所示。

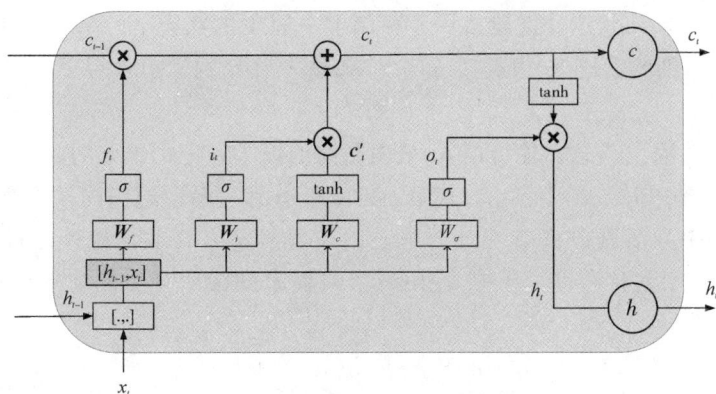

图 2-32　LSTM 神经网络结构

LSTM 神经网络的工作原理主要分为以下四个部分。

（1）决定丢弃信息。确定从单元状态丢弃的信息，通过遗忘门 f_t 控制上一状态 c_{t-1} 中哪些信息需要从记忆单元中删除，如下式所示，x_t 表示 t 时刻的输入，W_f、b_f 分别表示遗忘门的权重矩阵、偏置项，σ 代表激活函数。

$$f_t = \sigma\left(W_f \cdot \left[h_{t-1}, x_t\right] + b_f\right) \tag{2-29}$$

（2）确认更新信息。此阶段确定存储在单元状态中的新信息，主要分为两部分：第一部分通过输入数据创建更新的候选值向量 c'_t，见式（2-30）；第二部分是输入门 i_t 的计算，用于确定第一部分中的输入数据是否更新，由输入信息 x_t 与前一时刻的输出 h_{t-1} 计算得出，见式（2-31）。

$$c'_t = \tanh\left(W_c \cdot \left[h_{t-1}, x_t\right] + b_c\right) \tag{2-30}$$

$$i_t = \sigma\left(W_i \cdot \left[h_{t-1}, x_t\right] + b_i\right) \tag{2-31}$$

式中：W_c 为存储单元的权重矩阵；W_i 为输入门的权重矩阵；b_c 为存储单元的偏置项；b_i 为输入门的偏置项；tanh 函数为双曲正切函数，它可以将输入信号压缩到取值范围为 $[-1,1]$ 的区间内，具有良好的非线性特性，对应的函数图像如图 2-33 所示。

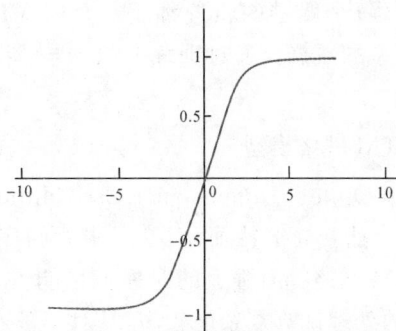

图 2-33　tanh 函数

（3）更新单元状态。此阶段用于存储上一时刻的状态 c_{t-1} 和当前时刻的输入信息 c_t'。细胞状态 c_t 根据遗忘门 f_t 和输入门 i_t 的输出进行更新，见下式：

$$c_t = f_t c_{(t-1)} + i_t c_t' \tag{2-32}$$

（4）确认输出信息。输出门 o_t 根据当前的输入和记忆单元的状态共同决定当前时刻的输出，见式（2-33），其中，W_o、b_o 分别表示遗忘门的权重矩阵、偏置项，通过一个激活函数将前一时刻的输出和当前输入合并。另外，还需要使用 tanh 函数将细胞状态进行压缩，使用激活函数 σ 和 tanh 函数的结果相乘得到最终的输出 h_{t-1}。

$$o_t = \sigma(W_o \cdot [h_{t-1}, x_t] + b_o) \tag{2-33}$$

$$h_t = o_t \tanh(c_t) \tag{2-34}$$

ReLU 函数可以将所有负数映射为 0，对于正数，则直接输出原值，具有良好的非线性特性，可以在一定程度上减少神经网络中的冗余和噪声信息，提高模型的泛化能力。使用 ReLU 函数作为 LSTM 神经网络的激活函数，ReLU 函数被用作门控机制的一部分，来确定哪些信息需要被保留或丢弃，使得 LSTM 神经网络能够灵活地处理输入序列中不同位置的信息，并且可以在需要的时候选择性地忘记或保留某些信息，对应的函数图像如图 2-34 所示。

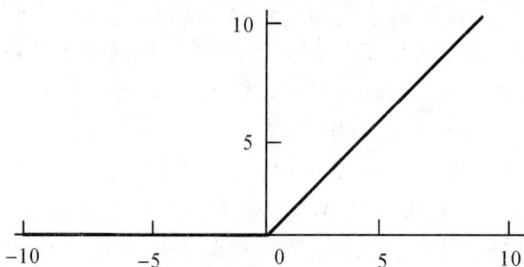

图 2-34　ReLU 函数

在船舶轨迹数据中，每个船舶的轨迹都是一个时序序列，LSTM 神经网络可以很好地处理这种类型的数据。通过训练 LSTM 模型，可以学习船舶轨迹中的时序特性。

3. 深度 CNN-LSTM 网络模型

一维卷积神经网络（One-Dimensional Convolutional Neural Network，1D-CNN）擅长从数据中捕获局部特征，但是对于时间序列数据的长期依赖关系捕获能力较弱。LSTM 网络拥有强大的时序记忆能力，可以对时序信息进行学习，但是对于长序列的处理计算复杂度较高，且对于输入中的局部特征并不擅长处理。考虑到实验所用船舶轨迹为包含多个时间序列特征的 AIS 数据，本书结合 CNN 自动提取特征的能力和 LSTM 网络对时序数据进行学习处理的能力,选择深度 CNN－LSTM 网络建立针对 AIS 时序数据的深度卷积时序网络模型,其网络结构如图 2－35 所示。

输入　卷积1D　池化　丢弃层 卷积1D　池化　丢弃层　LSTM　丢弃层 LSTM 丢弃层 Softmax　输出

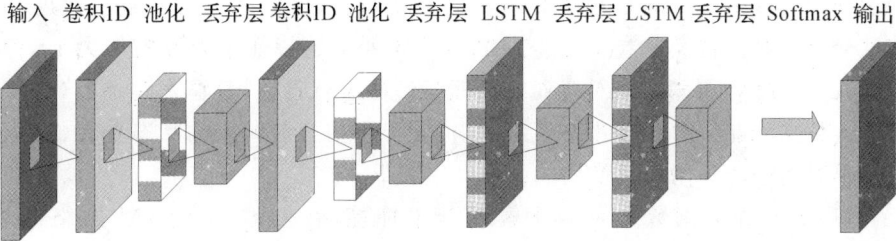

图 2－35　深度 CNN－LSTM 网络模型

如图 2－35 所示,深度 CNN－LSTM 网络模型主要由卷积 1D 层、池化层、丢弃层、LSTM 层、全连接层和 Softmax 函数构成。深度 CNN－LSTM 网络参数如表 2－12 所示。

表 2－12　深度 CNN－LSTM 网络参数

层(类型)	输出特征	参数量
卷积 1D 层(Conv1D)	(None, 118, 32)	512
最大池化 1D 层(MaxPooling1D)	(None, 59, 32)	0
丢弃层(Dropout)	(None, 59, 32)	0
卷积 1D 层_1 (Conv1D)	(None, 57, 32)	3 104
最大池化 1D 层_1 (MaxPooling1D)	(None, 28, 32)	0
丢弃层_1 (Dropout)	(None, 28, 32)	0
LSTM(LSTM)	(None, 28, 64)	24 832
丢弃层_2 (Dropout)	(None, 28, 64)	0
LSTM_1 (LSTM)	(None, 16)	5 184
丢弃层_3 (Dropout)	(None, 16)	0
平层(Flatten)	(None, 16)	0
全连接层(Dense)	(None, 6)	112

如表 2－12 所示,所建立的深度 CNN－LSTM 网络模型包含 12 层结构,其中包括 2 个卷积 1D 层,2 个最大池化 1D 层,4 个丢弃层,2 个 LSTM 层,1 个平层和 1 个全连接层。第一个卷积 1D 层和第二个卷积 1D 层的过滤器数量分别为 32 和 64,内核大小为 3。第一个最大池化 1D 层和第二个最大池化 1D 层的池化大小均为 2。为防止过拟合并提高模型的泛化能力,丢弃层的丢失率分别

设置为 0.25、0.25、0.3、0.3,随机丢弃一定比例的神经元。LSTM 层的隐藏状态大小分别为 128 和 64。卷积层主要用于对时间序列的局部特征进行提取,其输入层形状为(sequence_length,input_dim),其中,sequence_length 是每个样本的序列长度,input_dim 是每个时间步的特征维度,分别为经度、纬度、速度、航向及分类标签。将经过卷积层得到的时间序列下的特征集和标签作为 LSTM 层输入。LSTM 层则用于对序列的长期依赖性进行建模,其输入包括当前时刻的输入数据和前一时刻的状态单元输出,输出包括当前时刻的状态单元输出和门控单元的输出。网络所使用的函数介绍如下:

(1) Softmax 函数。为实现模型分类性能,在 CNN – LSTM 网络添加 Softmax 层,采用 Softmax 激活函数计算输出各类别的概率,实现分类输出,其数学模型见下式:

$$\sigma\,(\boldsymbol{z}\,)_i = \frac{e^{z_i}}{\sum_{j=1}^{K} e^{z_j}} \qquad (2-35)$$

式中: z_i 为输入向量的元素; $\sum_{j=1}^{K} e^{z_j}$ 为归一化项; K 为多类分类器中的类数。它确保函数的所有输出值总和为 1,从而构成有效的概率分布。

(2) 损失函数。实验中采用均方误差(Mean Square Error,MSE)函数作为损失函数评价所构建模型的拟合能力,如下式所示:

$$\mathrm{MSE} = \frac{1}{n} \sum_{i=1}^{n} (y_i - \hat{y}_i)^2 \qquad (2-36)$$

其中: n 为样本总量; y_i 和 $\hat{y}_i$ 分别为预测值和真实值。训练时,当损失值降到目标值且基本不再变化时,即可认为模型达到收敛。

(3) 优化函数。实验中采用自适应矩估计(Adaptive Moment Estimation, Adam)函数进行网络优化,Adam 函数是一种计算每个参数或权重的自适应学习率的方法[86]。其动态调整学习率的方式是基于计算每个参数的梯度的一阶矩(即均值)和二阶矩(即方差)来完成的。Adam 算法使用一阶矩和二阶矩的移动平均值来计算每个参数的自适应学习率,在训练过程中能够更加平滑地更新参数,从而提高收敛速度和收敛质量。

$$\theta_{t+1} \leftarrow \theta_t - \frac{\eta}{\sqrt{\hat{v}_t} + \gamma} \hat{m}_t \qquad (2-37)$$

式中: η 表示学习率; $\hat{v}_t$ 和 $\hat{m}_t$ 分别为代价函数对梯度的一阶矩和二阶矩; γ 表示平滑项。

深度 CNN - LSTM 模型具体流程如图 2 - 36 所示。首先,将经过预处理获取的片段序列及其所对应的实际类别 Y 作为模型输入和输出,并按照 6∶2 的比例随机划分为训练集和测试集。其次,通过多层卷积对每个片段序列进行卷积运算,得到每个短时间范围片段对应的特征集,从而提取出时间序列下的多种特征。然后,通过 LSTM 模型学习时间依赖关系,将卷积层得到的时间序列下的特征集和标签作为 LSTM 的输入,进行有监督训练。最后,通过一层全连接层对模型输出结果进行处理,通过 Softmax 函数将输出映射到类别概率空间中,得到分类识别准确率。

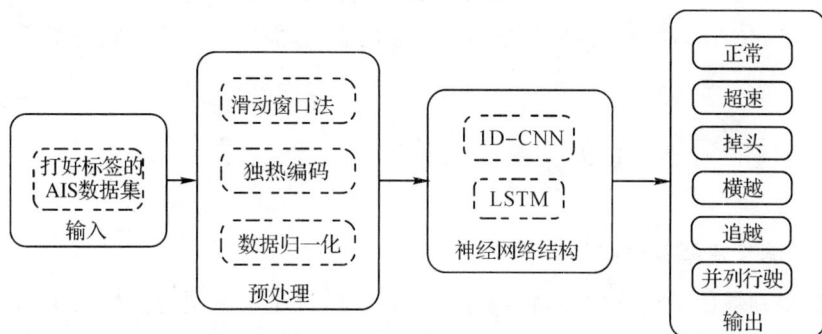

图 2 - 36　深度 CNN - LSTM 模型具体流程

2.4.3　实验环境及评价指标

1. 实验环境

实验硬件采用中央处理器(CPU)为 2.90 GHz 的 i7 处理器、内存为 16.0 GB 的 Windows 10 系统。算法建模开发工具为 Anaconda,开发语言为 Python,深度学习框架是 TensorFlow 1.14.0,使用 Keras 库构建卷积神经网络、长短期记忆类神经网络及神经网络的复合模型等。输入数据的特征维度为 10。训练批次大小设置为 120,初始学习率为 0.001,使用 Adam 算法对损失函数进行优化,迭代次数设置为 500 次。

2. 评价指标

为了量化实验结果,选择准确率(Accuracy)、精确率(Precision)、召回率(Recall)和 F1 分数(F1 - score)作为模型的评价指标,具体计算公式如下:

$$\text{Accuracy} = \frac{\text{TP} + \text{TN}}{N} \tag{2 - 38}$$

$$Precision = \frac{TP}{TP+FP} \qquad (2-39)$$

$$Recall = \frac{TP}{TP+FN} \qquad (2-40)$$

$$F1 - score = 2 \times \frac{Precision \times Recall}{Precision + Recall} \qquad (2-41)$$

式中：N 为样本总量；TP 表示实际为正类，模型正确检测的样本数；TN 表示测试集实际为负类，模型检测为负类的样本数；FP 表示实际为负类，模型预测为正类的样本数；FN 表示实际为正类，模型预测为负类的样本数。

F1 分数值综合考虑了精确率和召回率的表现，能够进一步反映分类器的整体性能。

2.4.4　实验结果分析

1. CNN 模型实验结果分析

为得到最优的训练模型，在经过不断调参后对比了不同迭代轮次下的训练时间和评估指标，如表 2-13 所示。由表 2-13 可知，CNN 网络在 500 次迭代后到达了较好的效果，模型的准确率和损失率如图 2-37 和图 2-38 所示。由图 2-37 可知，当训练周期值超过 300 轮后，训练集与验证集的准确率曲线趋于稳定，逐渐接近一个恒定值 0.845 2。在经过 500 次迭代后，CNN 模型训练集的损失率与准确率分别达到 0.093 1 和 0.860 7，验证集的损失率与准确率分别达到 0.123 4 和 0.849 5。

表 2-13　CNN 模型不同轮数取值下的实验结果

轮　数	训练时间/s	准确率	精确率	召回率	F1 分数
100	21.166 9	0.814 8	0.814 7	1.0	0.897 9
200	42.803 0	0.821 0	0.819 9	1.0	0.901 0
300	61.997 1	0.845 2	0.863 6	0.988 4	0.921 8
400	84.293 5	0.830 7	0.888 2	0.987 5	0.935 2
500	106.014 3	0.849 5	0.910 8	0.982 7	0.945 8
600	124.250 0	0.808 7	0.912 3	0.982 7	0.946 1

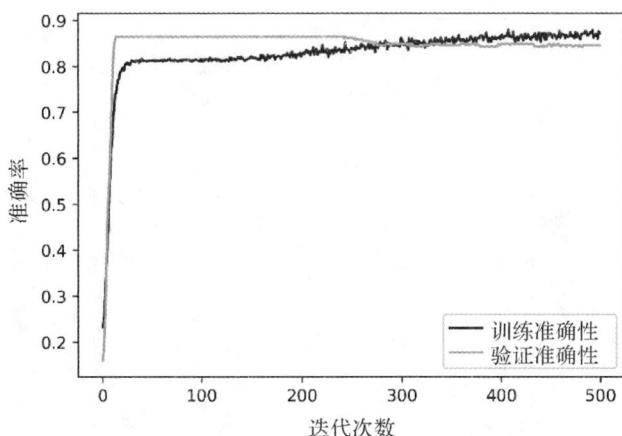

图 2 - 37　CNN 模型准确率曲线

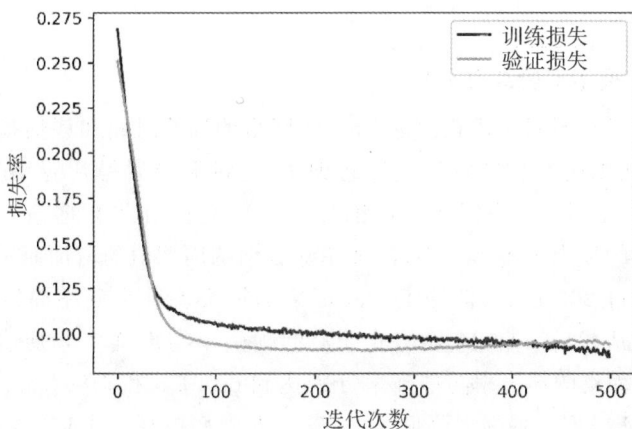

图 2 - 38　CNN 模型损失率曲线

　　实验采用 P - R 曲线来评估 CNN 模型对不同类别船舶的分类效果。P - R 曲线是衡量二分类器性能的一种常用方法,对于每个类别,根据真实标签和预测概率计算出该类别在所有样本中的精确率(Precision)和召回率(Recall),通过绘制不同类别的 P - R 曲线并计算 P - R 曲线下的面积得出该类别的平均精度(Average Precision,AP):超速、掉头、横越、追越、并列行驶的实验结果分别为 0.988、0.900、0.934、0.904、0.826。如图 2 - 39 所示,在 5 种行为中,并列行驶行为的识别精度最低,超速行为的检测性能最优。对于所有类别,平均精度均值(mean Average Precision,mAP)为 0.910,充分表现出了 CNN 对时间序列数据处理的能力。

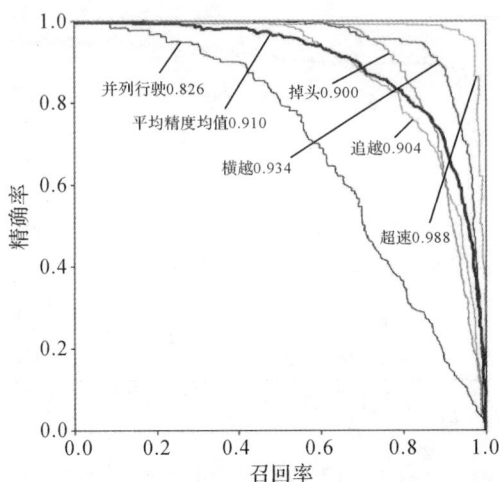

图 2 - 39　CNN 模型下各类行为的 P - R 曲线

2. LSTM 模型实验结果分析

实验对比了在不同迭代轮次下 LSTM 网络的训练时间和评估指标,选择最优参数,将数据集输入 LSTM 网络进行训练,经过调参后得到的实验结果如图 2 - 40 和图 2 - 41 所示。由图 2 - 40 和图 2 - 41 可知,在将数据输入模型后,训练集和验证集的损失率不断减小,准确率随着训练周期值的增加而不断提高,当训练周期值超过 200 轮后,训练集与验证集的损失率和准确率曲线趋于稳定。在经过 500 次迭代后,LSTM 模型验证集的损失率与准确率分别达到 0.091 1 和 0.864 3,训练集的损失率与准确率分别达到 0.097 8 和 0.864 2。与 CNN 网络相比,LSTM 模型的损失率降低了 2.56%,准确率提高了 4.17%,对时序数据的处理效果更精确,如表 2 - 14 所示。

表 2 - 14　LSTM 模型不同轮数取值下的实验结果

轮　　数	训练时间/s	准确率	精确率	召回率	F1 分数
100	191.610 7	0.851 5	0.882 4	0.944 2	0.912 2
200	392.557 2	0.867 2	0.954 2	0.889 7	0.920 8
300	598.144 5	0.861 1	0.953 8	0.882 5	0.916 8
400	790.567 5	0.861 1	0.953 8	0.882 6	0.916 8
500	963.014 3	0.864 2	0.954 0	0.886 1	0.918 8
600	1 180.445 6	0.839 5	0.932 1	0.879 0	0.904 8

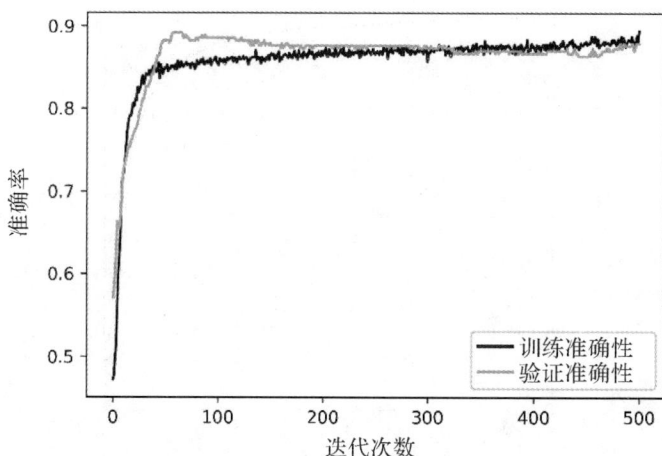

图 2 - 40　LSTM 模型准确率曲线

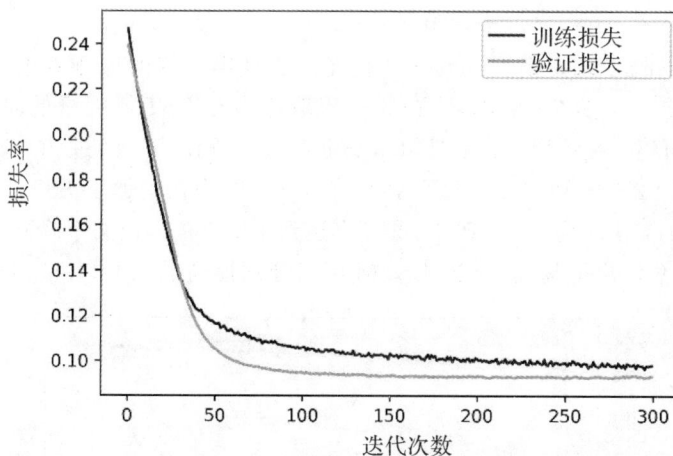

图 2 - 41　LSTM 模型损失率曲线

　　计算 LSTM 模型对不同类别船舶的精确率和召回率,绘制如图 2 - 42 所示的 P - R 曲线,并通过 P - R 曲线的结果计算各不同类型船舶的平均精度:超速为 0.994 7、掉头为 0.944 9、横越为 0.970 9、追越为 0.961 1、并列行驶为 0.898 1,5 种行为的平均精度均值为 0.953 9,较 CNN 模型均有一定程度的提升。其中并列行驶行为的识别精度较 CNN 模型提升约 7%,表现出较强的时序数据处理能力。

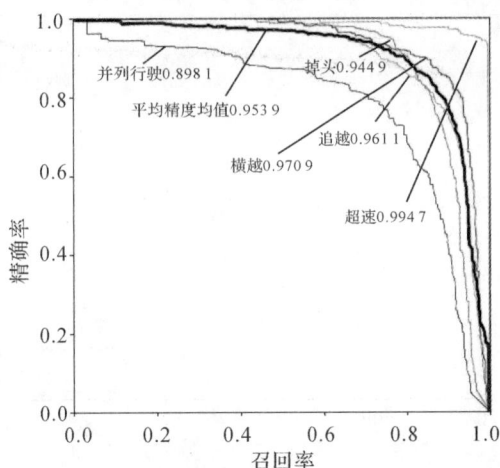

图 2 - 42   LSTM 模型下各类行为的 P - R 曲线

3. CNN - LSTM 模型实验结果分析

CNN 与 LSTM 模型在 500 次迭代后均表现出较好的检测效果,为进一步提升模型性能,本书将 CNN 强大的特征提取能力与 LSTM 网络的时序处理能力相结合,构建 CNN - LSTM 船舶非安全行为检测模型。经过 500 次迭代后,实验结果如图 2 - 43 和图 2 - 44 所示,可知 CNN 网络在增加了 LSTM 通道模块后,网络收敛性得到了明显的改善,准确率达到了 0.889 6,损失率降到了 0.084 2,且识别准确率相比于基础 CNN、LSTM 网络分别提高了 4.01、2.54 百分点。

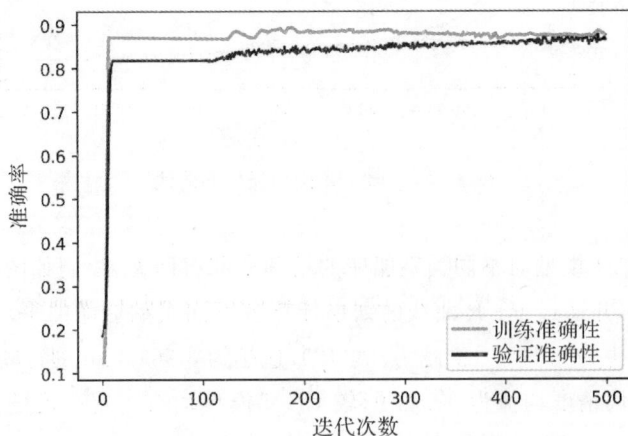

图 2 - 43   深度 CNN - LSTM 模型准确率曲线

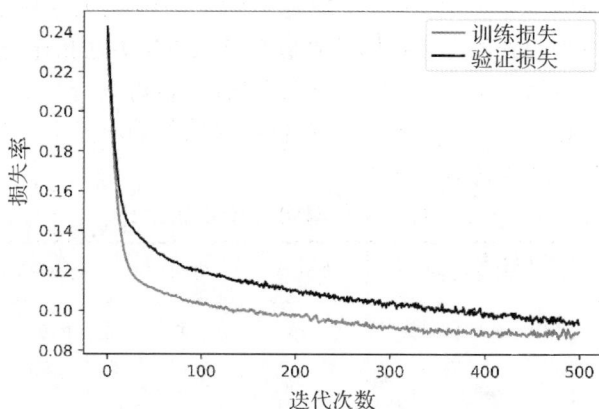

图 2-44　深度 CNN-LSTM 模型损失率曲线

　　计算可得不同类型船舶的平均精度为:超速 0.999 5、掉头 0.962 1、横越 0.991 8、追越 0.946 4、并列行驶 0.925 2。并列行驶行为的识别精度较 CNN、LSTM 模型都有很大提升,5 种行为的平均精度均值达到了 0.965 0,如图 2-45 所示。

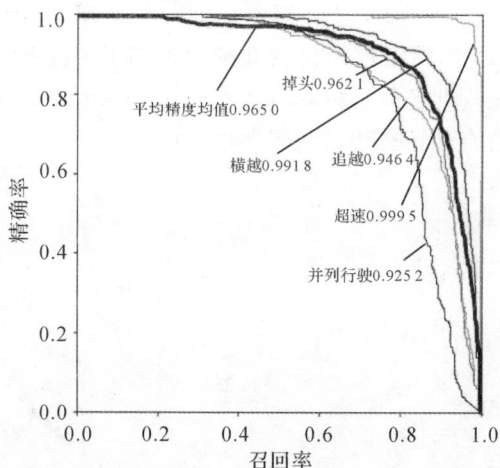

图 2-45　深度 CNN-LSTM 模型下各类行为的 P-R 曲线

　　为进一步量化 3 种模型对船舶非安全行为的检测性能,采用准确率、精确率、召回率和 F1 分数 4 个指标进行评估,结果如表 2-15 所示。由表 2-15 可知:深度 CNN-LSTM 模型相较于 CNN 模型的准确率、精确率和 F1 分数分别提高了 4.01%、10.02%、2.37%;与 LSTM 模型相比,准确率、精确率、召回率和

F1 分数分别提高了 2.54%、1.09%、1.78%、0.99%,训练时间缩短了 459 s;深度 CNN-LSTM 方法识别的各项指标效果最好,与 CNN 方法相比,虽然训练时间增加了 3~4 倍,召回率低了 4.54%,但是准确率、精确率、F1 分数均有较大提升。这表明了深度 CNN-LSTM 模型在桥区水域船舶非安全行为检测能力上较 LSTM 和 CNN 模型更具优越性。

表 2-15　3 种网络实验结果对比

网　络	训练时间/s	准确率	精确率	召回率	F1 分数
CNN	106.014 3	0.849 5	0.864 7	0.949 3	0.905 0
LSTM	963.014 3	0.864 2	0.954 0	0.886 1	0.918 8
深度 CNN-LSTM	504.657 1	0.889 6	0.964 9	0.903 9	0.928 7

4. 实例分析

为直观地评估所建立识别模型的性能和效果,体现模型的优越性,将保留的验证集分别输入 3 种网络,并将结果进行可视化。5 种违章行为的识别结果如下。

(1)超速行为。CNN、LSTM 和深度 CNN-LSTM 模型的超速行为识别结果如图 2-46 所示,3 种网络都能比较准确地识别出超速行为。根据识别结果对应至轨迹片段,发现此条轨迹的航行速度均在 12 kn 以上,且航行位置位于二七长江大桥水域,符合超速行为的判定条件。

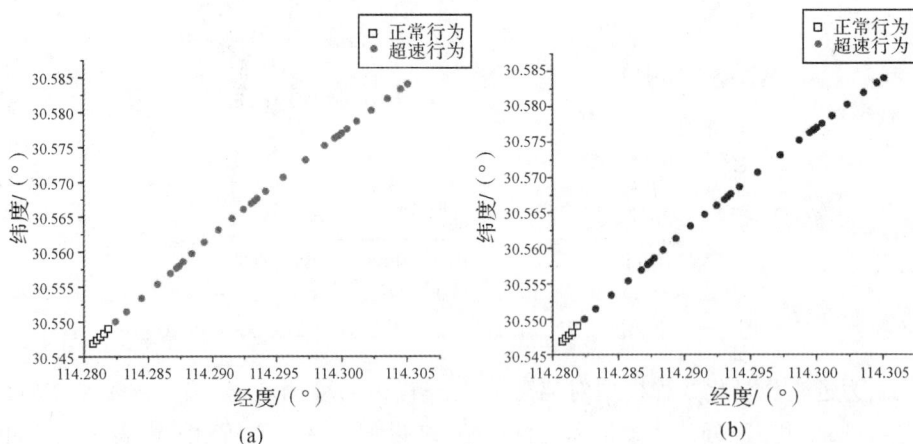

图 2-46　超速行为识别结果可视化
(a)CNN;(b)LSTM

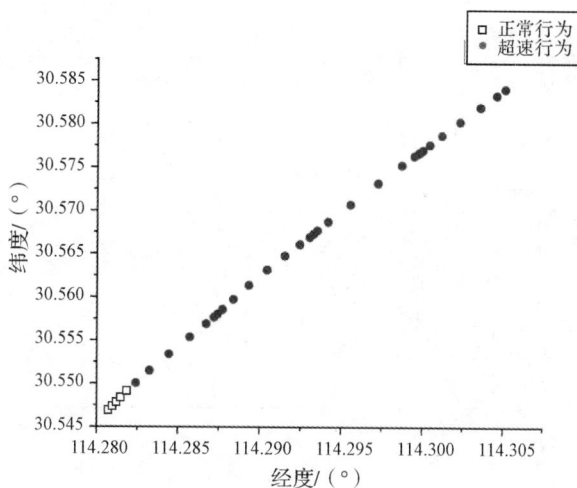

(c)

续图 2 - 46　超速行为识别结果可视化
(c)深度 CNN - LSTM

　　(2)掉头行为。CNN、LSTM 和深度 CNN - LSTM 模型的掉头行为识别结果如图 2 - 47 所示,3 种模型均能识别出掉头行为过程,但 CNN 模型将不属于掉头的一段轨迹仍判定为掉头行为,存在误报的现象,说明 CNN 模型的识别性能不及其他两种模型。

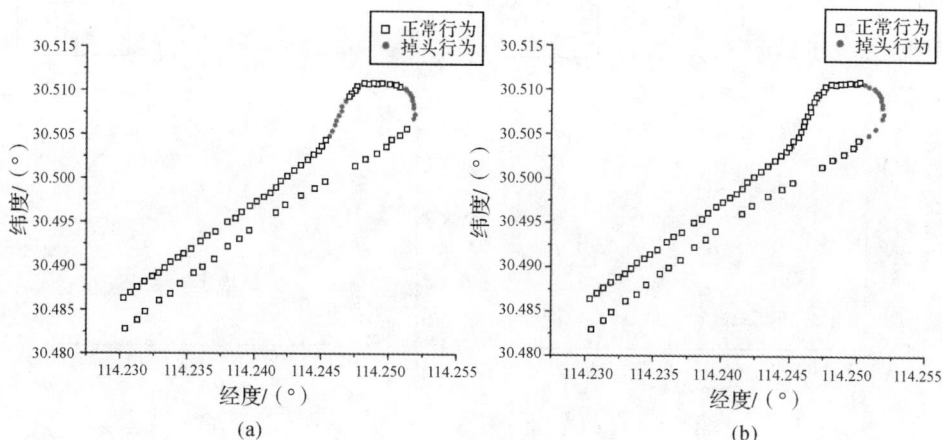

(a)　　　　　　　　　　　　　(b)

图 2 - 47　掉头行为识别结果可视化
(a)CNN;(b)LSTM

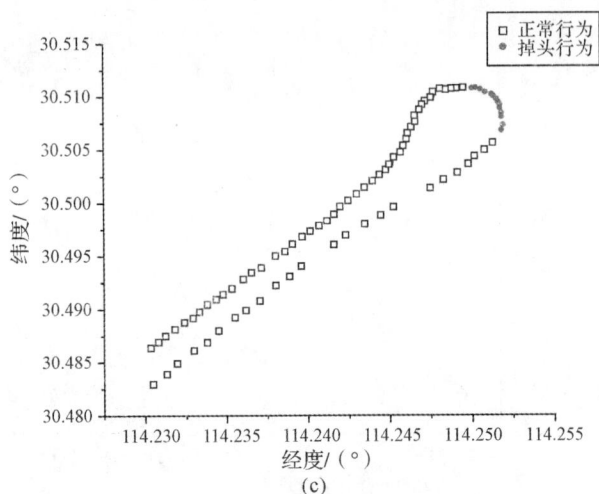

(c)

续图 2-47　掉头行为识别结果可视化

(c)深度 CNN-LSTM

（3）横越行为。CNN、LSTM 和深度 CNN-LSTM 模型的横越行为识别结果如图 2-48 所示，3 种网络均能正确定位到横越行为过程，但 CNN 模型没有完整地识别出横越的全过程，只识别出横越中的部分轨迹；LSTM 模型将不属于横越行为的部分轨迹判定为横越过程，存在一定的误报率；而深度 CNN-LSTM 模型准确地识别出了横越的起始与结束阶段。

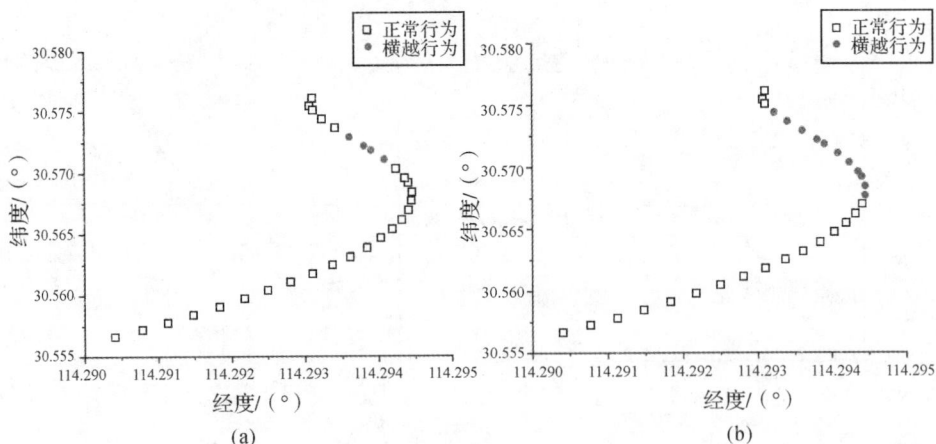

(a)　　　　　　　　　　　　(b)

图 2-48　横越行为识别结果可视化

(a)CNN；(b)LSTM

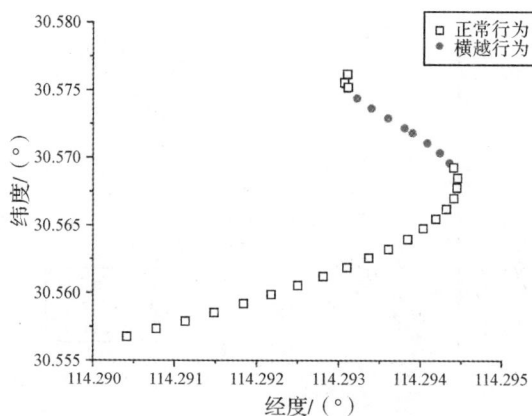

(c)

续图 2 - 48　横越行为识别结果可视化
(c)深度 CNN - LSTM

　　(4)追越行为。3 种模型的追越行为识别结果如图 2 - 49 所示,LSTM 和深度 CNN - LSTM 模型都能识别出追越行为整个过程的部分片段。将识别出的结果对比数据库,找到被追越船舶相对应时间内的轨迹片段,发现追越船在二七长江大桥桥区水域追越他船,构成违章行为,而针对这一追越行为,CNN 模型识别效果最差,说明 CNN 网络在处理时序数据时表现不如 LSTM 等具有长期记忆能力的模型;LSTM 模型虽识别出了追越行为,但其在识别追越过程时的持续性不高,只识别出了追越前的过程;而深度 CNN - LSTM 模型的识别结果包含了追越前、追越中与追越后的全过程。

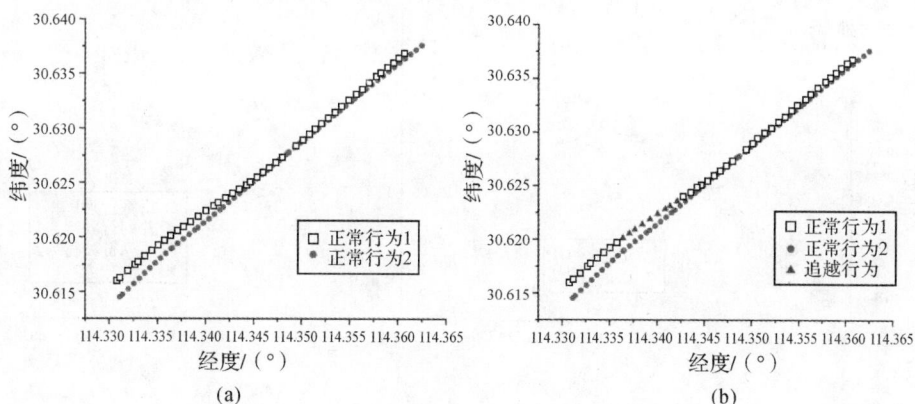

(a)　　　　　　　　　　　　　　　(b)

图 2 - 49　追越行为识别结果可视化
(a)CNN;(b)LSTM

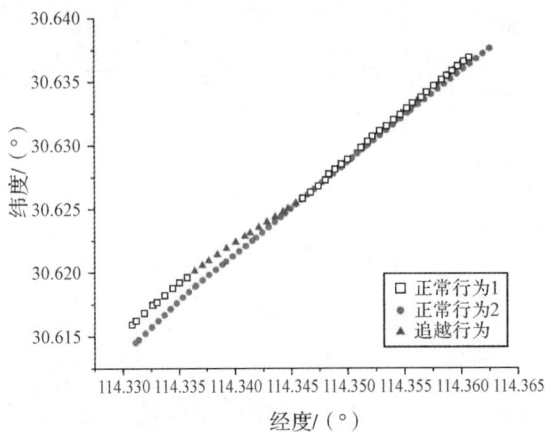

续图 2-49 追越行为识别结果可视化

(c)深度 CNN-LSTM

(5)并列行驶行为。CNN、LSTM 和深度 CNN-LSTM 模型的并列行驶行为识别结果如图 2-50 所示,针对并列行驶行为,CNN 模型不能做出准确的识别,LSTM 模型识别出了并列行驶行为整个过程的部分片段,而深度 CNN-LSTM 模型能识别出整个并列行驶行为。这一并列行驶行为发生在武汉长江二桥桥区水域,两船在经过桥区时,一直并列航行至驶过桥区水域,存在潜在的碰撞风险,构成了违章行为。这说明深度 CNN-LSTM 模型在提取序列特征和记忆长期时间维度能力方面相较于 CNN 和 LSTM 模型具有明显的优势,可以更好地适应不同类型的序列数据。

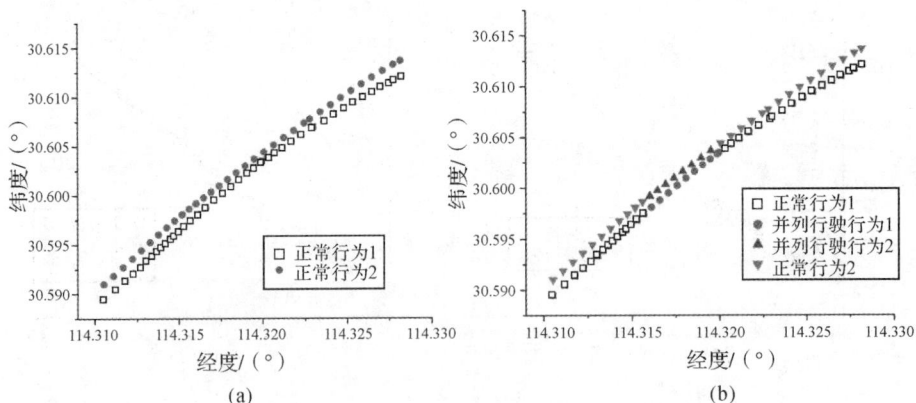

图 2-50 并列行驶行为识别结果可视化

(a)CNN;(b)LSTM

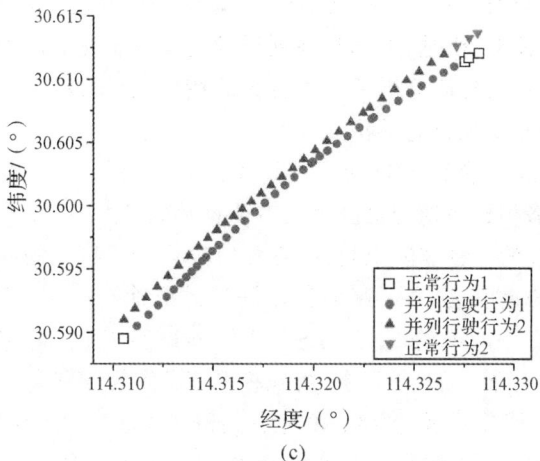

续图 2 - 50 并列行驶行为识别结果可视化

(c)深度 CNN - LSTM

综上所述,CNN 模型可以完成 5 种行为的识别任务,但模型的精度有待进一步提高;LSTM 模型虽然能够识别出涉及时序特征的行为,但由于提取特征的能力较弱,对于追越与并列行驶行为的识别能力不强;深度 CNN - LSTM 模型结合了 CNN 和 LSTM 模型两者的优势,在保留序列全局特征的同时,对局部特征进行更加准确的提取,提高了序列数据处理的准确性,能够更好地适应不同类型的序列数据,从而具有更好的泛化能力,可以在不同的工况中得到更好的应用,具有更好的表现。

2.5 本章小结

本章通过对海量 AIS 数据的处理与分析,实现了桥区水域船舶非安全行为的精准实时检测。该研究有利于规范内河船舶过桥行为,提高船舶航行的安全和效率,降低海事监管人员的工作强度,为研究内河桥区船舶行为建模提供一定的指导价值和现实意义。研究总结如下:

(1)桥区水域船舶 AIS 数据的采集与处理。首先对所采集的原始 AIS 数据进行了提取与清洗;然后对时间间隔过大及出现大段空缺的数据进行了修复与重构,最大程度地还原了轨迹的完整性;最后设计了自适应阈值的改进 D - P 轨迹压缩算法,解决了数据插值后数据量激增的问题。

(2)桥区水域非安全行为特征提取。根据桥区水域通航环境与船舶的航行特点定义了超速、掉头、横越、追越与并列行驶这 5 种非安全行为,结合船舶的经纬度、时间、航速、航向特征分析了 5 种行为的特征规律,设计了相应的特征提取算法,完成了 5 种非安全行为的特征提取。

(3)桥区水域非安全行为自动识别模型建立。根据 AIS 数据序列的特征,结合卷积神经网络和长短期记忆网络两者的优势,搭建了深度 CNN - LSTM 模型来识别桥区水域的 5 种非安全行为,在保留序列全局特征的同时,对局部特征进行了更加准确的提取,提高了序列数据处理的准确性。通过准确率、精确率、召回率和 F1 分数与传统的 CNN、LSTM 模型进行对比,得到了深度 CNN - LSTM 方法比 CNN 模型的准确率、精确率和 F1 分数分别高 4.01%、10.02%、2.37%,比 LSTM 模型的准确率、精确率、召回率和 F1 分数分别高 2.54%、1.09%、1.78%、0.99%的结果,并使用实例验证对比了 3 种模型的识别效果,实验证明,CNN - LSTM 模型在识别任务上相比于传统 CNN、LSTM 模型表现更优。

第3章 内河复杂环境下船舶目标检测

水路运输作为一种重要的交通运输方式,是建设交通强国的应有之义,因其具有低运费和高运量的特点,承载了全球近9成的贸易运输,极大推动了全球经济的发展。目前,自主船舶发展迅速,正逐步应用于内河航运,而在航运业蓬勃发展的同时,由于船舶数量的猛增,也进一步加大了水上交通事故的发生概率,因此,在船舶密度高、航行环境复杂的区域,保障船舶航行安全仍是一个热点问题。船舶驾驶人员通过有效感知水域中不同的航行环境,并及时做出正确的决策,从而保证船舶的安全航行。现有的环境感知手段主要包括船舶自动识别系统(AIS)和雷达,但两者均存在一定的弊端,如:AIS设备存在人为关闭、报送信息不及时等问题;雷达因航道两岸建筑物的存在,导致监控区域出现较大的盲区。视觉感知作为一种辅助感知方式,能够识别航行环境中的各类障碍物以及助航设施,从而可以进一步提高船舶航行的安全性。

目标检测作为计算机视觉的重要任务之一,主要用于在所给定的图像上检测特定类别的目标。如第1章所述,尽管传统基于机器学习的目标检测算法取得了较好的研究成果,但依然存在着诸多方面的不足:①采用基于滑动窗口的区域选择策略,使其计算成本和时间复杂度较高,无法满足实际应用的需求;②由于待检测目标在成像过程中存在多样性变化以及周围环境、光照等的影响,采用人工选择特征时算法鲁棒性较差。这些问题使得传统目标检测算法的准确性和实时性存在着巨大的挑战。如何解决以上问题,并能够对物体进行精准、实时的检测是目前目标检测算法研究的主要问题。

随着深度学习算法的不断深入发展,研究学者提出了许多具有代表性的目标检测算法,并广泛应用于智能交通检测[87]、人脸识别[88-89]、姿态估计[90]、农业[91]、医疗诊断[92-93]等诸多领域。本章通过对现有文献和研究成果的总结,从轻量化和检测效率方面进行研究,提出针对船舶目标的检测算法,同时,针对恶劣通航环境下目标检测精度较低的问题,提出一种船舶目标图像去雾算法,以进一步提升船舶航行的安全性。

3.1 目标检测算法原理

3.1.1 基于候选区域思想的目标检测算法

在目标检测过程中,不同目标的形状和大小是不确定的,因此,算法通常需要在图像中生成候选区域,这些区域可能包含目标,此过程称为区域提议。基于候选区域的检测算法需要产生大量候选窗口,然后采用分类器判断目标类别,此类算法检测精度较高,但速度相对较慢,无法满足实际应用的需求。R-CNN系列算法是典型的基于候选区域思想的目标检测算法。

1. R-CNN 算法

R-CNN 算法首先基于 AlexNet 网络层结构,采用选择性搜索的方法替代滑动窗口生成候选区域,降低了信息的冗余度;然后将候选区域尺寸统一缩放为 227×227,并利用 CNN 进行特征提取;最后采用支持向量机(SVM)做分类和目标框回归,用线性回归模型修正候选框位置,完成目标检测任务,有效提高了检测精度和速度。R-CNN 算法框架流程如图 3-1 所示。该算法的不足之处在于生成的所有候选框都要逐个输入网络进行特征提取,悬链速度较慢,且缩放操作会改变图片形状,破坏原有特征信息,影响了分类和框回归操作。

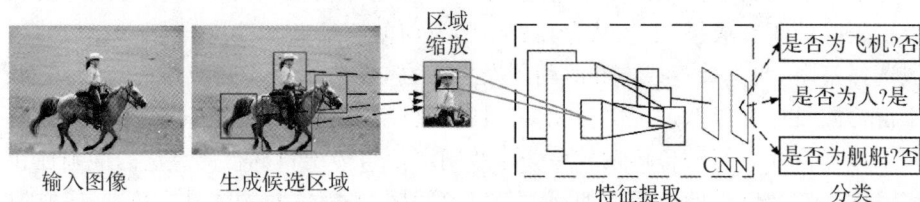

图 3-1 R-CNN算法框架流程

2. Fast R-CNN 算法

针对 R-CNN 算法由于缩放导致原有特征细节丢失的问题,何凯明等提出了 SPP-Net,引入了空间金字塔池化(SPP)层,使得网络中输入任意尺寸大小的图片都会输出固定大小的特征图[94-95]。Fast R-CNN 算法结合了 SPP 的思想对 R-CNN 算法进行了改进,主干网络采用 VGG-16 结构[96],并引入多任务损失函数,同时将边界框回归损失加入 CNN 网络进行训练。Fast R-CNN

在提取卷积特征图之后将所有候选区域输入感兴趣区域（Region Of Interest，ROI）池化层固定特征尺寸，然后输入全连接层进行最终的分类和边界框回归，该算法框架流程如图 3-2 所示。但是，Fast R-CNN 仍然采用选择性搜索产生候选区域，区域生成速度较慢，这是该算法整个检测过程亟待解决的问题。

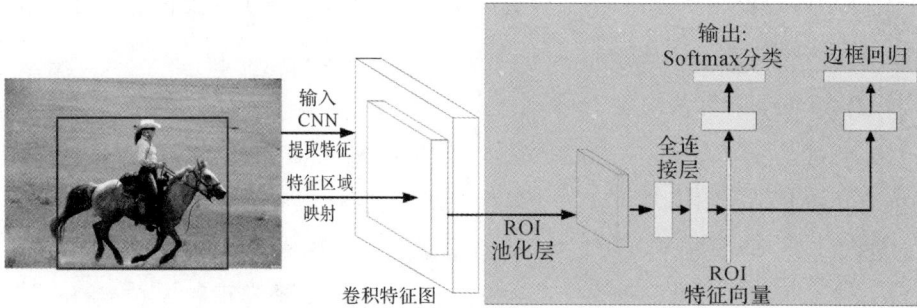

图 3-2　Fast R-CNN算法框架流程

3. Faster R-CNN **算法**

Faster R-CNN 算法引进区域候选网络（Region Proposal Network，RPN）代替选择性搜索生成候选区域，提出锚框（anchor）的概念，用于检测同一位置上的多个目标。输入图片经 RPN 处理后，候选区域压缩到了大约 300 个，候选框数量大大减少[97]。Faster R-CNN 算法在 RPN 层和全连接层均做过分类及候选框回归，提升了检测精度，其框架流程如图 3-3 所示。该算法的缺点在于 ROI 池化层对网络平移不变性造成了不良影响，定位精度有所下降，且细节信息容易丢失，对小目标检测效果不好。

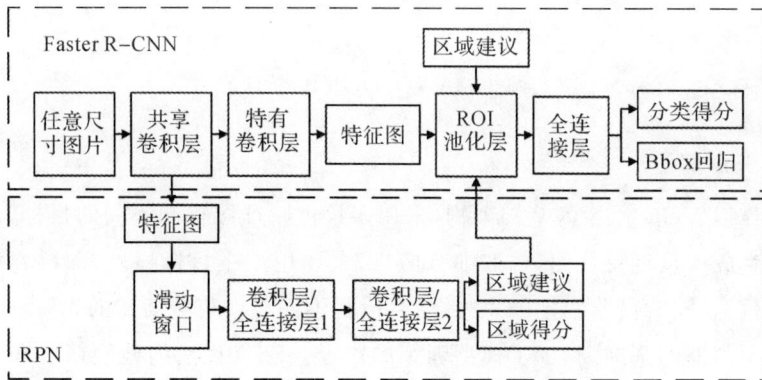

图 3-3　Faster R-CNN算法框架流程

3.1.2　基于回归思想的目标检测算法

基于回归思想的目标检测算法直接输出目标的类别概率及位置坐标信息，相比于两阶段检测算法，网络结构更加简洁与高效，检测速度更快，被广泛应用于工程实践。

1. YOLOv1 算法

在 YOLO(You Only Look Once)算法中，输入图片被划分为 $S \times S$ 个网格，直接在每个网格中预测物体边界框和类别信息，以整张图片作为输入，包含充足的上下文特征信息，同时具有较高的检测速度。YOLOv1 借鉴了 GoogleNet 的网络结构设计，不同之处在于其采用 1×1 卷积和 3×3 卷积代替并行卷积(Inception)模块，其网络结构如图 3-4 所示。该网络初始化一个网格仅检测两个边界框，对于同一网格存在多类模板的问题无法解决，且无法精准定位小目标和密集群体目标。

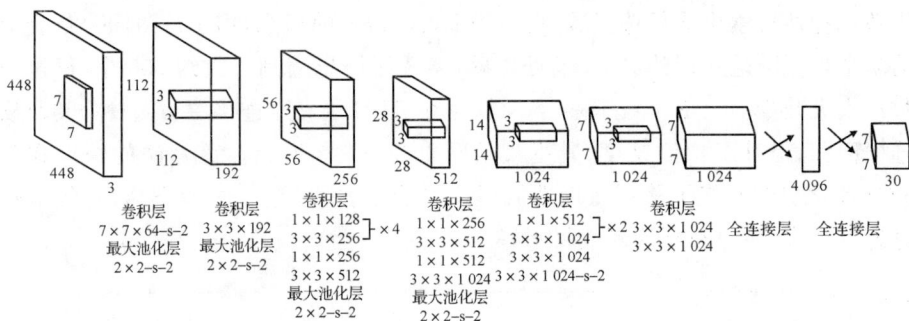

图 3-4　YOLOv1 网络结构

2. SSD 算法

SSD 以 VGG-16 为基础架构，采用多尺度特征图检测不同的目标，浅层卷积用于生成大尺度特征图，提取细节信息，主要用于小目标检测，深层卷积用于检测大目标，同时借鉴锚框的思想，通过设置不同尺度与宽高比的先验框作为最后输出预测框的基准，减少了模型训练的难度。SSD 算法的检测精度和速度都得到了有效提升，但其用于小目标检测的浅层卷积数目较少，底层信息丢失较多，且多尺度金字塔结构增加了网络计算量。该网络结构如图 3-5 所示。

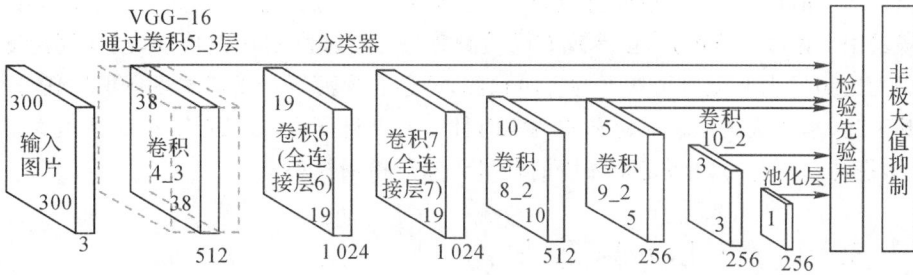

图 3-5　SSD 网络结构

3. YOLO 系列更新算法及扩展

针对 YOLOv1 和 SSD 算法的不足,较多学者进行了许多有效改进。其中,YOLOv2 以 DarkNet-19[98]网络为特征提取架构,通过在卷积层后添加归一化层,并引入锚框机制和细粒度特征等技术,同时采用预训练思想,在保证检测速度的基础上,进一步提高了检测精度。YOLOv3[99]采用 DarkNet-53 网络结构,并借鉴了特征金字塔(Feature Pyramid Network,FPN)思想,实现了不同尺度特征图的有效融合,在目标分类阶段采用二元交叉熵损失代替分类交叉熵损失,有效提升了小目标的检测精度。

2020 年,YOLOv4[100]被正式提出,该网络更新方法主要包括在输入端使用 Mosaic 数据增强方法、自对抗训练(SAT)法和交叉小批量标准化法,极大丰富了目标的上下文信息。同时,采用更高效的 CSPDarkNet-53 网络、Mish 激活函数和 Dropblock 改进了主干网络。在颈部网络结构中主要采用了 SPP 模块、FPN+PAN 的结构,以此提高对不同尺度特征的提取能力。在网络训练时采用遗传算法选择最优的超参数,解决网格设置的敏感性问题。

3.2　改进 YOLOv5s 的船舶目标检测算法

近年来,随着海事交通和船舶智能化的快速发展,自主船舶的安全航行和水上交通监管对于水面目标(尤其是船舶)视觉检测的精度和实时性提出了越来越高的要求,准确检测船舶类型和判断船舶位置是保障船舶安全航行、有效感知周围环境和海上执法监管的基础。由于海上环境复杂,易受风、浪、流和不良天气等环境因素的影响,所以船舶目标检测的难度更大。在内河场景中,由于航道宽度受限,船舶种类、船舶尺寸多样,交通流密集等复杂条件给航行安全带来了影响,所以除了要求模型能够满足不同类别船舶高精度识别外,还应满足船舶目标识别的实时性,尤其是在航行预警、水上搜救等对船舶目标识别速度要求较高的场景中。由 3.1 节可知,虽然现有的检测算法具有较高的识别精度,但检测速度仍无法满足水上交通场景下的实时检测,不适合内河场景下船舶目标识别任务。基于此,本章从网络轻量化和检测实时性方面进行研究,以 YOLOv5s 模型为基础,设计一种针对内河复杂环境的轻量级船舶检测模型。

3.2.1　YOLOv5s 算法

YOLO 系列是单阶段检测算法中经典的算法,其中 YOLOv5[101] 是实际应用最为广泛的一个 YOLO 版本,其在目标识别的实时性和检测性上具有不错的效果。YOLOv5 共有 4 个基础版本,分别是 YOLOv5s、YOLOv5m、YOLOv5l 和 YOLOv5x,其中 YOLOv5s 网络模型的深度和宽度最小,其他版本均在其基础上深化和拓宽。随着结构的深化和拓宽,算法的检测精度不断提高,但在运行过程中训练耗时较长,对硬件配置要求较高。考虑到算法部署在移动端设备时,需要考虑实时性和硬件性能,本章选择使用 YOLOv5s 作为船舶目标检测的基础模型。其网络结构如图 3-6 所示。

(1)输入。输入采用 Mosaic 数据增强、自适应锚框和自适应图像缩放。其中,Mosaic 通过随机缩放、裁剪和排列将 4 张随机抽取的照片拼接在一起,增加样本多样性,提升模型鲁棒性。自适应锚框则是在模型训练过程中,根据预设锚框输出预测框,然后与真实框进行比较迭代,自适应选择最佳预测框。由于输入图像尺寸的不均匀性,自适应缩放图像在输入网络进行检测之前被缩放到合适的标准尺寸,避免了诸如特征张量与全连接层之间的不匹配等问题。

(2)主干。主干网络由 CBS、C3 和快速空间金字塔池化(Spatial Pyramid Pooling-Fast,SPPF)模块组成。其中,CBS 模块由标准卷积层、批量归一化层和激活函数 SiLU 组成。C3 模块提高了层与层之间反向传播的梯度值,可细化特征粒度,增强模型特征融合能力,提高推理速度。SPPF 模块可扩大感受野,实现局部和全局特征融合,丰富特征信息。

(3)颈部。颈部采用 BottleNeck 2 结构,通过插入两个残差块提高网络特征融合能力,使网络在保持更丰富特征信息的同时减少计算量。此外,还使用了 FPN+PAN 的结构,通过 FPN 和 PAN 分别传递深层语义特征和目标位置信息,经过自顶向下和自底向上的特征信息融合,传递不同尺寸目标的特征信息,增强网络的特征融合能力。

(4)输出。输出端由 GIoU 损失函数和非极大值抑制(Non-Maximum Suppression,NMS)组成。YOLOv5s 的损失包括边界框损失、分类损失和置信度损失三部分。其中,边界框损失采用 GIoU 损失函数,该函数不仅考虑了真实框与预测框之间的重叠面积,还考虑了其他非重叠面积,使得其比原始 IoU 更能反映二者间的距离大小,并可在 IoU 相等时区分两者交点的差异,如图 3-7 (见彩插)所示。在目标检测处理中采用加权 NMS 消除冗余候选框。

GIoU 及损失函数计算如下:

$$GIoU = IoU - \frac{C - A \cup B}{C} \tag{3-1}$$

$$L_{GIoU} = 1 - GIoU \tag{3-2}$$

式中:IoU 为预测框 A 与真实框 B 的交并比;C 为包含 A 和 B 的最小矩形面积。

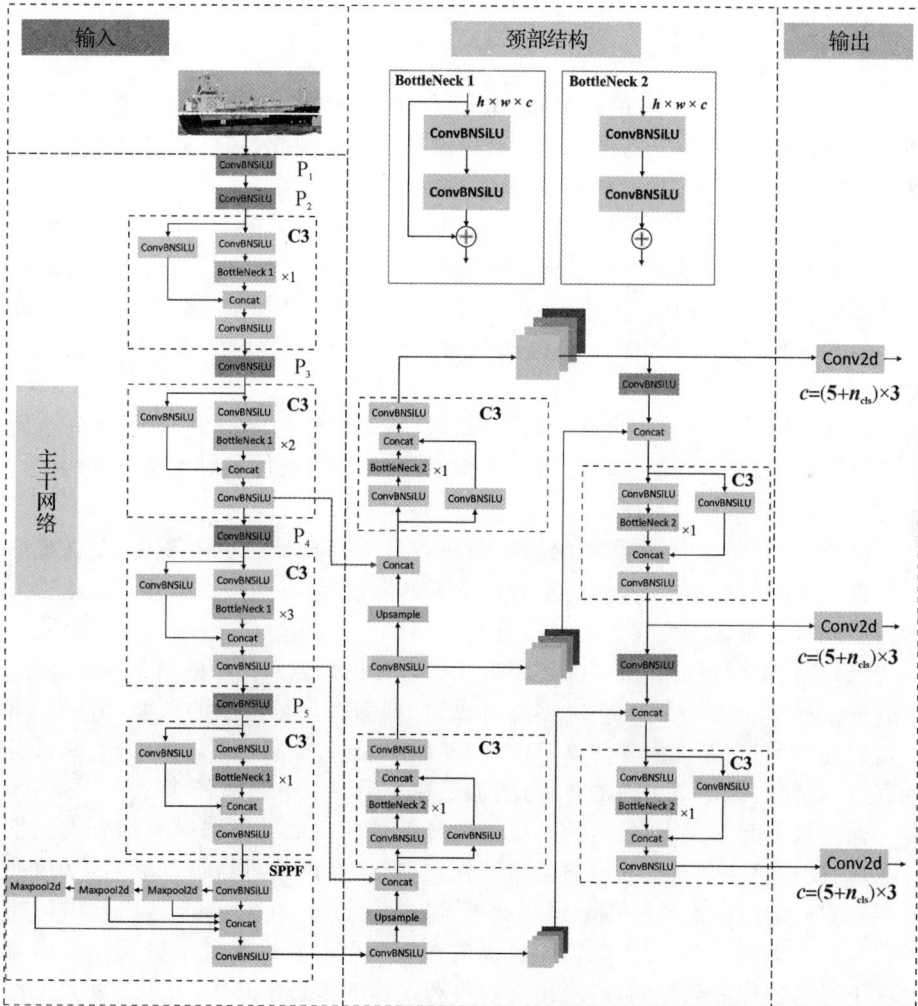

图 3-6　YOLOv5s 网络结构

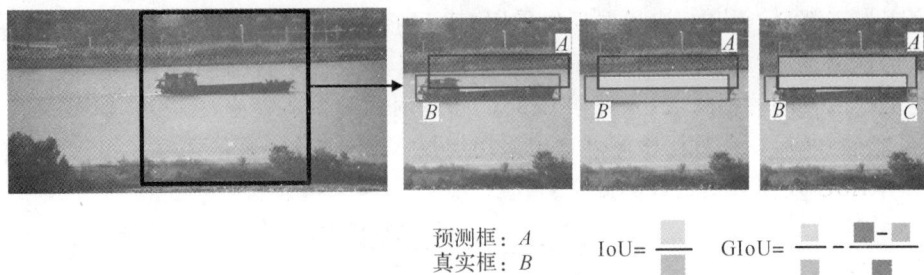

预测框：A
真实框：B

$$IoU = \quad\quad GIoU = \quad - \quad \frac{\quad - \quad}{\quad}$$

图 3 - 7　GIoU 示意图

3.2.2　问题分析

虽然 YOLOv5s 算法在船舶目标检测任务中具有不错的检测性能,但在实际应用中,还应进一步提高模型的检测速度及精度。因此,如果将其应用到内河船舶目标识别任务中,还需要解决以下问题:

(1)基于深度学习的目标检测算法需要提供大量的数据集对网络进行训练。训练数据集过少,模型在训练过程中特征提取能力不足,导致模型的泛化性能不佳,以至于在实际应用中,往往不能获取良好的效果。因此,想要让模型在实际内河船舶分类识别任务中取得良好的效果,需要构建大量内河船舶数据集对模型进行训练。

(2)在复杂交通环境中,通过摄像头等设备采集到的图像中,船舶之间可能出现遮挡,导致部分船舶目标在图片面积中占比较少,增加了对船舶目标的定位难度,导致出现漏检的情况。

(3)在内河场景中,采集到的船舶图片容易受到背景建筑的影响,尤其是船舶与背景建筑颜色相接近时,前景与背景区分度较低,容易出现将背景建筑检测为船舶或将船舶检测为背景的误检情况。

(4)船舶目标识别算法的配置要求和实时性也是考察模型的两个重要指标。尽管 YOLOv5s 是 YOLOv5 中参数量最少、网络结构最简单的模型,但仍具有大量的卷积操作,导致模型计算量增加、复杂度提高、检测速度降低,并且对设备内存、计算能力提出了更高的要求,增加了在实际应用中的部署难度。

通过以上问题分析可知,为了在内河场景中实现高效的船舶目标分类识别任务,需要构建一个充分的内河船舶数据集,以便对网络进行训练学习,从而使其能够更好地适应内河航行环境。此外,如果需要将 YOLOv5s 运用到内河船舶目标分类识别任务中,首先需要解决的主要问题是在内河复杂场景和交通流情况下船舶定位受到影响,容易出现漏检和误检的情形。其次,由于当前模型配置需求较高,且实时性无法满足实际应用场景,因此需要通过降低模型参数量、计算量等手段,建立实时性强和精度高的船载视频感知系统,以满足实际应用需求。

3.3　MC－YOLO 船舶目标检测算法

在 3.2.2 节中,详细阐述了当前内河船舶目标识别模型 YOLOv5s 存在的问题,通过对问题进行分析,提出如下改进方案:

(1)使用 MobileNetV3－Small 轻量级网络结构取代原始主干特征提取网络,在保证模型特征提取能力的基础上最大限度降低模型参数,提高特征提取速度。

(2)为提升模型精度,基于 ConNeXt 网络重新设计了一种高效的卷积模块 CNeB,用于替换原始模型多尺度特征融合基本模块,在提升模型检测精度的同时进一步降低模型复杂度。

本章通过对特征提取主干网络和多尺度特征融合模块进行改进,使得模型在轻量化的同时拥有更高的识别精度,为方便后续实验分析,将其命名为 MC－YOLO,其网络结构如图 3－8 所示。

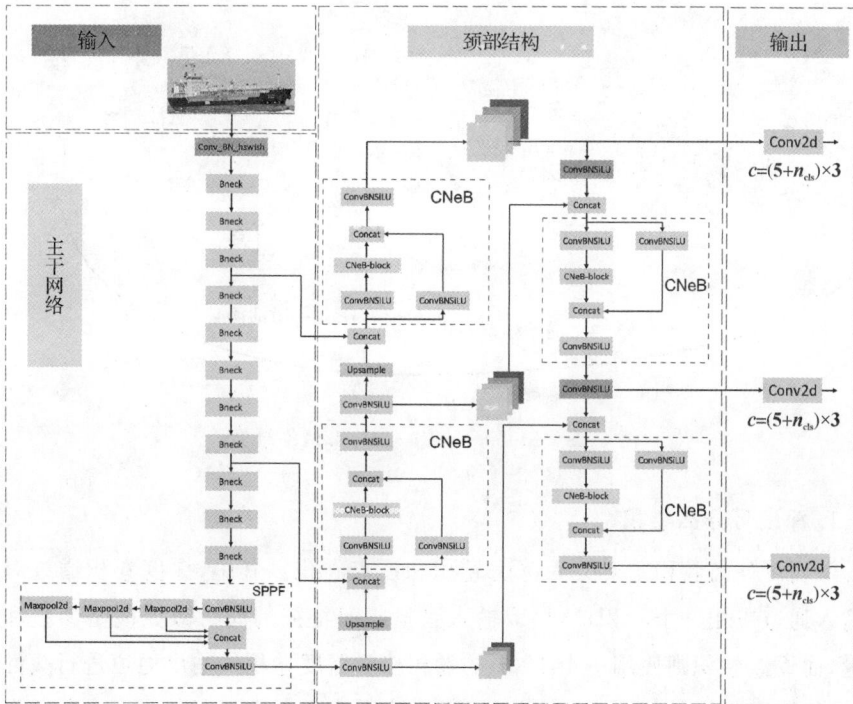

图 3－8　MC－YOLO 网络结构

3.3.1 轻量化特征提取主干网络

通过对原始 YOLOv5s 进行计算,原始模型共有 270 层,7 035 811 个参数,导致模型在计算过程中耗时较长,对模型检测速度有一定影响,同时对设备内存和计算能力有较高要求。因此,为提高模型的检测速度及降低模型设备要求,对原始 YOLOv5s 特征提取网络进行轻量化处理是一个有效的方法。

MobileNetV3[102]是谷歌于 2019 年发布的轻量级神经网络,适用于内存和计算能力有限的移动设备。MobileNetV3 分为 Large 和 Small 两个版本,主要区别在于 Bneck 模块的数量和内部参数(主要是通道数)不同,Large 和 Small 版本中,Bneck 模块数量分别为 15 和 11。MobileNetV3 主要由 Bneck 核心模块,也是模型的基本模块构成,该模块主要实现了深度可分离卷积、h-swish 和 SE(Squeeze-and-Excitation)[103]注意力机制,其网络结构如图 3-9 所示。

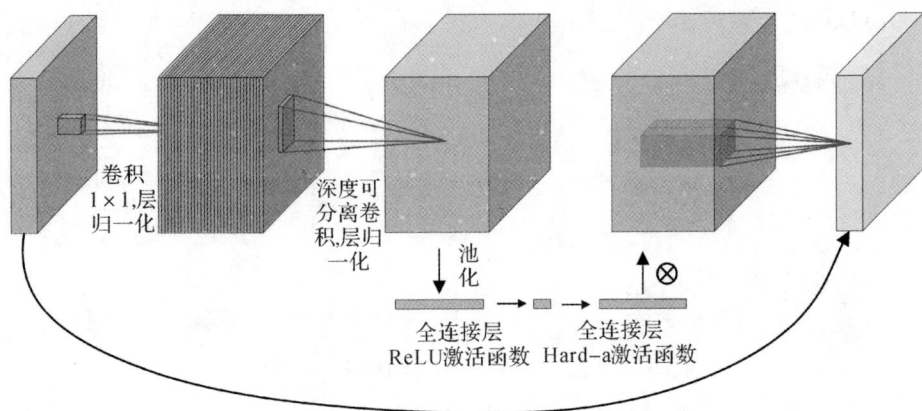

图 3-9 MobileNetV3-Bneck 网络结构

1. 深度可分离卷积

深度可分离卷积主要分为深度卷积和逐点卷积。其中,深度卷积通过对每个输入通道应用一个卷积核,提取输入张量空间特征的同时减少模型参数和计算量,而逐点卷积则使用一个 1×1 的卷积核对深度卷积的输出通道进行线性组合,增加通道之间的特征交互,保持空间大小不变。标准卷积与深度可分离卷积的区别如图 3-10 所示。

(a)　　　　　　　　　　　　(b)

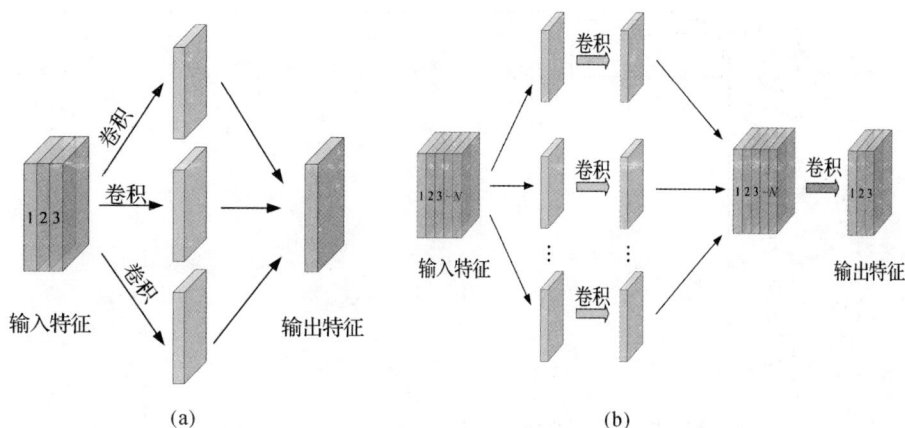

图 3 - 10　标准卷积与深度可分离卷积比较

(a)标准卷积;(b)深度可分离卷积

假设 M 为输入通道数, N 为输出通道数,卷积核的大小为 $W_K \times H_K$,输出特征图为 $W_F \times H_F$,则传统卷积与深度可分离卷积参数量如下:

$$\text{Params1} = M \times N \times W_K \times H_K \tag{3-3}$$

$$\text{Params2} = M \times N + W_K \times H_K \times M \tag{3-4}$$

式中:Params1 代表传统卷积计算量;Params2 代表深度可分离卷积计算量。

两者参数量比较见下式:

$$\frac{\text{Params2}}{\text{Params1}} = \frac{M \times N + W_K \times H_K \times M}{M \times N \times W_K \times H_K} = \frac{1}{W_K \times H_K} + \frac{1}{N} \tag{3-5}$$

由式(3-5)可知,相同条件下深度可分离卷积相较于传统卷积,具有更少的参数量和更小的计算量。

2. h-swish 激活函数

MobileNetV3 引入了新的激活函数 h-swish 提高网络精度,见下式:

$$\text{h-swish}(x) = x \frac{\text{ReLU6}(x+3)}{6} \tag{3-6}$$

原始 swish 函数公式如下:

$$\text{swish} = x \times \text{sigmoid}(x) \tag{3-7}$$

原始 swish 函数使用的是 sigmoid 激活函数,sigmoid 虽然可以提高网络精度,但存在计算耗时较长、潜在精度损失等问题,如图 3-11 所示。

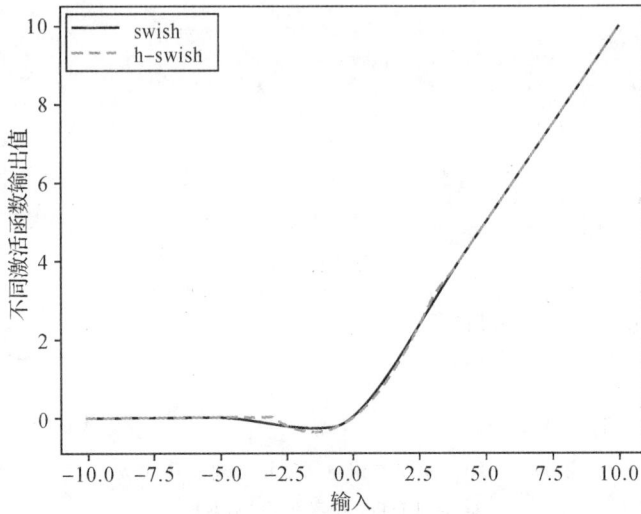

图 3 - 11　h - swish 与 swish 对比图

使用 ReLU6 作为近似函数替代 sigmoid 进行优化,主要原因如下:①当前软件和硬件框架上都可以对 ReLU6 进行优化,可以减少计算耗时;②消除 sigmoid 所带来的潜在精度损失,提高准确性。由图 3 - 11 可知,使用 ReLU6 作为近似函数替代 sigmoid 之后,整体变化趋势相同,能达到相同效果。此外,由于 h - swish 只在深层中有用,并且特征图在较浅层中更大,因此,为了减少计算成本,在模型前一半层中使用原始激活函数更省时,在模型深层中使用 h - swish 效果更加明显。

3. SE 模块

在 Bneck 中引入了轻量级的 SE 注意力模型,提高了模型对通道的敏感度,在仅进行少量计算的同时提高了模型性能。同时,使用 ReLU6$(x+3)/6$ 近似 SE 模块中的 sigmoid,MobileNetV3 - SE 模块网络结构如图 3 - 12 所示。

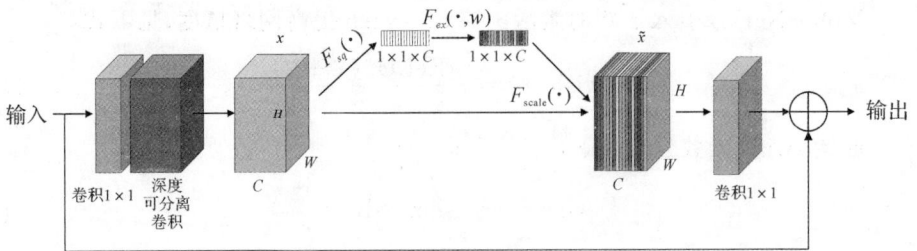

图 3 - 12　MobileNetV3 - SE 模块网络结构

如图 3-12 所示,假设经前两层卷积处理后得到 $W \times H \times C$ 大小的特征图,其中 W、H 分别表示特征图的宽、高,C 表示通道数。首先,对特征图进行全局平均池化,每个通道都使用一个数值进行表示,相当于一个数值拥有了此通道的全局感受野。激励操作由两个全连接层构成,输出 $1 \times 1 \times C$ 向量用于表示不同通道之间的权重信息。然后,赋予每个通道不同的权重。最后,将生成的权重向量 $1 \times 1 \times C$ 与特征图 $W \times H \times C$ 进行通道加权调整操作。SE 模块通过对特征图权重赋值,使网络从全局信息中放大有价值的特征通道。

为实现原始模型 YOLOv5s 的轻量化处理,解决模型参数量大、复杂度高带来的实时性低和内存、计算能力要求较高的问题,使用 MobileNetV3 - Small 结构构建轻量、高效的特征提取网络。MobileNetV3 - Small 模型总计 16 层数,最后 4 层主要用于分类的网络结构,所提出的模型主要是对原始 YOLOv5s 模型的主干网络进行替换,因此,只需要保留 MobileNetV3 - Small 具有特征提取能力的 12 层即可。替换前后主干网络结构对比如表 3-1 所示。

表 3-1　CSPDarkNet - 53 主干与 MobileNetV3 - Small 主干对比

层　数	CSPDarkNet - 53 主干			MobileNetV3 - Small 主干		
	操作类型	参数量/个	特征融合	操作类型	参数量/个	特征融合
0	Conv	3 520	否	Conv	232	否
1	Conv	18 560	否	Bneck	628	否
2	C3	18 816	否	Bneck	2 696	否
3	Conv	73 984	是	Bneck	3 992	是
4	C3	115 712	否	Bneck	11 400	否
5	Conv	295 424	是	Bneck	47 628	否
6	C3	625 152	否	Bneck	47 628	否
7	Conv	1 180 672	是	Bneck	16 638	否
8	C3	1 182 720	否	Bneck	21 684	是
9				Bneck	71 016	否
10				Bneck	238 704	否
11				Bneck	238 704	是
合计		3 514 560			700 950	

由表 3-1 可知,使用 MobileNetV3 - Small 替换原始 YOLOv5s 模型主干之后,虽然网络层数变深,但是主干网络参数量由 3 514 560 减少到了 700 950,减少了约 80%,提高了检测速度。此外,MobileNetV3 中的 SE 模块可以减少主干轻量化之后带来的精度损失。

3.3.2　多尺度特征融合模块设计

一般情况下,基于深度学习的目标检测模型网络越深,其特征提取能力越强。3.3.1节中,使用轻量化主干网络降低了模型特征提取能力,检测精度有所降低。经过主干网络特征提取网络之后,不同层深度特征图包含不同信息,其中:浅层特征图分辨率高,包含更多的细节信息,但由于没有进行过多的卷积运算,语义信息较少,不利于目标分类;高层特征图中经过更多的卷积操作之后拥有更多的语义信息,有利于模型分类,但特征图分辨率低,导致对细节的感知能力变弱。为解决模型轻量化之后带来的精度损失,在降低多尺度特征融合复杂度的同时提升模型精度,利用更优秀的网络结构,设计一种高效的卷积模块,是一种有效的方法。

YOLOv5s 模型颈部(Neck)结构的 C3 模块由 BottleNeck 2 构成,该模块存在一定的冗余计算,加大了模型参数量,如图 3-13(a)所示。为降低模型参数量的同时增强特征处理能力,本书设计了一个轻量、高效的 CNeB 模块,其网络结构如图 3-13(b)所示。

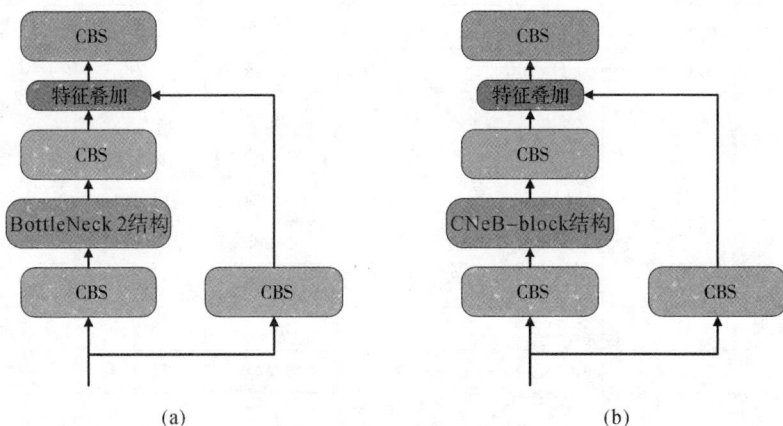

图 3-13　C3 与 CNeB 网络结构对比图
(a)C3 网络结构;(b)CNeB 网络结构

如图 3-13 所示,CNeB 与 C3 模块的主要区别在于 BottleNeck 2 模块和 CNeB-block 模块,其中 BottleNeck 2 模块由两个标准卷积组成,通过叠加卷积的方式加深网络,提升了网络特征提取能力,但是大大增加了模型的复杂度。CNeB-block 模块是基于 ConvNeXt 网络[104]的 Block 模块进行设计的,其网络结构如图 3-14 所示。

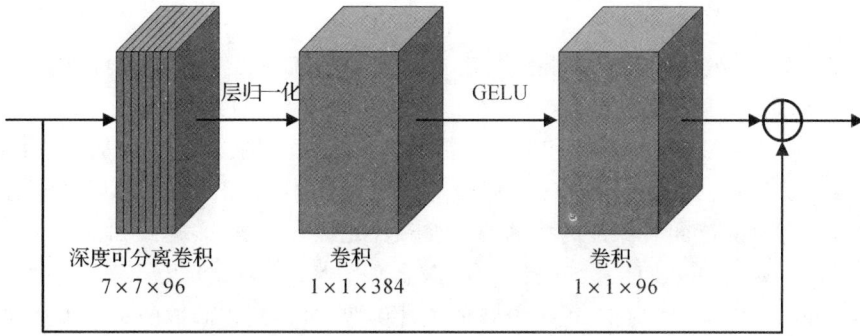

图 3-14 CNeB-block 网络结构

1. 倒置瓶颈结构

CNeB-block 是一种在倒置瓶颈结构基础上改进的网络结构,改进前后倒置瓶颈结构如图 3-15 所示。

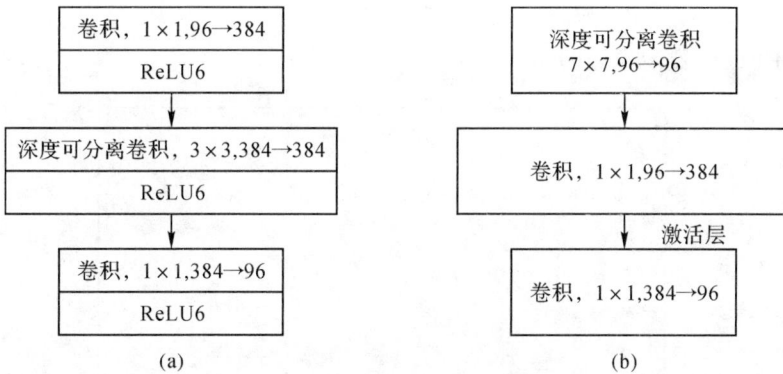

图 3-15 改进前后倒置瓶颈结构图
(a)改进前的倒置瓶颈结构;(b)改进后的倒置瓶颈结构

通过调整不同感受野可以获取不同的尺度信息,感受野越大,获取的全局信息越多。在 C3 中,可以通过堆叠 BottleNeck 2 的方式加深网络,增大感受野,提升模型性能,但是带来了大量计算。在 CNeB-block 中,选择通过增大卷积核的方式,将卷积核大小由 3×3 增加到 7×7,使模型获得更大的感受野。此外,为减少卷积核增大后带来的计算量,将倒置瓶颈中的深度可分离卷积移动到前面,然后通过 384 个 1×1×96 的卷积将模型的宽度提升到原来的 4 倍,最后使用 96 个 1×1×96 的卷积用于恢复模型宽度。将深度可分离卷积移动到前面,使得 7×7 的卷积由 384 变为 96,有效减少了模型计算量。

2. GELU 激活函数

ReLU[105]激活函数因其出色的表达能力和稀疏性被大多数神经网络广泛使用。但是，ReLU 激活函数在零点处不可微，在某种程度上影响了网络性能。此外，当使用 ReLU 激活函数时，往往需要加入随机正则提高模型的泛化性能，而 GELU（Gaussian Error Liner Unit，高斯误差线性单元）[106]激活函数本身具有随机正则性，能同时保证网络的非线性和泛化性，GELU 表达式如下：

$$\mathrm{GELU}(x) = x \times P(X \leqslant x) = x \times \Phi(x) \tag{3-8}$$

式中：$\Phi(x)$ 表示 x 的高斯正态分布的累计函数，可得到该函数的具体表达式为

$$\Phi(x) = x \times P(X \leqslant x) = x \int_{-\infty}^{x} \frac{e^{-\frac{(X-\mu)^2}{2\sigma^2}}}{\sqrt{2\pi\sigma}} \mathrm{d}x \tag{3-9}$$

式中：μ 和 σ 分别表示正态分布的均值和标准差。由于上述函数无法直接进行计算，因此，GELU 函数可近似表示为

$$\mathrm{GELU}(x) = x \times \sigma(1.702x) \tag{3-10}$$

式中：σ 表示 Sigmoid 函数。

GELU 函数图像如图 3-16 所示。

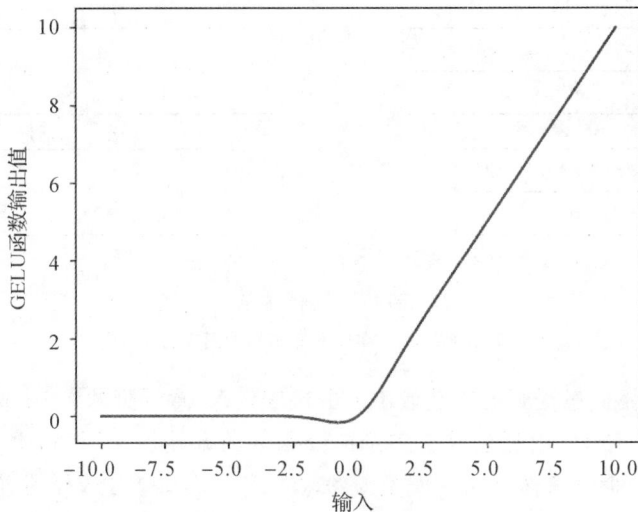

图 3-16　GELU 函数

由图 3-16 可知，对于较大的输入（$x>0$），GELU 基本上是线性输出的，这一点和 ReLU 类似；对于较小的输入（$x<0$），GELU 的输出为 0。当输入 x 接近于 0 时，GELU 的输出是非线性的，具有一定的连续性，因此，在倒置瓶颈结构中选择使用 GELU 激活函数。

实验采用 CNeB 模块替换 C3 模块,作为 MC-YOLO 模型颈部(Neck)结构的基本模块。由图 3-13(b)可以看出,在 CNeB 模块中,输入特征首先被传递到两个不同的分支,其中一个分支仅经过一个基本卷积模块,另一个分支经过 CNeB-block 模块,最后将两个分支进行 Concat 连接。使用 CNeB 替换 C3 前后,模型参数量对比结果如表 3-2 所示。

表 3-2　CNeB 替换 C3 前后模型参数量对比

层　数	YOLOv5s		YOLOv5s-CNeB	
	模块	参数量/个	模块	参数量/个
13	6C3	361 984	CNeB	336 128
14	Conv	33 024	Conv	33 024
15/16	上采样+拼接	0	上采样+拼接	0
17	C3	90 880	CNeB	86 144
18	Conv	147 712	Conv	147 712
19	Concat	0	Concat	0
20	C3	296 448	CNeB	270 592
21	Conv	590 336	Conv	590 336
22	Concat	0	Concat	0
23	C3	1 182 720	CNeB	1 065 472
合计		2 703 104		2 529 408

由表 3-2 可知,原始颈部(Neck)结构中 C3 模块由多个 BottleNeck 堆叠,存在冗余计算模型,计算量大,实时性较差。基于 ConvNext-Block 模块,重新设计轻量、高效的 CNeB 模块替换原始 C3 模块之后,参数量由 2 703 104 减少到了 2 529 408,大约减少了 6%,能够有效减少模型计算量。因此,在本节中,对原始 YOLOv5s 模型多尺度特征融合模块进行轻量化的方法是有效的。

3.4　改进 AOD-Net 的船舶图像去雾模型

内河航行环境复杂多变,受雾霾天气的影响,船载视觉传感器所采集到的图像或视频,经常出现能见度低、对比度差、背景昏暗以及细节信息丢失等问题,一定程度上影响了其他中级和高级视觉任务。因此,如何有效地从有雾图像中恢复真实场景目标成为智能船舶航行安全领域的关键问题。

3.4.1 大气散射模型

雾霾作为一种常见的自然现象,由大气中的悬浮颗粒等强散射介质形成,在图像采集过程中,这些悬浮介质干扰了成像过程中场景反射光的传播,导致成像结果亮度降低及颜色暗淡[107]。与此同时,随着目标深度的增加,大气光等环境因素也会导致目标反射光能量的衰减,造成成像结果模糊不清。

大气散射模型(Atmospheric Scattering Model,ASM)[108]是图像复原去雾算法中的主要理论基础,该模型基于对大量有雾和无雾图像的统计分析,对雾霾效应进行建模,得到两者之间的映射关系,根据有雾图像的形成过程进行逆运算,得到清晰图像。雾霾条件下成像过程如图 3-17 所示。

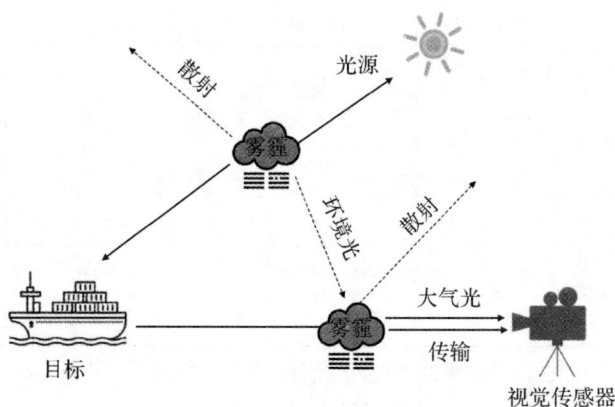

图 3-17 雾霾条件下成像的大气散射模型

经典的 ASM 的数学表达式如下:

$$I_{\text{haze}}(x) = J_{\text{clean}}(x) t_{\text{trans}}(x) + A[1 - t_{\text{trans}}(x)] \qquad (3-11)$$

式中:x 为图像中的像素值;A 为全球大气光值;$I_{\text{haze}}(x)$ 为所观察到的有雾图像;$J_{\text{clean}}(x)$ 为所对应的无雾图像;$t_{\text{trans}}(x)$ 为两者之间的传输关系。

$t_{\text{trans}}(x)$ 可表示为

$$t_{\text{trans}}(x) = e^{-\beta d_{\text{depth}}(x)} \qquad (3-12)$$

式中:β 为大气散射系数;$d_{\text{depth}}(x)$ 为场景深度,即目标与图像采集设备之间的距离。

对于式(3 - 11),可重新表示为

$$J_{\text{clean}}(x) = \frac{1}{t_{\text{trans}}(x)} I_{\text{haze}}(x) - A \frac{1}{t_{\text{trans}}(x)} + A \qquad (3 - 13)$$

由式(3 - 13)可知,假设能从观测到的雾霾图像中准确地估计出 A 和 $t_{\text{trans}}(x)$ 的值,便可以得到所对应的清晰图像 $J_{\text{clean}}(x)$ 。

3.4.2　AOD - Net 模型

AOD - Net 以 CNN 为基础构建端到端的图像去雾模型,通过重新设计 ASM,可以有效避免白色区域或天空区域影响大气光值 A 估算较大的问题,并以最小化重建误差的方式从有雾图像学习得到清晰图像[109]。具体地,将式 (3 - 13)的变量 $t_{\text{trans}}(x)$ 和 A 统一为参数 $K(x)$,则简化的 ASM 可表示为

$$J_{\text{clean}}(x) = K(x) I_{\text{haze}}(x) - K(x) + b \qquad (3 - 14)$$

式中: b 为常数,默认 $b = 1$; $K(x)$ 联合了变量 $t_{\text{trans}}(x)$ 和 A ,且与模型输入的有雾图像 $I_{\text{haze}}(x)$ 关联,可得

$$K(x) = \frac{[I_{\text{haze}}(x) - A]/t_{\text{trans}}(x) + (A - b)}{I_{\text{haze}}(x) - 1} \qquad (3 - 15)$$

由此可知,AOD - Net 模型由 $K(x)$ 值估计模块和图像复原模块组成,其将传统图像去雾问题简化为 $K(x)$ 值的求解过程,有雾图像 $I(x)$ 被直接输入网络中,通过 $K(x)$ 估计模块提取图像特征信息,进而恢复清晰图像,该算法具体流程如图 3 - 18 所示。

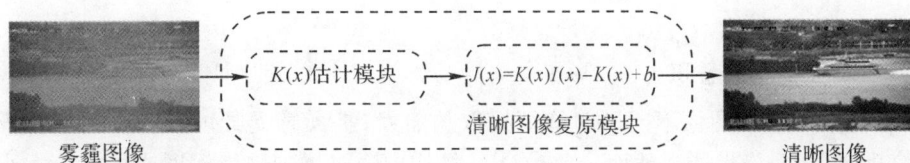

图 3 - 18　AOD - Net 算法流程

$K(x)$ 估计模块是 AOD - Net 模型的核心结构,其采用基于 CNN 的网络结构设计多尺度卷积层,并对图像特征信息进行拼接融合,增强了模型对不同尺度信息的捕获能力,同时弥补了卷积过程中特征之间的信息损失,其网络结构如图3 - 19所示。

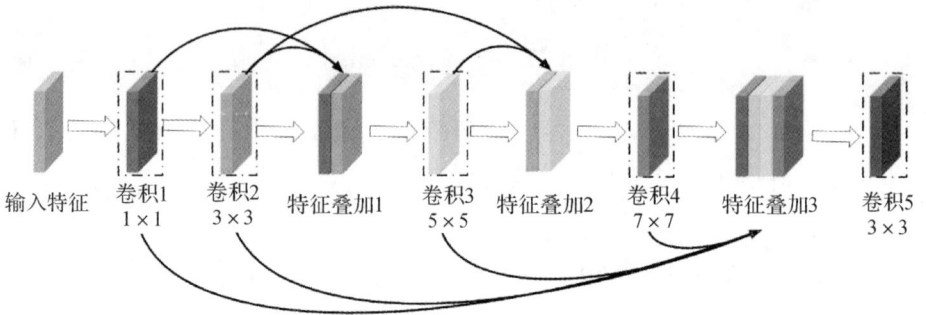

图 3-19 AOD-Net 网络结构

从图 3-19 可以看出，$K(x)$ 估计模块采用 5 个不同大小的卷积核进行卷积操作，提取多尺度特征信息，且每个卷积层只使用 3 个滤波器，因此，与其他基于深度学习的去雾模型相比，AOD-Net 模型更加轻量。同时，特征叠加 1(Concat1) 融合了卷积 1(Conv1) 和卷积 2(Conv2) 层的特征信息，然后将其经过卷积 3(Conv3) 层进一步提取特征。类似地，特征叠加 2(Concat2) 融合了卷积 2(Conv2) 和卷积 3(Conv3) 层特征信息，并经过卷积 4(Conv4) 层进行处理，特征叠加 3(Concat3) 融合了卷积 1(Conv1)、卷积 2(Conv2)、卷积 3(Conv3) 和卷积 4(Conv4) 4 个卷积层的特征信息，最终经过卷积 5(Conv5) 层进行卷积并提取不同尺度特征信息。基于以上网络结构，AOD-Net 模型能够在获取多尺度特征信息的同时，通过拼接融合特征来弥补各层卷积过程中的信息丢失。将有雾图像 $I_{\text{haze}}(x)$ 输入经过训练后的 AOD-Net 模型中，可直接获取无雾图像 $J_{\text{clean}}(x)$。

3.4.3 改进的 AOD-Net 模型

1. 混合空洞卷积

受 CNN 对图像不同尺度特征提取的启发，扩大感受野可以获取更多特征信息，提高网络性能。然而，传统 CNN 结构中通过增加网络深度或卷积核大小的方式增大感受野导致网络参数和计算量剧增。为此，空洞卷积[110] 引入"空洞率"，通过调整该参数，在不增加网络计算量的同时扩大感受野尺寸，获取多尺度信息。然而，经过多个空洞卷积后，每个像素之间存在一定的间隔，卷积结果之间缺乏空间相关性，导致局部特征信息缺失。

为解决上述问题，采用混合空洞卷积[111] 代替 AOD-Net 模型中的部分卷积操作，通过组合不同空洞率的空洞卷积，消除特征层像素之间的间隙，提高信息利用率。空洞率的设计满足如下条件：

$$D = \max[D_{i+1} - 2l_i, D_{i+1} - 2(D_{i+1} - l_i), l_i] = \\ \max[D_{i+1} - 2l_i, 2r_i - D_{i+1}, l_i] \tag{3-16}$$

式中：D_i 为第 i 层两个非零元素之间的最大距离；l_i 为空洞率。

对于最后一层两个非零元素之间的最大距离 $D_n = l_n$，且 $D_2 \leqslant k$（k 为该层的卷积核大小）。与此同时，空洞率 $[l_1, l_2, \cdots, l_n]$ 之间公约数不能大于 1。

基于以上分析，设计空洞率分别为 $[1,2,3]$ 的混合空洞卷积替换经典 AOD-Net 网络中的 Conv 结构，如表 3-3 所示。

表 3-3　AOD-Net 不同卷积结构

卷积层		卷积 1	卷积 2	卷积 3	卷积 4	卷积 5
AOD-Net	卷积核大小	1×1	3×3	5×5	7×7	3×3
	空洞率	1	1	1	1	1
	感受野	1	3	7	13	15
	填充	0	1	2	3	1
改进的 AOD-Net	卷积核大小	1×1	3×3	5×5	7×7	3×3
	空洞率	1	[1,2,3]	[1,2,3]	[1,2,3]	1
	感受野	1	13	37	73	75
	填充	0	[1,2,3]	[2,4,6]	[3,6,9]	1

由表 3-3 可知，改进后的 AOD-Net 由 5 个卷积部分组成，其中卷积 1 和卷积 5 为标准卷积层，卷积 2、卷积 3 和卷积 4 由混合空洞卷积构成。引入混合空洞卷积结构之后，AOD-Net 网络的感受野由 15 提升到了 75，与原始 AOD-Net 网络相比，感受野提升了 4 倍。改进后的 ADO-Net 能够捕捉更多尺度信息，提升网络空间信息利用率和整体性能。

2. 混合注意力融合机制

注意力机制应用于神经网络已被证明可以着重关注模型重要特征，提升网络性能。为解决有雾图像中浓度分布不均而影响 AOD-Net 模型性能的问题，设计了一个新颖的混合特征注意力融合模块，以进一步提升去雾效果。

（1）高效通道注意力（Efficient Channel Attention, ECA）模块。高效通道注意力模块[112]作为一种高效且轻量的网络，可以自适应地学习图像各通道信息，其网络结构如图 3-20 所示。ECA 模块首先采用全局平均池化操作对输入的特征图进行压缩，从而整合全局空间信息并减少参数量；接着采用 1×1 卷积学习不同通道之间的重要性；最后将经过通道注意力的特征图与原始输入特征图进行结合,输出具有通道注意力的特征图。

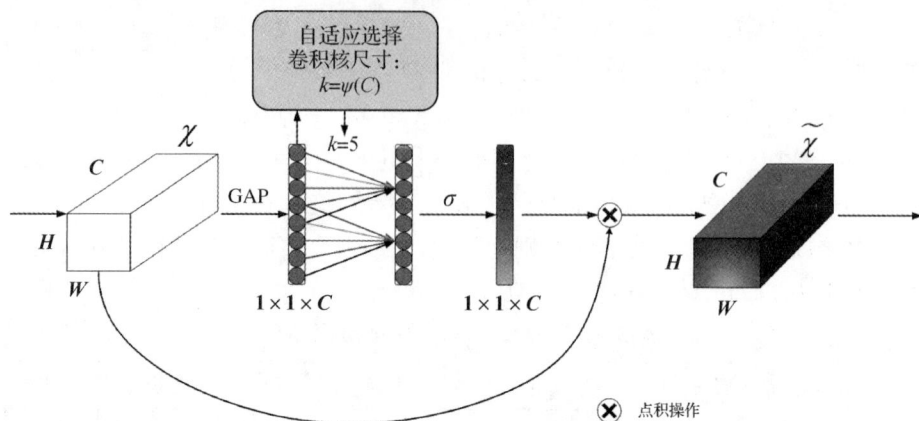

图 3-20　高效通道注意力模块网络结构

ECA 模块采用动态卷积自适应学习不同通道之间的重要性,卷积核大小和通道之间满足如下关系:

$$k = \left| \frac{\mathrm{lb}(C)}{\gamma} + \frac{b}{\gamma} \right|_{odd} \qquad (3-17)$$

式中:odd 为最接近的奇数;γ 和 b 分别设置为 2 和 1,用于调整 k 与 C 之间的比例。

可知,k 与 C 正相关,较大的通道数对应较大的卷积核 k,较小的通道数则对应较小的卷积核 k。ECA 模块通过自适应选择卷积核大小克服了不同输入尺寸的特征图信息提取问题,可完成跨通道的信息交互。

(2)像素注意力(Pixel Attention,PA)模块。实际应用中所采集的船舶图像雾霾浓度分布不均匀,为此,引入像素注意力模块[113],以提高卷积操作的特征提取能力,使网络更加关注浓雾区域像素信息和高频图像区域的信息特征。像素注意力模块网络结构如图 3-21 所示。

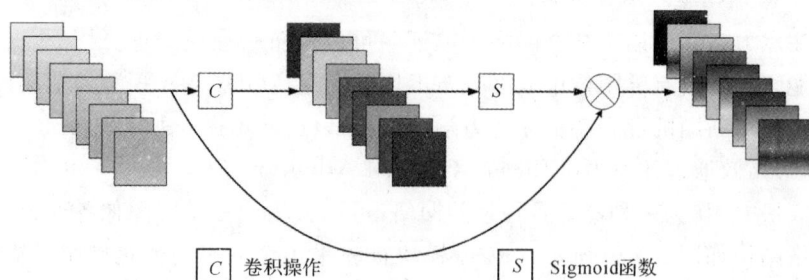

图 3-21　像素注意力模块网络结构

在 PA 模块结构中,假设 F 为网络输入特征图,将其经过 1 个具有 Sigmoid 激活函数的卷积层,得到特征图 F^*,如下所示:

$$F^* = \sigma(\text{Conv}(F)) \tag{3-18}$$

式中:σ 为 Sigmoid 激活函数。

输入 F 与 F^* 进行逐元素相乘,得到最终输出结果 F^{PA}:

$$F^{\text{PA}} = F \otimes F^* \tag{3-19}$$

(3)混合注意力模块。基于以上分析,将 ECA 模块和 PA 模块进行融合,设计混合注意力模块(ECPA),经过混合空洞卷积之后的特征图由 ECA 模块捕获通道之间的空间信息,赋予通道不同的权重,由 PA 模块对特征图不同像素点信息分配相应权重。所设计的 ECPA 模块在处理不同通道信息时具有较大的灵活性,更加关注浓雾特征和通道信息,有效提升了网络去雾效果。ECPA 模块结构如图 3-22 所示。

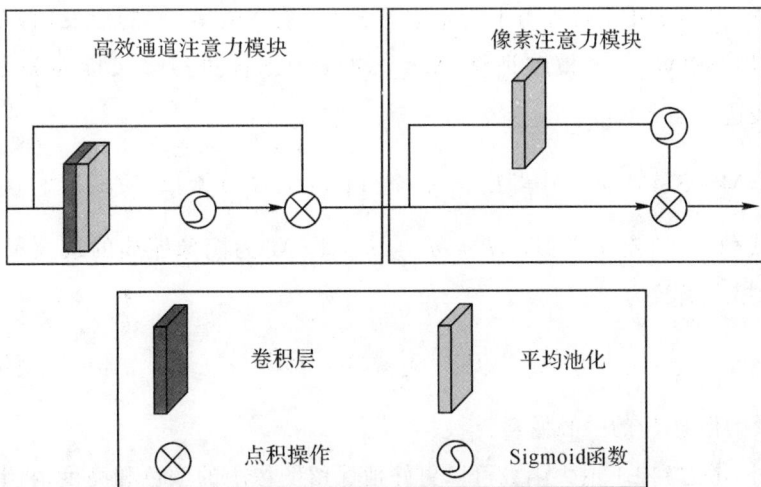

图 3-22　ECPA 模块结构

3. 混合损失函数

良好的损失函数可以使网络除雾能力更加准确,达到更好的效果。经典 AOD-Net 采用 L2 损失函数[109]进行网络训练,且假设噪声对图像的影响与局部特征无关,这与人眼主观视觉感受不一致,而结构相似性指数度量(Structural Similarity Index Measure,SSIM)[114]基于主观感知,综合考虑图像对比度、亮度

和结构相似性,去雾效果更加符合实际场景。基于此,以 SSIM 为基础设计混合损失函数,SSIM 数学表达式如下:

$$\text{SSIM}(x,y) = [L(x,y)]^a [C(x,y)]^b [S(x,y)]^c \qquad (3-20)$$

$$L(x,y) = \frac{2\mu_x\mu_y + K_1}{\mu_x^2\mu_y^2 + K_1} \qquad (3-21)$$

$$C(x,y) = \frac{2\sigma_x\sigma_y + K_2}{\sigma_x^2\sigma_y^2 + K_2} \qquad (3-22)$$

$$S(x,y) = \frac{\sigma_{xy} + K_3}{\sigma_x\sigma_y + K_3} \qquad (3-23)$$

式中:$L(x,y)$、$C(x,y)$ 和 $S(x,y)$ 分别为图像亮度、对比度和结构相似性表达函数;a、b 和 c 用来权衡三者的相对重要程度,这里 $a=b=c=1$;μ_x 和 μ_y 分别为 x 和 y 的均值,σ_x 和 σ_y 为标准差,x 和 y 之间的协方差可表示为 $\sigma_x\sigma_y$;K_1、K_2 和 K_3 为常数,且 $K_3 = K_2/2$,其作用是防止分母为 0,保障模型稳定性。

然而,上述 SSIM 只适用于特定去雾模型,受 Yin 等[114]的启发,将多尺度 SSIM(MS_SSIM)引入模型训练,MS_SSIM 为图像进行多尺度缩放之后的 SSIM,表达式如下:

$$\text{MS\_SSIM}(x,y) = [L(x,y)]^{ai} \prod_{i=1}^{M} [C(x,y)]^{bi} [S(x,y)]^{ci} \quad (3-24)$$

与式(3-20)定义类似,$ai = bi = ci = 1$,M 为图像缩放的最大尺度,则 $L^{\text{MS\_SSIM}}$ 损失函数为

$$L^{\text{MS\_SSIM}}(P) = 1 - \text{MS\_SSIM}(\hat{P}) \qquad (3-25)$$

式中:$\hat{P}$ 为像素 P 的中心像素。

此外,考虑到 L1 损失函数可以更好地保留图像中的颜色和亮度,将其引入所设计的混合损失函数中。L1 损失函数表达式如下:

$$L^{l1}(P) = \frac{1}{N}\sum_{p \in P} |x(p) - y(p)| \qquad (3-26)$$

综上所述,所设计的混合损失函数如下所示:

$$L^{\text{mix}} = \beta L^{\text{MS\_SSIM}} + (1-\beta)G(\sigma_G^M)L^{l1} \qquad (3-27)$$

式中:$\beta = 0.84$;$G(\sigma_G^M)$ 表示 σ_G 在 M 缩放尺度上的高斯系数。

改进的 AOD-Net 网络结构如图 3-23 所示。

雾霾图像$I(x)$　　　　　　　　　　　　　　　　　　　　清晰图像$J(x)$

$K(x)$估算模块　　　　$J(x)=K(x)I(x)-K(x)+b$

混合空洞卷积　　　融合模块

1	3	3	3
1×1	3×3	3×3	3×3
$r=1$	$r=1$	$r=2$	$r=5$

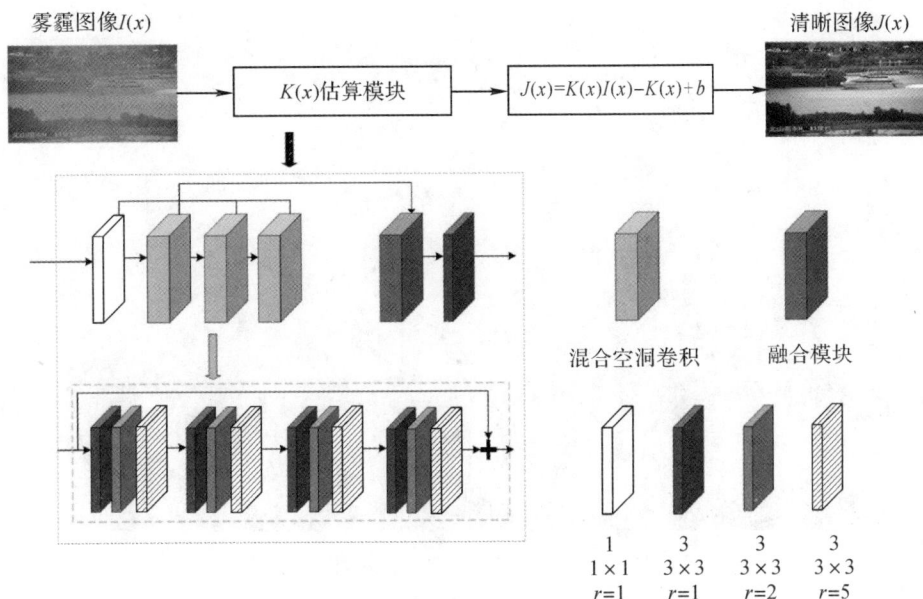

图 3-23　改进的 AOD-Net 网络结构

3.5　实验细节与评价指标

3.5.1　数据集构建

1. 视频采集系统

实验中所使用的部分船舶数据集来自湖北省武汉市武汉长江大桥和二七长江大桥附近水域。在该区域内,设置了多个高清晰度视频摄像机,用于记录船舶运行状态,如图 3-24 所示。

视频采集设备为华下摄像机,其参数如表 3-4 所示。数据集采集时间为 2021 年 11 月 19 日至 2021 年 11 月 26 日,期间通过调整摄像机的拍摄角度,收集了船舶正面、侧面等不同角度的视频数据。为收集具有不同目标大小和光照条件的船舶数据,视频采集时间为 2021 年 11 月 19 日至 2021 年 11 月 26 日每天 09:00～18:00,每隔 30 min 随机拍摄一段时长 5 min 的视频数据。摄像机与航道的距离被调整在 150～300 m 的范围内,以获取不同大小的船舶目标。

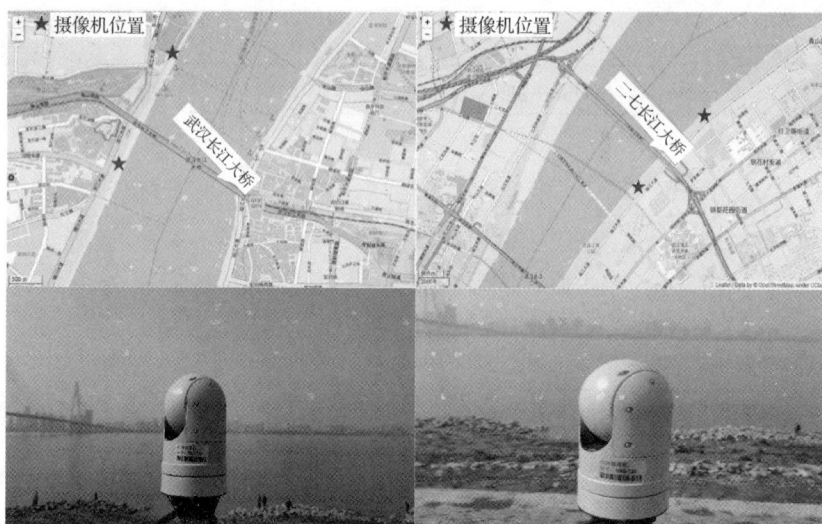

图 3-24 数据集采集地点及设备

表 3-4 华下摄像机参数

部件	参数值
传感器类型	1/2.8″Progressive Scan CMOS
电子快门	1/25～1/100 000 s
自动光圈	DC 驱动
焦距	5.5～180 mm,33 倍光学变焦
光圈	F1.5～F4.0
水平视场角	2.3°～60.5°
视频压缩标准	H.265/H.264/MJPEG
主码流分辨率	50 Hz,25 帧/s(1 920×1 080,1 280×960,1 280×720)
接口类型	网卡接口

2. 数据集概况

实验使用真实场景下的船舶航行图像构建内河船舶数据集。数据集来源如下:选择使用公共内河船舶数据集 SeaShips[115],该数据集包含了 7 000 幅分辨率为 1 920×1 280 的公共内河船舶图像,覆盖了不同环境条件下不同种类和大小的船舶。为扩充 SeaShips 数据集,通过视频摄像机采集系统拍摄内河航行船舶视频数据,为防止图片高度重合而影响模型检测效果,设置每 150 帧获取一幅船舶图像,最终收集到 2 925 幅分辨率为 2 560×1 440 的船舶图像。将收集到的图像与 SeaShips 数据集进行组合,共计得到 9 925 张船舶图像,整理并命名为 InlandShips。使用视频摄像机采集系统,在雾天条件下共采集到 660 幅分辨率为 2 560×1 440 的船舶图像,这些图像涵盖了不同雾浓度和船舶类型。为方便使用,将收集到的图像进行整理和命名,并统一存储格式和文件夹结构,形成了一个名为 FogShips 的数据集。

(1)InlandShips 数据集。InlandShips 数据集包含了不同船型、背景、光照条件和遮挡的船舶图像,符合实际内河船舶航行环境及尺寸分布情况。同 SeaShips 数据集类别一致,InlandShips 共包括 6 类内河主要船舶类型图像,分别是矿砂船(ore carrier)、散货船(bulk cargo carrier)、杂货船(general cargo ship)、集装箱船(container ship)、渔船(fishing boat)、客船(passenger ship)。各类别船舶示例如图 3-25 所示。

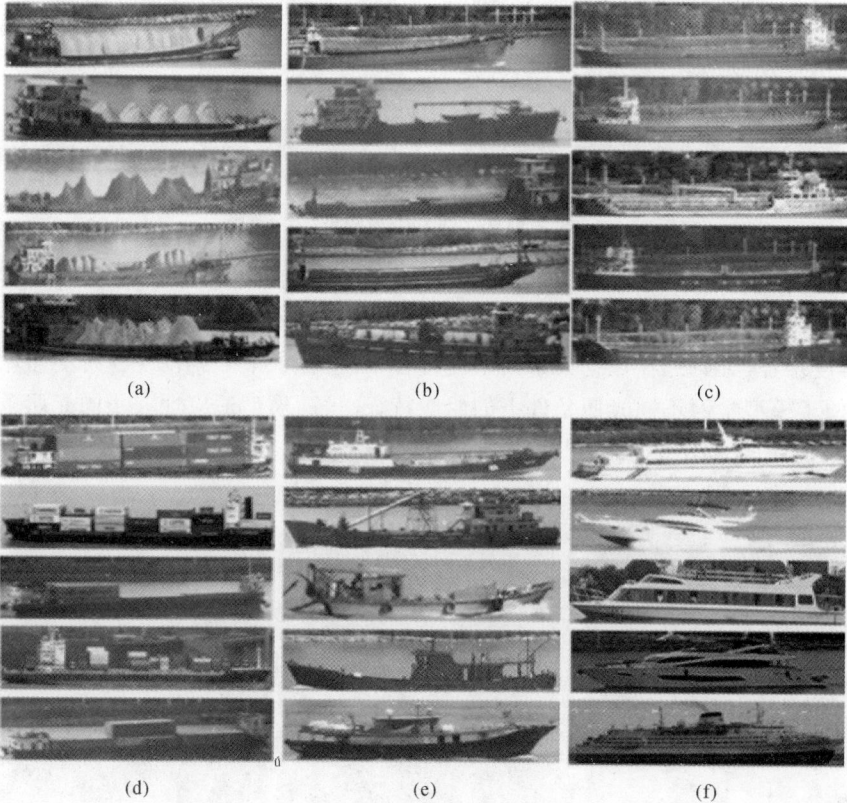

图 3-25　船舶类别示例

(a)矿砂船;(b)散货船;(c)杂货船;(d)集装箱船;(e)渔船;(f)客船

在船舶目标检测任务中,由于船舶形状的不规则性,在标记船舶过程中,边界框会包含大量与船舶主体无关的背景,且部分背景颜色与船舶具有一定相似性。在检测过程中,可能会将背景信息当作船舶特征进行处理,导致模型误检率提升,给模型精度带来一定影响。为减少单一背景信息给检测模型带来的影响,在 InlandShips 数据集中,包含了不同背景下的船舶图像,以增强模型鲁棒性,如图 3-26 所示。

图 3-26　包含不同背景信息的船舶图像

不同光照条件下,船舶颜色特征强度不同,给船舶特征提取带来不同程度的影响。例如,在夜晚光照不足时,船舶颜色信息丢失严重,模型获取船舶特征信息难度增加。因此,在数据集采集整理过程中,包含了早上到夜晚各时刻船舶图像,便于模型学习不同光照条件下的船舶特征,提高模型适应性。不同光照条件下的船舶图像如图 3-27(见彩插)所示。

图 3-27　不同光照条件下的船舶图像

与海面环境不同,内河场景船舶交通流密集,采集到的图像中,往往会同时存在多艘船舶。当船舶之间距离较近甚至出现遮挡时,可能会将其他船舶特征信息当作本船进行处理,导致目标丢失。为了让模型能够较好地处理遮挡情形,通过选择合适的拍摄位置及角度,收集出现相互遮挡的船舶图像,并将遮挡程度作为变量,尽可能收集不同遮挡程度的船舶图像,如图 3-28(见彩插)所示。

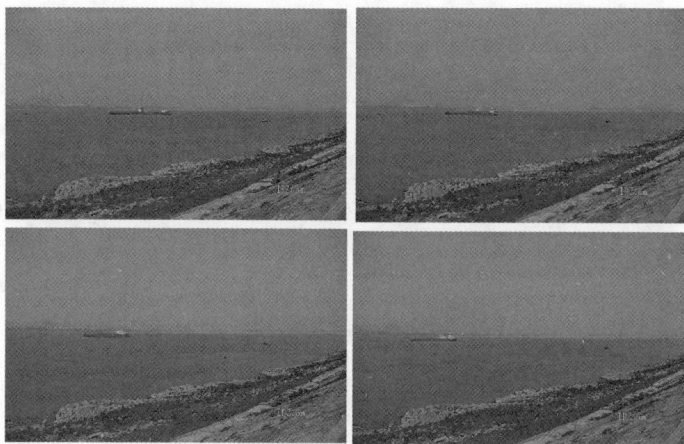

图 3-28　不同遮挡程度的船舶图像

(2)FogShips 数据集。与 InlandShips 数据集不同,FogShips 数据集主要考虑雾浓度大小对图像的影响。因此,在采集数据时,将雾浓度影响程度作为变量进行记录,收集不同雾浓度场景下的船舶图像,如图 3-29(见彩插)所示。

图 3-29　不同雾浓度场景下的船舶图像

为丰富有雾船舶图像数据集,实验中采用 ASM 模拟部分有雾图像。与陆地图像数据集相比,船舶数据集图像主要由天空、水域和船舶组成,场景较为简单。因此,对图像进行加雾时,仅需对场景深度进行简单估计。具体流程如下:

1)考虑到 SeaShips 数据集与采集到的数据集的分辨率不同,因此,在进行加雾处理之前,首先通过 f_{reshape} 函数将图像统一处理为 1 920×1 080,公式如下:

$$J_t(1\ 920,1\ 080)=f_{\text{reshape}}(J) \qquad (3-28)$$

2)确定图像雾化尺寸和雾化中心点坐标,公式如下:

$$\text{size}=\sqrt{\max(\text{row},\text{col})} \qquad (3-29)$$

$$\text{center}(x,y)=(\text{row}/2,\text{col}/2) \qquad (3-30)$$

式中:row、col 分别表示图像的长、宽。

3)通过调整大气系统参数 β 值,从而改变透射率,可以获取不同雾浓度图像,β 越大,表明雾浓度越大。在实验中,将 β 调整范围设置在 0.005~0.035 之间。考虑到采用固定大气光值 A 调整 β 值的方式生成雾天图像,场景单一,容易导致模型过拟合,实验中将大气光值 A 的调整范围设置在 0.5~0.7 之间,公式如下:

$$A=0.5+0.05s \quad (s=0,1,\cdots,4) \qquad (3-31)$$

$$\beta=0.005+0.005b \quad (b=0,1,\cdots,6) \qquad (3-32)$$

4)将设置好的大气光值 A 与衰减系数 β 代入即可得到雾化图像:

$$J_{\text{out}}(x)=J_{\text{in}}(x)/255 \qquad (3-33)$$

$$J_{\text{haze}}(x)=\sum_{s=0}^{4}A\sum_{b=0}^{6}\beta\sum_{j=0}^{\text{row}-1}j\sum_{l=0}^{\text{col}-1}l\begin{cases}\tilde{j}=j-\text{center}(x)\\[4pt]\tilde{l}=l-\text{center}(y)\\[4pt]d=-0.04\sqrt{\tilde{j}^2+\tilde{l}^2}+\text{size}\\[4pt]t(x)=-e^{\beta d}\\[4pt]J_{\text{haze}}(j,l)=J_{\text{out}}(j,l)t(x)+A[1-t(x)]\end{cases}$$
$$(3-34)$$

$$J'_{\text{haze}}(x)=J_{\text{haze}}(x)\times 255 \qquad (3-35)$$

式中:$\sum\limits_{s=0}^{4}A\sum\limits_{b=0}^{6}\beta$ 表示将 A 与 β 进行不同组合;d 表示图像场景深度;$t(x)$ 表示对应 β 下的透射率;$J_{\text{in}}(x)$ 为原始输入图像;$J_{\text{out}}(x)$ 为归一化之后的图像;J_{haze} 为加入雾之后的图像;J'_{haze} 为最终模拟的有雾图像(反归一化后)。

根据上述雾合成算法同时调整大气光值 A 与 β 的值,一张原始图像可以得到 35 张不同雾浓度图像。经过上述算法处理后的雾合成效果如图 3-30 所示。

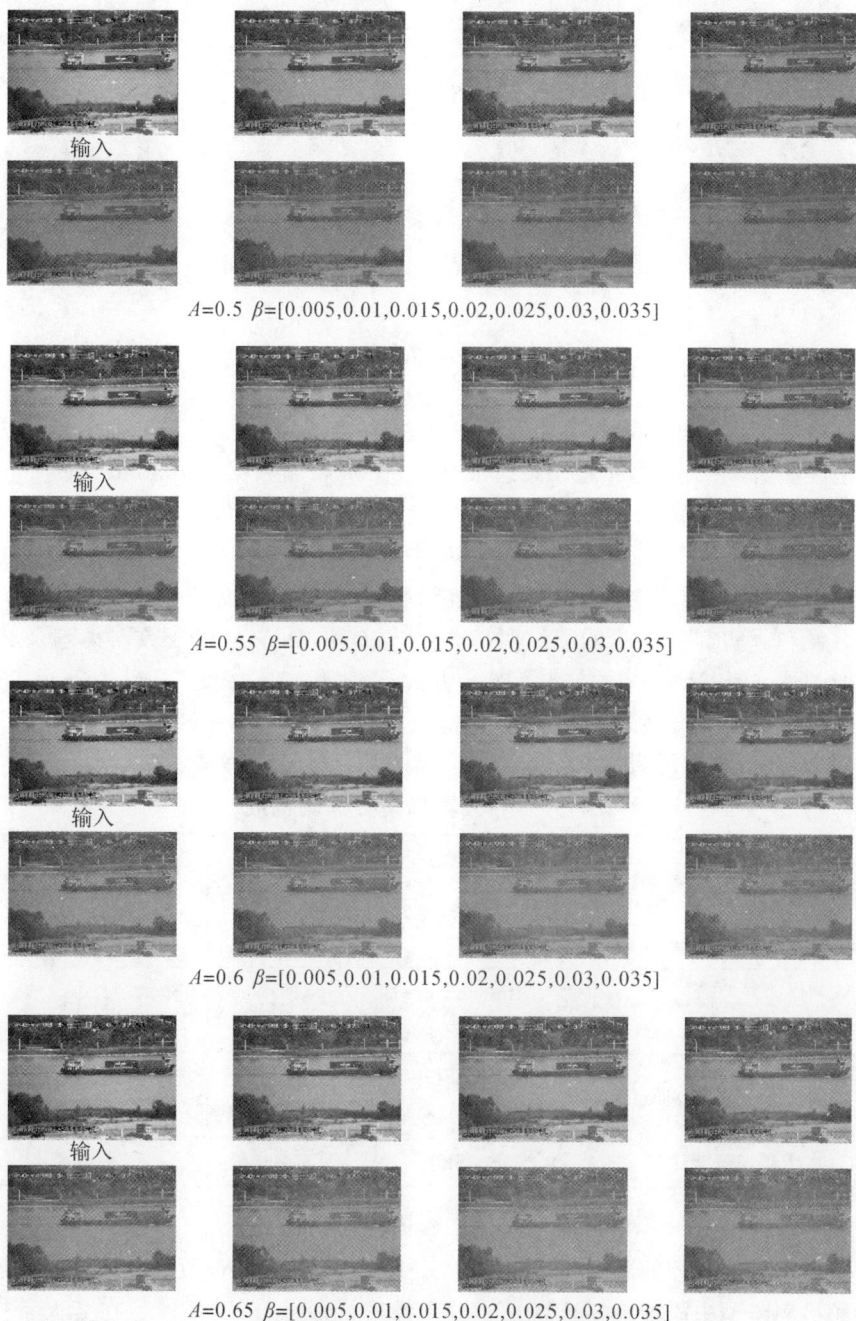

$A=0.5$ $\beta=[0.005,0.01,0.015,0.02,0.025,0.03,0.035]$

$A=0.55$ $\beta=[0.005,0.01,0.015,0.02,0.025,0.03,0.035]$

$A=0.6$ $\beta=[0.005,0.01,0.015,0.02,0.025,0.03,0.035]$

$A=0.65$ $\beta=[0.005,0.01,0.015,0.02,0.025,0.03,0.035]$

图 3-30　雾合成船舶数据集

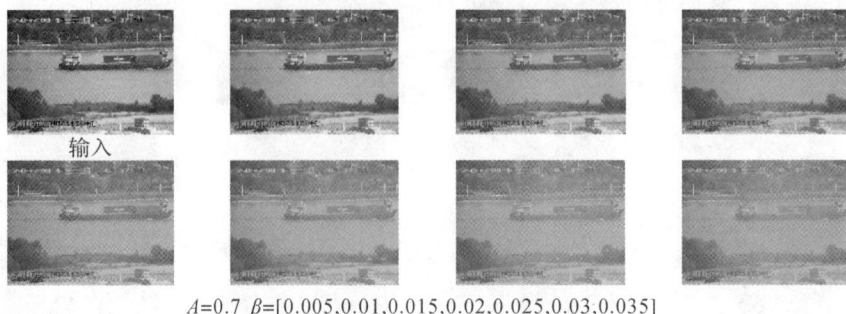

输入

$A=0.7$ $\beta=[0.005,0.01,0.015,0.02,0.025,0.03,0.035]$

续图 3-30 雾合成船舶数据集

3. 去雾模型数据集

将数据样本随机划分为训练集、验证集和测试集，分别用于训练和验证去雾模型性能，其中训练集和验证集组成如下：①从船舶数据集 InlandShips 中随机挑选 60%的船舶图像，经过雾合成算法处理，得到共计 208 425 幅雾图像作为去雾模型的训练数据集；②从剩余数据集中随机挑选 20%的船舶图像，经过雾合成处理，得到 69 475 幅雾图像作为去雾模型的验证数据集。测试集由人工合成雾图像和真实雾场景船舶图像两部分组成：①将 InlandShips 数据集剩余 20%船舶图像，随机选取一种 A 与 β 组合方式，随机生成雾浓度，得到共计 1 985 幅雾图像作为去雾模型测试集；②真实雾天场景下采集的 FogShips 数据集作为去雾模型测试集。具体数据集划分如表 3-5 所示。

表 3-5 去雾模型数据集构成

分 类	数据集	数 量	雾图像数量
训练集	InlandShips（60%）	5 955	208 425
验证集	InlandShips（20%）	1 985	69 475
人工合成雾测试集	InlandShips（20%）	1 985	1 985
真实雾场景测试集	FogShips	660	660

4. 目标检测模型数据集

船舶检测模型的数据样本由 InlandShips 和 FogShips 数据集组成。通过在船舶检测模型中添加真实雾场景船舶图像进行训练，以增强模型在雾天条件下的鲁棒性。将数据样本按照 6∶2∶2 的比例划分为训练集、验证集和测试集，用于训练和验证船舶检测模型性能。具体数据集划分如表 3-6 所示。

表 3-6　检测模型数据集构成

分　类	数据集	数　量	总　计
训练集	InlandShips（60%）	5 955	6 351
	FogShips（60%）	396	
验证集	InlandShips（20%）	1 985	2 117
	FogShips（20%）	132	
测试集	InlandShips（20%）	1 985	2 117
	FogShips（20%）	132	

按照数据集划分结果，建立如图 3 - 31 所示的数据集结构。InlandFogShips 文件夹用于存放数据集图像及标签数据，其中，InlandFogShips - Test 文件夹中只需存放船舶图像即可。以 InlandFogShips - Train 文件夹为例，Images 文件夹存放划分好的船舶训练集图像，labels 文件夹存放 Images 中船舶图像对应的 txt 标签文件。分别对训练集和测试集标签文件进行统计分析，得到各类船舶数量如表 3 - 7 所示。

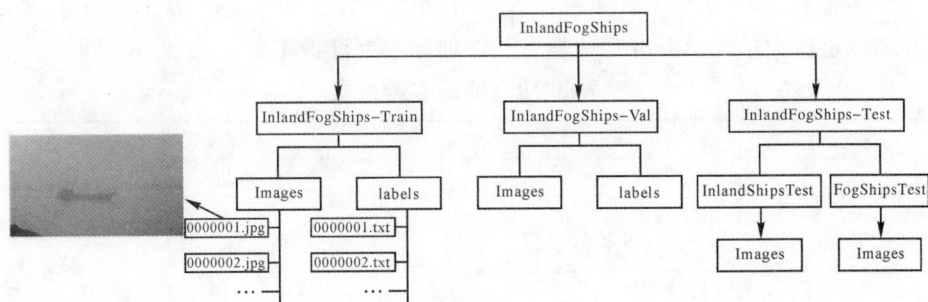

图 3 - 31　数据集结构图

表 3-7　数据集标签统计结果

船舶类别	训练集	测试集
矿砂船	1 734	418
集装箱船	1 440	348
散货船	2 967	718
杂货船	2 122	563
渔船	2 471	616
客船	976	273

3.5.2　实验环境

本章实验主要分为两部分,其中去雾实验基于 Windows 10 操作系统,计算机内存为 16 G,中央处理器(CPU)型号为 11th Gen Intel(R)Core(TM)i5 - 11260H,图形处理单元(GPU)型号为 NVIDIA GeForce RTX 3050,CUDA 11.6 cuDNN 8.5.0,网络训练使用的深度学习框架及版本是 PyTorch 1.7.1。实验环境如表 3-8 所示。

表 3-8　实验环境(一)

项　目	环　境
CPU	11th Gen Intel(R)Core(TM) i5 - 11260H
GPU	NVIDIA GeForce RTX 3050
CUDA	11.6
cuDNN	8.5.0
运行环境	Python 3.7.0
框架	PyTorch 1.7.1

实验中,训练集和验证集批次大小分别设置为 4 和 2,迭代次数为 100 次,在训练过程中采用 Adam 优化器。具体训练参数设置如表 3-9 所示。

表 3-9　训练参数设置

内　容	参数设置
优化器	Adam
初始学习率	0.000 1
权重衰减	0.000 1
训练处理批次	4
验证处理批次	2
迭代次数	100

船舶目标检测实验基于 Windows 10 操作系统，计算机内存为 16 G，CPU 型号为 11th Gen Intel（R）Core（TM）i5 - 11260H，GPU 型号为 NVIDIA GeForce RTX 2060ti，训练使用的深度学习框架是 PyTorch 1.8.0。详细实验环境如表 3 - 10 所示。

表 3 - 10 实验环境（二）

项 目	环 境
CPU	11th Gen Intel（R）Core（TM）i5 - 11260H
GPU	NVIDIA GeForce RTX 2060ti
CUDA	11.0
cuDNN	8.0.5
运行环境	Python 3.8.0
框架	PyTorch 1.8.0

考虑到设备内存设置及使用情况，将训练批次大小设置为 8，初始学习率设置为 0.001，并使用 Adam 算法对损失函数进行优化，迭代次数设置为 300。训练神经网络需要大量合理的数据，数据集太小会导致过拟合，在数据增强策略上选用 Mosaic 进行数据增强，以增加样本的多样性，提升模型性能。Mosaic 数据增强效果如图 3 - 32（见彩插）所示。

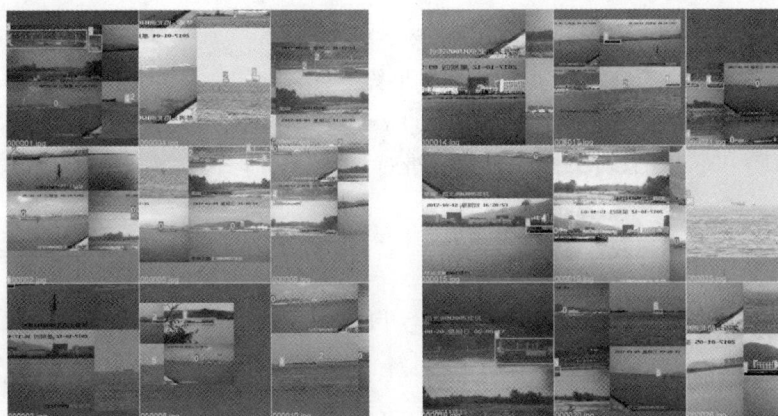

图 3 - 32 Mosaic 数据增强效果图

3.5.3 评价指标

深度学习中去雾效果的评价指标是衡量去雾效果质量的基础，实验采用峰值信噪比（Peak Signal to Noise Ratio,PSNR）[116]、SSIM[117] 评估所提出的算法在合成雾数据的去雾效果：

$$PSNR = 10 \lg(\frac{MAX_I^2}{MSE}) \qquad (3-36)$$

$$MSE = \frac{1}{H \times W} \sum_{i=1}^{H} \sum_{j=1}^{W} [J(i,j) - I(i,j)]^2 \qquad (3-37)$$

$$SSIM(x,y) = \frac{(2\mu_x\mu_y + K_1)(2\sigma_{xy} + K_2)}{(\mu_x^2 + \mu_y^2 + K_1)(\sigma_x^2 + \sigma_y^2 + K_2)} \qquad (3-38)$$

式中：MAX_I 为图像中最大像素值，$MAX_I = 255$；MSE 为均方误差。可知，PSNR 越大，去雾后图像失真越小。SSIM 评价准则与人类主观感知相近，其值在 [0,1] 之间，越接近 1，两幅图像越相似。

此外，标准差（Standard Deviation,STD）[118] 和信息熵（Information Entropy,IE）[119] 用来评价模型对真实有雾船舶图像的去雾性能。其中，STD 刻画了图像中像素点相对于其平均值的离散程度，其值越大，视觉效果越好。IE 作为图像信息量指标，其值越大，图像中的信息量越多。两者可表示为

$$STD = \sqrt{\frac{1}{WH} \sum_{i=1}^{W} \sum_{j=1}^{H} (p_{ij} - \mu)^2} \qquad (3-39)$$

$$IE = -\sum_{i=1}^{N} P(i) \, \mathrm{lb} P(i) \qquad (3-40)$$

式中：W 和 H 分别为图像的宽和高；p_{ij} 为像素 (i,j) 所对应的灰度值；μ 为整幅图像的像素均值；P_i 为灰度值 i 的概率。

船舶目标检测实验中使用精确率（Precision）、召回率（Recall）、平均精度均值（mAP）和 F1 分数对不同模型性能进行评估。具体计算公式如下：

$$Precision = \frac{TP}{TP+FP} \qquad (3-41)$$

$$Recall = \frac{TP}{TP+FN} \qquad (3-42)$$

$$AP = \int_0^1 P(r) \, \mathrm{d}r \qquad (3-43)$$

$$mAP = \frac{\sum_{i=1}^{k} AP_i}{k} \qquad (3-44)$$

$$F1 - score = 2 \times \frac{Precision \times Recall}{Precision + Recall} \qquad (3-45)$$

式中：TP 为被模型预测为阳性的正样本；FP 为被模型预测为阳性的负样本；FN

为被模型预测为阴性的正样本；$P(r)$ 表示 P - R 曲线；k 代表当前船舶检测任务的类别数。

此外，每秒传输帧数（Frame Per Second，FPS）和每秒浮点操作数（Floating - point Operations Per Second，FLOPS）也是模型评估指标，其中：FPS 用于评估模型检测速度，其值越大，模型实时性越好；FLOPS 用于对模型计算能力进行评估，其值越大，模型对设备计算能力要求越高。

3.6　实验结果与分析

3.6.1　船舶图像去雾实验与分析

为了验证所提出模型的性能和有效性，应用了 DCP[120]、Light - DehazeNet[115]、GCA - Net[121]、FFA - Net[122] 和 AOD - Net[109] 等最具代表性和性能较好的学习模型进行了详细的比较。

1. 有参考图像去雾分析

为验证提出的 AOD - Net 算法的有效性，在构建的人工合成雾测试集上进行了实验仿真，并将得到的去雾图像与其他去雾方法进行了视觉比较，实验结果如图 3 - 33（见彩插）所示。

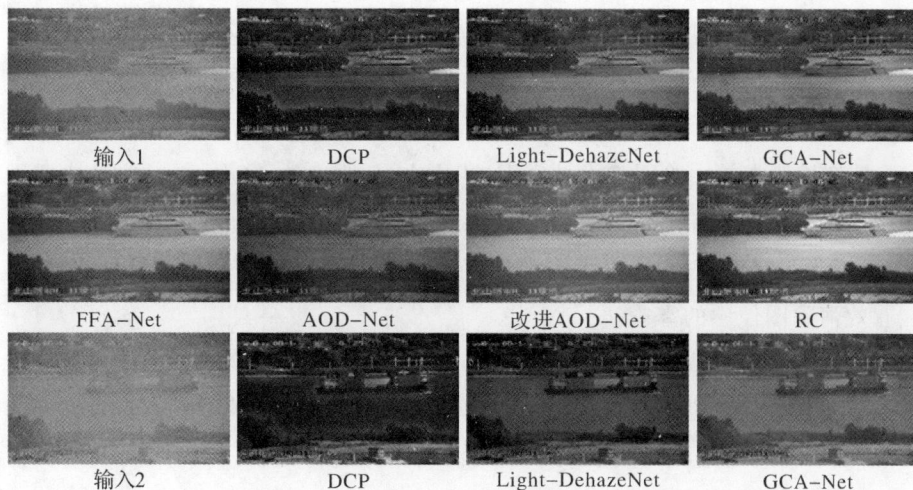

图 3 - 33　人工合成雾测试集去雾视觉比较

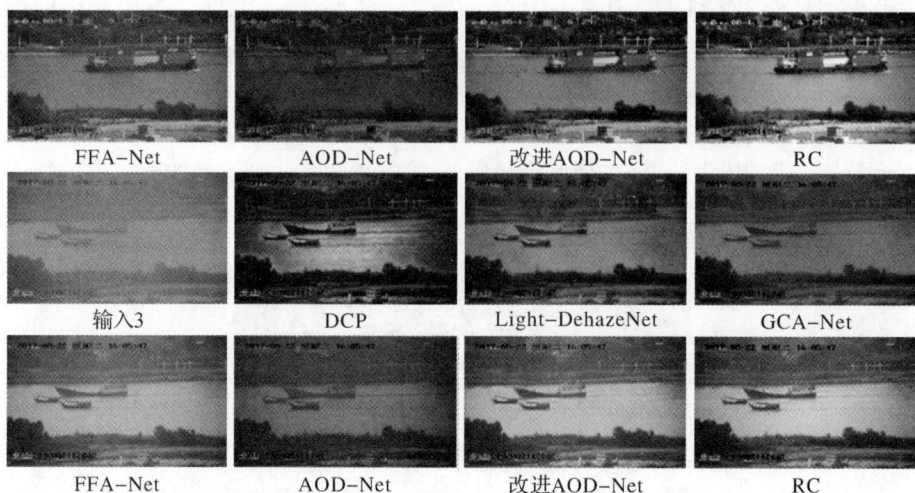

续图 3-33　人工合成雾测试集去雾视觉比较

图 3-33 显示了各算法去雾后的图像,其中 RC 表示真实场景下的清晰图像。由图 3-33 可知,DCP 算法在对有雾图像进行去雾后,恢复的图像出现了明显的色彩失真,在船舶目标上出现了明显的边缘效应。主要原因是在船舶数据集中,水面和天空面积占比较大,致使 DCP 算法错误地估计了大气光值,使得透射率估计不准确,最终导致边缘效应。通过 Light-DehazeNet、GCA-Net 和 AOD-Net 恢复的图像整体偏暗,其中 Light-DehazeNet 恢复图像中还存在大量雾霾没有清除,GCA-Net 恢复图像的局部区域仍然存在少量雾霾,而 AOD-Net 方法则不能完全去除图像中的雾,由于平等对待浓雾和薄雾,恢复图像中还存在一定的雾残留,导致物体部分细节信息丢失。FFA-Net 和改进的 AOD-Net 模型均能有效去除图像中的雾霾,相比之下,改进的 AOD-Net 方法去雾图像中的物体具有更清晰的轮廓,视觉效果更好。基于上述主观分析,改进的 AOD-Net 与其他方法相比表现出色,在保持原有图像轮廓和细节信息的同时,能有效清除图像中的雾霾。

为进一步验证改进的 AOD-Net 方法的可靠性,采用全参考图像质量评价指标对各去雾算法进行客观评价。具体地,首先将合成的雾天图像作为模型的输入,然后将输出结果与真实场景下的清晰图像进行比较,计算两者 PSNR 值并绘制相应图像,如图 3-34 所示。

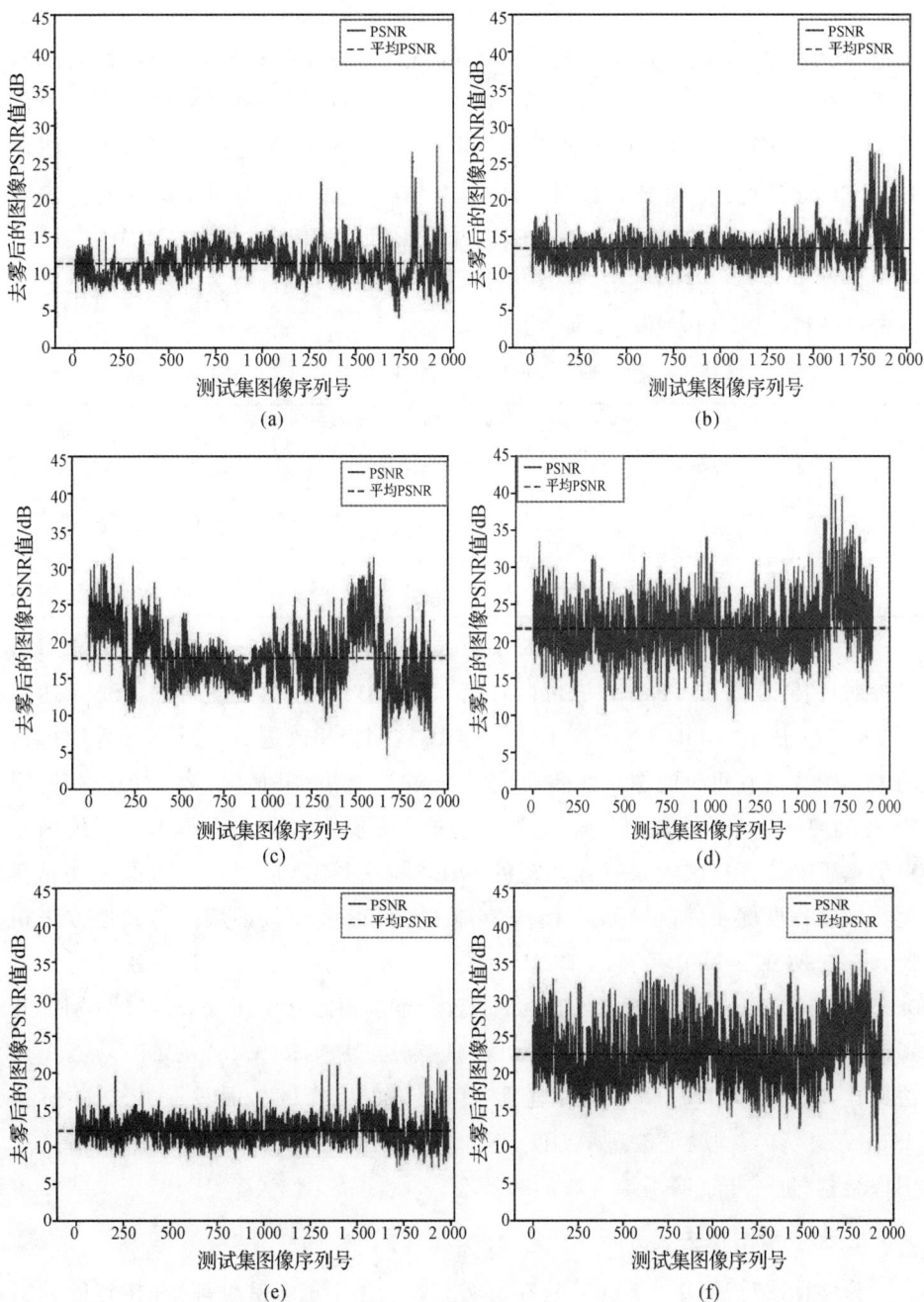

图 3 - 34　PSNR 可视化结果

（a）DCP；（b）Light - DehazeNet；（c）GCA - Net；（d）FFA - Net；（e）AOD - Net；（f）改进 AOD - Net

在图 3 - 34 中,横坐标代表图像序列号,纵坐标表示 PSNR 值。可以看到,改进 AOD - Net 方法与原 AOD - Net 方法相比,整体 PSNR 有了很大的提升,在评价指标上具有明显优势。DCP 和 Light - DehazeNet 算法整体 PSNR 值偏低,去雾后的图像质量评价指标较低;GCA - Net 算法在处理不同雾浓度图像时,PSNR 波动较大,算法鲁棒性差;FFA - Net 算法在对不同雾浓度图像去雾后,PSNR 略低于改进 AOD - Net 算法,能较好地保证图像质量。此外,实验中分别计算了各方法在测试集上的 PSNR 和 SSIM 平均值,对去雾图像质量进行了定量分析,结果如表 3 - 11 所示。

表 3 - 11 人工合成雾测试集上的平均 PSNR 和 SSIM 结果

	DCP	Light - DehazeNet	GCA - Net	FFA - Net	AOD - Net	改进 AOD - Net
PSNR/dB	11.774	13.752	18.027	21.703	12.699	22.352
SSIM	0.775	0.876	0.928	0.943	0.807	0.949

表 3 - 11 显示了 6 种方法在人工合成雾测试集上的平均 PSNR 与 SSIM。通过对比传统 AOD - Net 方法可以看出,改进 AOD - Net 去雾算法 PSNR 达到了 22.352 dB,比 AOD - Net 高了 9.653 dB,说明使用改进 AOD - Net 算法得到的去雾图像具有更少的像素误差和更好的纹理信息。SSIM 值高了 0.142,说明改进 AOD - Net 算法能更好地反映人类的主观感受,这得益于模型在损失函数中引入了能较好反映人眼感知系统的 SSIM 损失函数,模型对于图像大气光变化的敏感程度优于其他局部变化,更有能力正确恢复全局照明。与其他方法相比,改进 AOD - Net 算法比 DCP 算法 PSNR 高了 10.578 dB,SSIM 提升了 0.174。与 Light - DehazeNet 和 GCA - Net 算法相比,PSNR 和 SSIM 分别提升了 8.6 dB、0.073 和 4.325 dB、0.021。与具有较好 PSNR、SSIM 的 FFA - Net 算法相比,改进 AOD - Net 算法也具有一定优势。因此,无论是 PSNR 还是 SSIM,都能客观地验证改进 AOD - Net 方法能够保留图像更多的原始信息和图像结构,进一步证明了该方法的有效性。

2. 无参考图像去雾分析

为验证改进 AOD - Net 算法在真实雾天场景下的去雾性能,在构建的真实雾场景测试集上,与其他方法进行了视觉比较。各算法在真实场景下的去雾效果如图 3 - 35 所示。

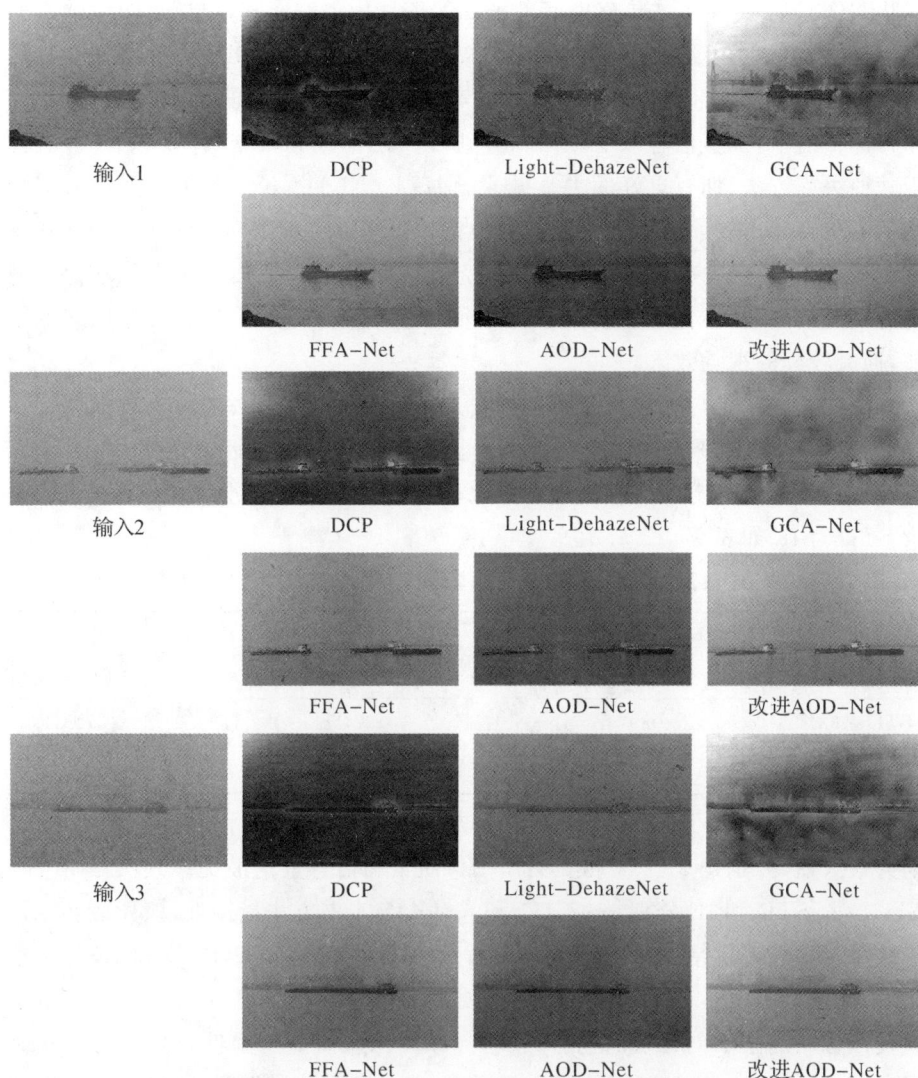

图 3 - 35　真实场景下的去雾结果视觉比较

从图 3 - 35 可以看出：DCP 算法能有效消除船舶目标上的雾霾，但是由于 DCP 算法是基于暗通道先验知识来估计大气光值的，而船舶图像中包含大量白色物体或其他光源（例如天空和水面），致使算法过高估计了大气光值，导致去雾后的图像曝光过度，出现色彩失真；Light - DehazeNet 算法去雾后的大部分雾气已经清除，但是对于天空和水面区域浓雾并没有很好的消除，图像整体呈现朦胧状态;GCA-Net算法虽然能有效消除船舶目标上的雾霾,但恢复图像的水面及天空区域存在大量雾残留,且出现了较大的色彩失真;AOD-Net算法在去雾方面效果不佳,不能完全去除图像中的雾霾,并且得到的图像相对较暗,导致船舶目标不清晰,细节信息减少。可以看到,FFA-Net和改进AOD-Net算法优于其他去雾方法,拥有更好的去雾效果,但改进AOD-Net算法得到的去雾图像色彩更自然,整体效果更好,能较好地保护图像天空和水面区域。基于上述主观分析,本书提出的去雾方法能够有效克服内河船舶数据集中天空和水面区域占比较大的问题,不仅可以有效去除不同浓度的雾霾,还可以丰富雾化图像细节,拥有较好的视觉效果。

由于无法获得与真实有雾图像相对应的无雾图像,无法采用全参考评价指标PSNR和SSIM来评价去雾效果,因此,选择使用无参考评价指标STD与IE对本书提出的算法与其他算法进行了比较。在真实雾图像进行去雾后获得的平均STD与IE如表3-12所示。

表3-12 真实雾场景数据集上的平均STD和IE结果

	DCP	Light-DehazeNet	GCA-Net	FFA-Net	AOD-Net	改进 AOD-Net
STD	33.323	25.089	31.717	37.411	34.967	37.754
IE	6.708	6.327	6.655	6.798	6.685	6.917

从表3-12中可以看出,本书去雾方法的无参考图像评价指标STD和IE均为最大值,分别是37.754和6.917,图像质量和信息量均最优。其次是FFA-Net方法,STD和IE分别是37.411和6.798,与本书方法最接近,该算法客观评价结果与主观评价结果保持一致。然后是AOD-Net方法,STD和IE分别达到了34.967和6.685,具有较好的图像质量和信息量。DCP和GCA-Net方法恢复图像均产生不同程度的色彩失真,导致图像质量有所降低,但IE分别达到了6.708和6.655,这与预想的结果相反,可能是由于色彩失真的原因,使得图像拥有了更多的色彩信息,致使IE值增大,但增加的信息量与船舶目标无关。Light-DehazeNet方法得到的图像STD和IE最低,使用Light-DehazeNet方法得到的恢复图像在残留雾霾的同时整体偏暗,导致图像质量降低,缺少细节信息。

因此,综合主观及客观评价结果,可以得出,本书去雾方法在真实雾场景下,与原AOD-Net和其他主流方法相比,去雾图像的船舶目标更清晰,具有更好的去雾效果。

3.6.2 船舶目标检测实验与分析

1. 无雾场景下的检测结果与分析

损失函数在训练过程中起到了重要的作用,它反映了真实值和预测值之间的关系,损失值越小,表明预测结果越接近真实值,模型的性能越好。对 MC-YOLO 模型训练过程的损失函数进行计算并绘制,得到如图 3-36 所示的曲线。可以观察到,经过 300 次迭代后,模型损失函数不断减小并达到收敛,得到了较好的训练模型。

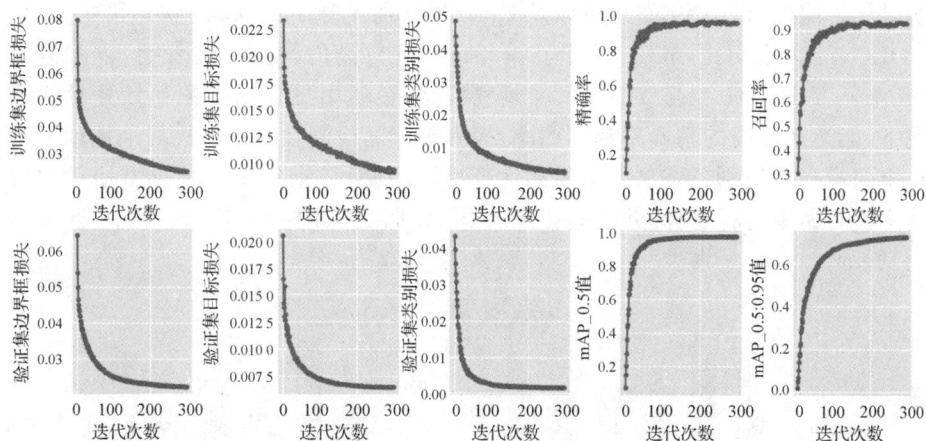

图 3-36 MC-YOLO 训练结果

在本节中,将本书提出的 MC-YOLO 模型与 YOLOv5s 模型在相同实验条件下,分别从参数量、FLOPS,以及各项评价指标在 InlandShips 验证集中进行比较,结果如表 3-13 所示。

表 3-13 InlandShips 验证集中的性能比较

评价指标	YOLOv5s	MC-YOLO
参数量/MB	13.7	6.74
FLOPS/G	15.8	5.8
精确率	0.918	0.963
召回率	0.872	0.931

续表

评价指标	YOLOv5s	MC - YOLO
F1 分数	0.89	0.95
mAP	0.941	0.975
FPS	48.077	60.476

由表 3 - 13 可以看出，MC - YOLO 模型参数相较于 YOLOv5s 模型 13.7 MB 的参数量，减少了 6.96 MB，不足 YOLOv5s 模型的一半，同时 MC - YOLO 模型的 FLOPS 减少了 10 G，FPS 提升到了 60.476，模型更加轻量化，拥有更好的实时性。此外，精确率、召回率以及 F1 分数分别提升了 0.045、0.059 和 0.06，与 YOLOv5s 模型相比，mAP 提升了 0.034，拥有更高的精度。这表明，本书提出的 MC - YOLO 模型与 YOLOv5s 模型相比，在使用更少的参数和计算量的情况下，能达到更高的精确率和召回率，拥有更好的检测性能。为更好地体现本书提出的模型在识别各类型船舶时的优越性，分别对数据集中 6 种类型船舶的精确率和召回率进行计算，并绘制相应的 P - R 曲线，如图 3 - 37 和图 3 - 38（见彩插）所示。

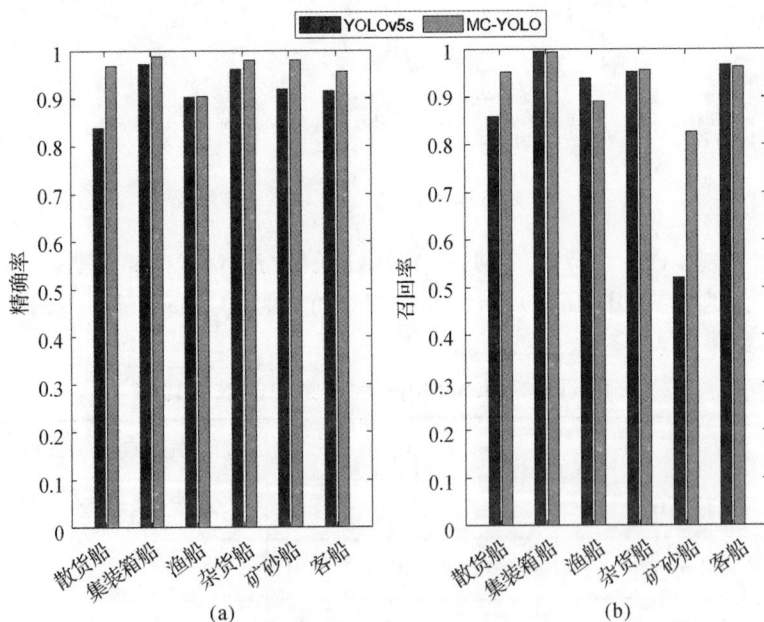

图 3 - 37　各类型船舶检测结果

(a)精确率；(b)召回率

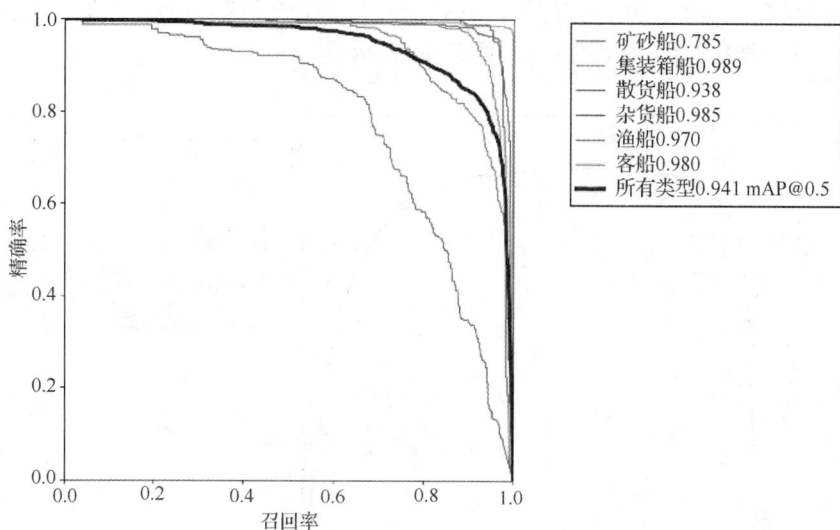

（a）

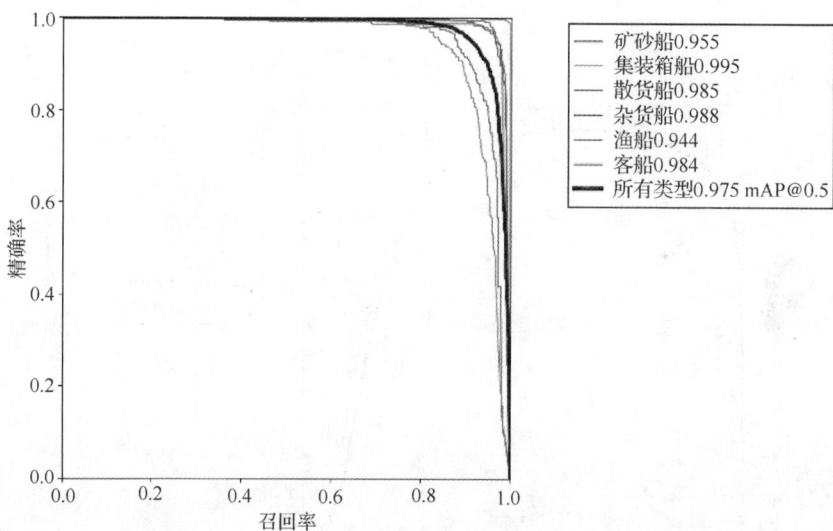

（b）

图 3 - 38　不同类型船舶 P - R 曲线

（a）YOLOv5s；（b）MC - YOLO

　　从图 3 - 37 可以看出，MC - YOLO 与 YOLOv5s 相比，对于不同类型船舶的检测，均拥有更高的精确率和召回率，表明了 MC - YOLO 模型在船舶检测方面具有优越性。从图 3 - 38 可以看出，MC - YOLO 中不同类型船舶的 P - R 曲线，均"外包围"YOLOv5s 中的 P - R 曲线，说明 MC - YOLO 模型具有更高的查准率和查全率。此外,为对模型精确率和召回率进行综合评价,计算并绘制出相应的 F1 分数曲线,如图 3 - 39(见彩插)所示。

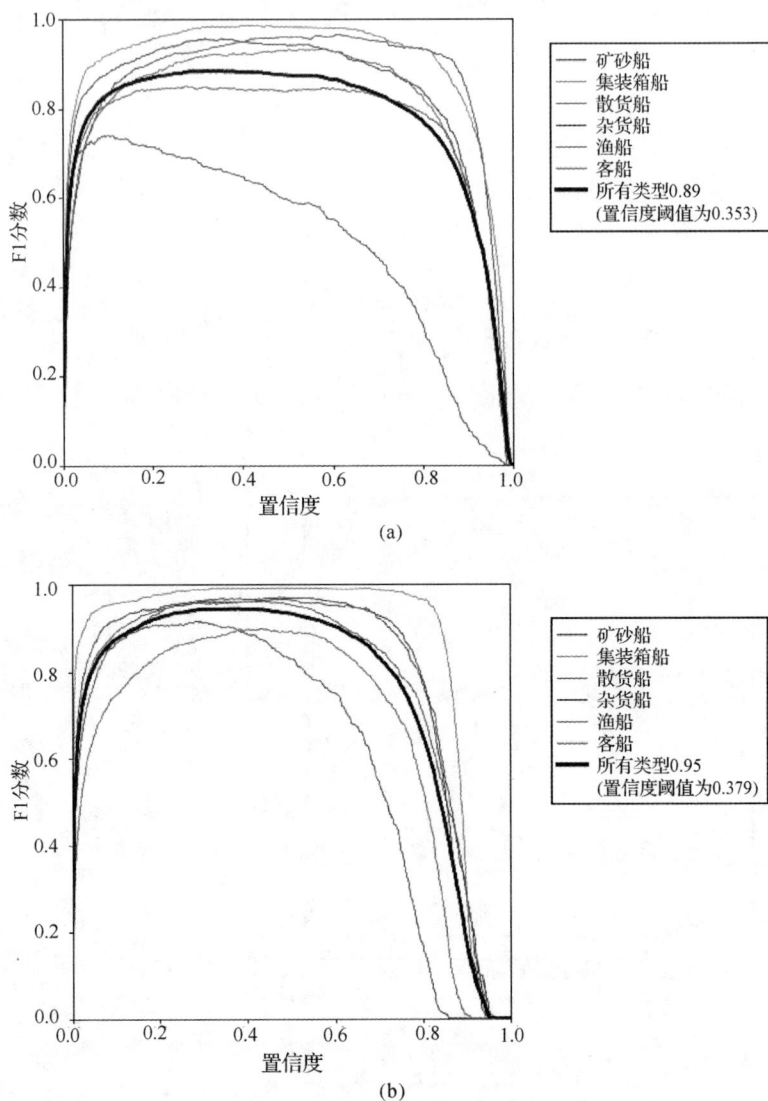

图 3 - 39　各类型船舶 F1 分数曲线

(a)YOLOv5s;(b)MC - YOLO

　　在图 3 - 39 中,分别绘制了 YOLOv5s 和 MC - YOLO 模型对不同类型船舶的平均 F1 分数。正如图中显示的,MC - YOLO 在不同类型船舶上均拥有更

高的 F1 分数,对于所有类别船舶而言,MC－YOLO 模型的平均 F1 分数为
0.95,比 YOLOv5s 模型高了 0.06。实验结果表明,本书提出的模型能较好的在
精确率和召回率之间取得平衡,让两者同时达到更高值。

在实际工程中,有时候更倾向于评估模型的漏检率和误检率是否满足实际
场景需求。为此,本书引入了混淆矩阵,实验结果如图 3－40 所示。

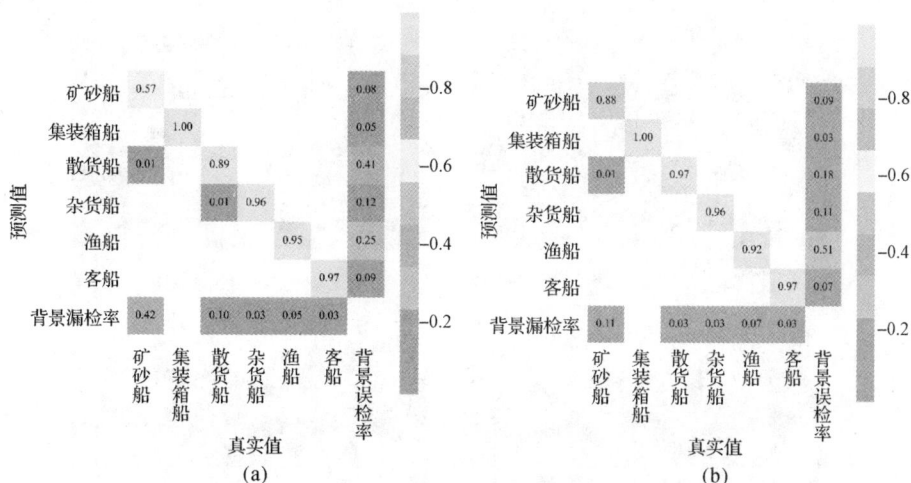

图 3－40　不同类型船舶混淆矩阵(一)
(a)YOLOv5s;(b)MC－YOLO

在图 3－40 所示的混淆矩阵中,横、纵坐标分别表示船舶类别的 FP 和 FN,
对角线数值对应模型预测目标的召回率。从图 3－40 中可以看出,YOLOv5s 对
于矿砂船的召回率仅有 0.57,有 1% 的矿砂船被错误的识别为散货船,42% 的被
识别为背景,在 MC－YOLO 中,更少的矿砂船被识别为背景,分类效果得到了
增强。对于其他 5 类船舶,MC－YOLO 的召回率略高于 YOLOv5s。总的来
说,MC－YOLO 相比于 YOLOv5s,拥有更好的分类性能,能较好的运用在实际
船舶检测任务中。

YOLOv5s 与 MC－YOLO 在 InlandShips 测试集上对各类船舶的可视化比
较如图 3－41(见彩插)所示。可以看到,MC－YOLO 在对不同类型船舶进行检
测时,均表现出更好的检测效果。在第二行图片中,对杂货船(general cargo
ship)进行检测时,由于矿砂船(ore carrier)和杂货船(general cargo ship)在形状
上较为接近,YOLOv5s 出现了误检的情况,将杂货船检测为矿砂船,而 MC－
YOLO 表现出了较好的分类识别性能。第三行的图片包含了集装箱船
(container ship)和散货船(bulk cargo carrier)两种类型船舶,当船型相似且存

在遮挡时,MC - YOLO也能表现出更好的检测效果。类似地,第四行图片中包含了客船(passenger ship)和渔船(fishing boat)两种船舶,当两个目标大小差异较大且较为接近时,可以看到,MC - YOLO检测到了图像中的所有目标,而YOLOv5s则出现了漏检的情况。实验结果表明,本书提出的MC - YOLO在存在遮挡、相同尺寸目标运动场景和尺寸变化较大的场景中,具有较好的鲁棒性,可以满足不同场景下的检测需求。

(a)   (b)

图 3 - 41   InlandShips 测试集上对各类船舶的可视化比较
(a)YOLOv5s;(b)MC - YOLO

为验证各设计模块的有效性,对 MC - YOLO 进行消融实验。使用相同数据集和实验环境,以 YOLOv5s 作为参考模型,分别对各阶段模型进行训练。分别从不同维度扩展,得到了 YOLOv5s - Mob、YOLOv5s - CNeB 和 MC -

YOLO 3 个模型。对模型改进过程中的参数量、FLOPS，以及在 InlandShips 验证集上的各项性能指标进行比较，实验结果如表 3-14 所示。

表 3-14　消融实验性能指标对比

模　型	MobileNetV3-Small	CNeB	参数量 MB	FLOPS G	精确率	召回率	F1 分数	mAP	FPS
YOLOv5s			13.7	15.8	0.918	0.872	0.89	0.941	48.077
YOLOv5s- Mob	√		7.08	6.1	0.888	0.866	0.87	0.932	54.348
YOLOv5s- CNeB		√	13.3	15.5	0.972	0.965	0.97	0.987	52.081
MC-YOLO	√	√	6.74	5.8	0.963	0.931	0.95	0.975	60.476

由表 3-14 可知，使用 MobileNetV3-Small 替换主干网络后，模型参数量减少了 6.62 MB，FLOPS 减少了 9.7 G，但是精确率和召回率有所降低，分别减少了 0.03 和 0.006，F1 分数和 mAP 相比于原 YOLOv5s 模型分别减少了 0.02 和 0.009。使用轻量、高效的 CNeB 模块替换 C3 后，参数量和 FLOPS 分别减少了 0.4 MB 和 0.3 G，精确率和召回率分别提升了 0.054 和 0.093，F1 分数和 mAP 相比于原 YOLOv5s 模型分别增加了 0.08 和 0.046。同时使用 MobileNetV3-Small 和 CNeB 进行改进后，参数量和 FLOPS 分别减少了 6.96 MB 和 10 G，同时精确率和召回率分别提升了 0.045 和 0.059，F1 分数和 mAP 分别提升了 0.06 和 0.034。由表 3-14 可知，虽然 YOLOv5s-CNeB 拥有更好的精确率和 mAP，但是综合考虑模型的参数量及实时性，本书改进的 MC-YOLO 在仅有 YOLOv5s-CNeB 一半参数量和 37.4％FLOPS 的情况下，精确率和 YOLOv5s-CNeB 相接近，同时，根据 FPS 结果显示，本书所提出的模型实时性更好。由上述可知，本书设计的各模块在轻量化和检测性能方面均具有一定的优越性。

为进一步说明 MC-YOLO 能较好的平衡速度和精度，将其与 YOLOv5m、YOLOv5l 进行比较，并加入其他主流的轻量化目标检测算法：YOLOv3-tiny、YOLOv4-tiny、YOLOv5s-ShuffleNet（使用轻量级网络 ShuffleNet 替换 YOLOv5s 原始主干）、YOLOv5s-EfficientNetLite（使用轻量级网络 EfficientNet-Lite 替换 YOLOv5s 原始主干）。InlandShips 验证集上各模型性能比较如表 3-15 所示。

表 3 - 15　InlandShips 验证集上各模型性能比较

模　　型	参数量 MB	FLOPS G	精确率	召回率	F1 分数	mAP	FPS
YOLOv5m	40.2	48.0	0.973	0.947	0.96	0.983	47.846
YOLOv5l	88.5	107.9	0.969	0.954	0.96	0.984	30.395
YOLOv3 - tiny	16.6	12.9	0.871	0.86	0.86	0.910	52.632
YOLOv4 - tiny	17.8	20.6	0.879	0.842	0.86	0.896	49.019
YOLOv5s - ShuffleNet	6.38	5.9	0.868	0.834	0.87	0.900	58.479
YOLOv5s - EfficientNetLite	7.57	7.3	0.896	0.822	0.85	0.914	50.505
MC - YOLO	6.74	5.8	0.963	0.931	0.95	0.975	60.476

　　MC - YOLO 是以 YOLOv5s 作为基本模型,与 YOLOv5m 和 YOLOv5l 的精确率和 mAP 相比,精度略低,但是 YOLOv5m 参数量却高达 40.2 MB, YOLOv5l 甚至达到了 88.5 MB,相当于 MC - YOLO 的 13 倍。与 YOLOv3 - tiny 和 YOLOv4s - tiny 相比,该模型在参数更小的情况下,拥有更高 FPS 的同时精确率更高。对于同样在 YOLOv5s 上进行轻量化的 YOLOv5s - ShuffleNet 和 YOLOv5s - EfficientNetLite 模型,与 MC - YOLO 模型相比,参数量、 FLOPS 接近,但 MC - YOLO 的 FPS 值更大,实时性更好,并且在精度上远高于两者。实验结果接近最初的设计目标,模型能够更好地平衡速度和精度,拥有在边缘设备上运行的能力,这在工程实践中至关重要。实验中分别计算并绘制了不同模型对各类型船舶检测的 mAP,如图 3 - 42 所示。

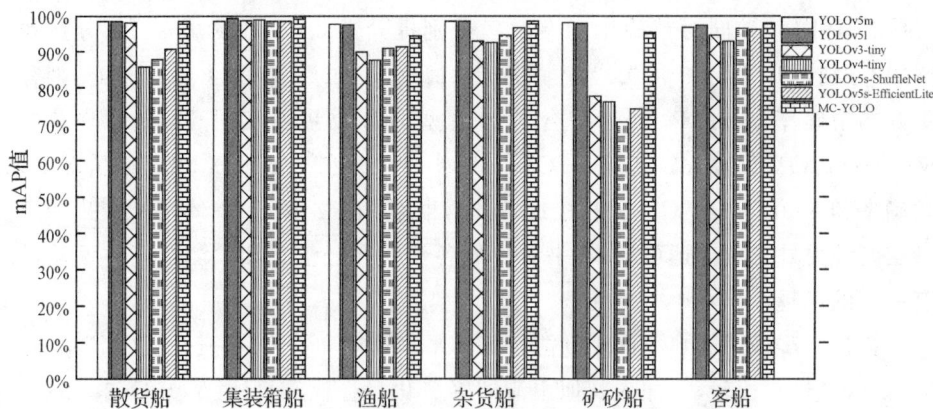

图 3 - 42　不同模型对于不同类型船舶的 mAP 检测结果

　　从图 3 - 42 中可以看出,MC - YOLO 对于不同类型船舶的检测,与模型复杂度较高的 YOLOv5m 和 YOLOv5l 模型的 mAP 接近,拥有良好的检测精度。与其他主流轻量化模型相比,MC - YOLO 在轻量化的同时,精确率优势更加明显。实验结果表明,MC‐YOLO 在对不同类型船舶进行检测时,均表现出较好的检测效果,能满足实际场景中对不同类型船舶的检测。

2.有雾场景下的检测结果与分析

实验结果证明了所提出的去雾算法及船舶目标检测算法均具有一定优势。在本节实验中,将改进后的 AOD‐Net 与 MC‐YOLO 进行结合,并在 FogShips 真实雾数据集上与 YOLOv5s 和 AOD‐Net＋YOLOv5s 进行对比实验,如图 3‐43 所示。可视化结果如图 3‐44(见彩插)所示。

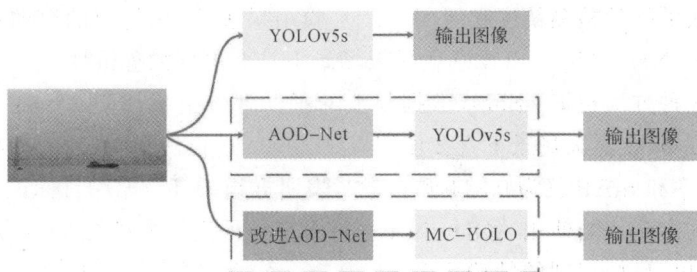

图 3‐43　雾天场景对比实验

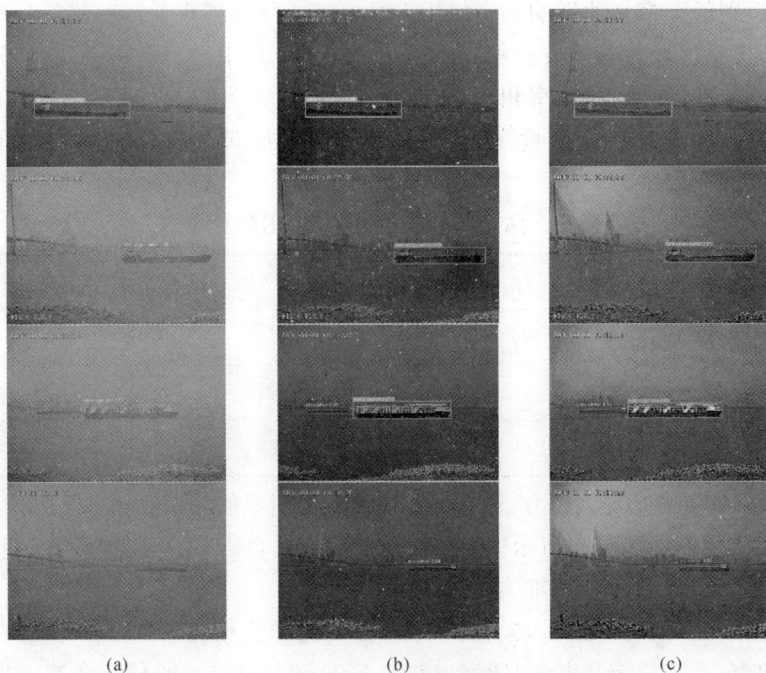

(a)　　　　　　　　(b)　　　　　　　　(c)

图 3‐44　FogShips 数据集可视化比较

(a)YOLOv5s;(b)AOD‐Net＋YOLOv5s;(c)改进 AOD‐Net＋MC‐YOLO

图 3-44 显示了不同方法在雾霾天气下的船舶可视化效果,可以看到,直接使用 YOLOv5s 进行识别时,精度较低,且出现了一定漏检,例如第三行和第四行中的矿砂船(ore carrier)被当作背景进行处理。使用 AOD-Net 进行图像去雾处理后,船舶识别精度整体上有一定提升,但由于 AOD-Net 恢复图像整体色彩偏暗,船舶信息丢失,增加了识别难度,如第一行图片所示,使用 AOD-Net 进行预处理后,识别精度由 0.62 降低到了 0.50。改进 AOD-Net 能保留图像更多信息,拥有更好的视觉效果,最后使用 MC-YOLO 对船舶进行识别,拥有比前两种方法更好的检测精度和召回率。实验结果表明,所提出的船舶识别方法改进 AOD-Net+MC-YOLO 在雾天场景下具有更好的鲁棒性。

上述 3 种方法在 FogShips 数据集上的平均评价指标如表 3-16 所示。由表 3-16 可知,在雾天场景下直接使用 YOLOv5s 进行识别时,各项指标均表现不佳,精确率和 mAP 仅为 0.841 和 0.733,表明雾霾天气给船舶目标识别带来了很大程度的影响。当使用 AOD-Net 进行去雾预处理后再进行 YOLOv5s 识别时,可以看出,目标识别的精确率和 mAP 有一定程度提升,并且召回率提升了 0.152,这说明经过去雾预处理后,整体漏检率有所降低,一定程度上降低了雾霾对船舶识别任务带来的影响。当使用 MC-YOLO 在雾霾天气对船舶目标进行识别时,各项指标与其他方法相比均有明显优势,其中,精确率和 mAP 分别达到了 0.945 和 0.934,召回率相较于 YOLOv5s 和 AOD-Net+YOLOv5s 分别提升了 0.23、0.078,很大程度降低了雾霾对船舶识别带来的影响,能较好地应用于实际工程任务中。

表 3-16 FogShips 数据集指标比较

模 型	精确率	召回率	F1 分数	mAP
YOLOv5s	0.841	0.621	0.71	0.733
AOD-Net+YOLOv5s	0.872	0.773	0.82	0.862
改进 AOD-Net+MC-YOLO	0.945	0.851	0.89	0.934

此外,实验中分别计算了上述方法对不同类别船舶的精确率和召回率,并绘制了如图 3-45(见彩插)所示的 P-R 曲线。通过 P-R 曲线结果计算各不同类型船舶的平均分类精度,实验结果如表 3-17 所示。

根据图 3-45 和表 3-17 结果可知,与其他方法相比,MC-YOLO 在雾天场景下拥有更好的精确率和召回率,并且在不同类型船舶的分类精度上拥有更好的表现。在本节实验中,同样使用混淆矩阵对不同方法的漏检率和误检率进行分析,实验结果如图 3-46 所示。

(a)

(b)

(c)

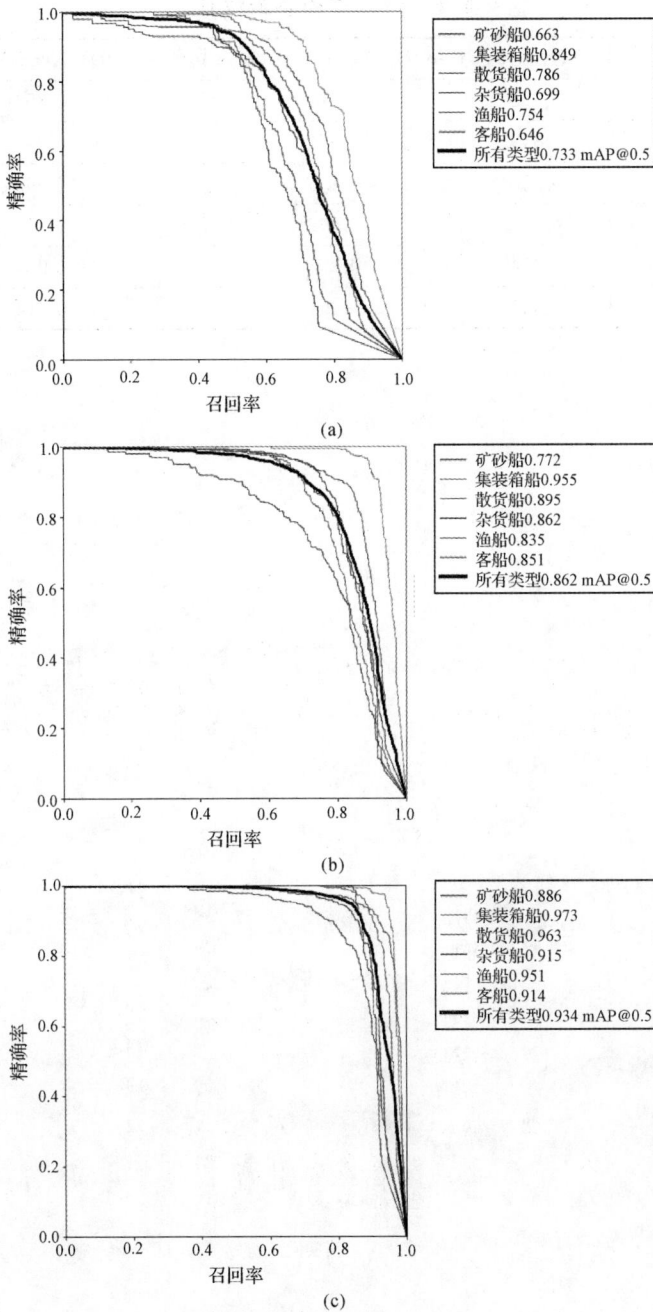

图 3-45　不同方法的 P-R 曲线

(a)YOLOv5s；(b)AOD-Net+YOLOv5s；(c)改进 AOD-Net+MC-YOLO

表 3 - 17　平均分类精度

	YOLOv5s	AOD - Net＋YOLOv5s	改进 AOD - Net＋MC - YOLO
矿砂船	0.663	0.772	0.886
集装箱船	0.849	0.955	0.973
散货船	0.786	0.895	0.963
杂货船	0.699	0.862	0.915
渔船	0.754	0.835	0.951
客船	0.646	0.851	0.914

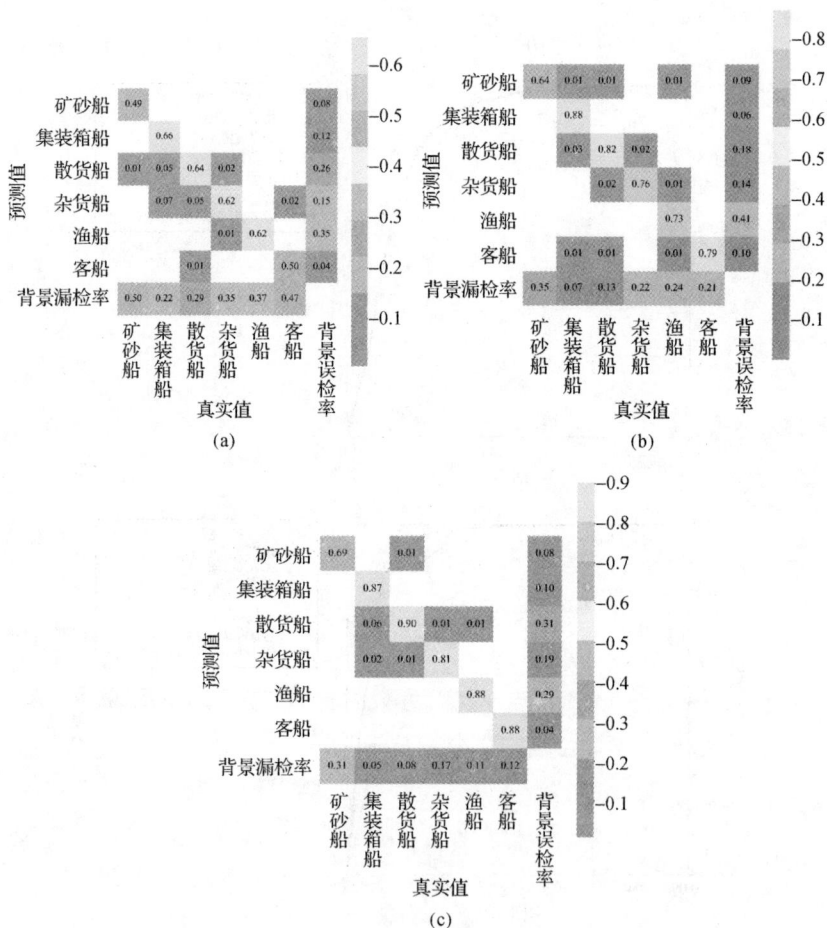

图 3 - 46　不同类型船舶混淆矩阵(二)

(a)YOLOv5s；(b)AOD - Net＋YOLOv5s；(c)改进 AOD - Net＋MC - YOLO

　　图 3-46 显示了各方法的混淆矩阵结果。可以看出,YOLOv5s 方法对于矿砂船的召回率仅有 0.49,有 50％的船舶被当作背景处理,表现最好的是散货船,其召回率为 0.64,误检率和漏检率达到 36％。AOD-Net＋YOLOv5s 方法对于矿砂船的召回率为 0.64,达到了 YOLOv5s 的最大召回率,其中集装箱船召回率表现最佳,达到了 0.88,有 7％的船舶被识别为背景。MC-YOLO 模型对不同类型船舶的召回率均优于上述两种方法,其中矿砂船的召回率为 0.69,其他类型船舶的召回率均高于 0.80,特别地,散货船的召回率达到了 0.90。由上述分析可知,MC-YOLO 与其他方法相比,拥有更好的召回率,漏检率和误检率较低。

3.7　本 章 小 结

　　本章主要介绍了船舶目标检测的相关算法和工作流程,为解决现有算法的不足,提出了一种改进 YOLOv5s 的轻量级船舶目标检测模型 MC-YOLO,实验论证可知,该模型在降低模型参数量的同时有效提高了检测精度和实时性。同时,为保障船舶在恶劣通航环境下的航行安全,针对雾天环境,提出了一种改进 AOD-Net 的船舶图像去雾算法,并开展了不同工况下船舶图像去雾实验,论证了所提方法的有效性。

第4章 基于双目立体视觉的
船舶目标测距

　　船舶安全航行的关键在于对周围通航环境信息的正确感知,从而辅助驾引人员做出正确、及时的决策。本章将双目立体视觉技术引入内河船舶的监测,将其作为对 AIS 和雷达监测手段的补充,以实现在缺少 AIS 或雷达信息的情况下对监测水域内的船舶进行精准定位,实时掌握船舶航行状态,同时对某些违法活动的船舶可以第一时间进行拍照取证,防止其逃逸,帮助海事部门提升对内河船舶的监测效率,可以极大地节约行政执法资源。

4.1　双目立体视觉测距原理

4.1.1　相机成像几何模型

　　相机的成像模型一般为小孔成像,其成像原理如图 4-1 所示,目标物反射的光线经过相机透镜汇聚到感光元件上,相机成像的过程相当于将空间中的三维关系映射到图像的二维平面上,该映射过程涉及四个坐标系,分别是世界坐标系、相机坐标系、图像坐标系、像素坐标系。

　　图 4-1 中,三维空间中一点 $P_w(X_w, Y_w, Z_w)$,其投影到相机成像平面上的点为 $P(u, v)$,其中: O_cZ_c 为相机光轴,垂直于相机成像平面; O 为相机主点; O_cO 为相机焦距 f 。

4.1.2　四种坐标系转换

　　现实中使用相机进行拍摄时,物体反射的光线通过相机镜头投影在成像平面,展示了三维空间中的点通过坐标转换投影在二维图像上,此过程主要涉及四个坐标系之间的变换,即世界坐标系、相机坐标系、图像坐标系以及像素坐标系。

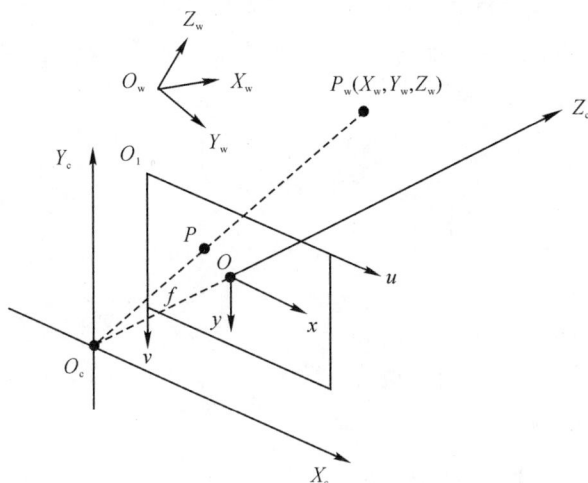

图 4 - 1　相机成像原理

1. 世界坐标系与相机坐标系转换

世界坐标系向相机坐标系的转换可通过平移与旋转来描述,因此,构建一个 3×3 的旋转矩阵 $\boldsymbol{R}$ 和一个三维平移矩阵 $\boldsymbol{T}$。设世界坐标系某点 $P_w(X_w, Y_w, Z_w)$,其在相机坐标系中的对应点坐标为 (X_c, Y_c, Z_c) ,转换关系用矩阵的形式表示如下:

$$\begin{bmatrix} X_c \\ Y_c \\ Z_c \\ 1 \end{bmatrix} = \begin{bmatrix} \boldsymbol{R} & \boldsymbol{T} \\ \boldsymbol{0}^T & 1 \end{bmatrix} \begin{bmatrix} X_w \\ Y_w \\ Z_w \\ 1 \end{bmatrix} = L_w \begin{bmatrix} X_w \\ Y_w \\ Z_w \\ 1 \end{bmatrix} \tag{4-1}$$

2. 相机坐标系与图像坐标系转换

相机坐标系属于三维坐标系,而图像坐标系属于二维坐标系,故两坐标系之间的转换关系需要通过几何透视投影关系获得,其与映射在图像坐标系中的点 (x, y) 之间的转换关系矩阵表示如下式,其中 f 为相机焦距。

$$Z_c \begin{bmatrix} x \\ y \\ 1 \end{bmatrix} = \begin{bmatrix} f & 0 & 0 & 0 \\ 0 & f & 0 & 0 \\ 0 & 0 & 1 & 0 \end{bmatrix} \begin{bmatrix} X_c \\ Y_c \\ Z_c \\ 1 \end{bmatrix} \tag{4-2}$$

3. 图像坐标系与像素坐标系转换

图像坐标系与像素坐标系都是二维坐标系,两坐标系处于同一平面,但坐标原点不同,像素坐标系原点(O_1)位于左上角,u轴向右为正方向,v轴向下为正方向,两坐标之间属于仿射变换。图像坐标系的单位是 mm,像素坐标系的单位是像素,其转换关系如下:

$$\begin{bmatrix} u \\ v \\ 1 \end{bmatrix} = \begin{bmatrix} \dfrac{1}{\mathrm{d}x} & 0 & u_0 \\ 0 & \dfrac{1}{\mathrm{d}y} & v_0 \\ 0 & 0 & 1 \end{bmatrix} \begin{bmatrix} x \\ y \\ 1 \end{bmatrix} \tag{4-3}$$

式中:$\mathrm{d}x$、$\mathrm{d}y$ 的单位是 mm/像素。

由式(4-1)~式(4-3)可得点 $P_w(X_w,Y_w,Z_w)$ 从世界坐标系向像素坐标系转换的关系如下:

$$Z_c \begin{bmatrix} u \\ v \\ 1 \end{bmatrix} = \begin{bmatrix} \dfrac{1}{\mathrm{d}x} & 0 & u_0 \\ 0 & \dfrac{1}{\mathrm{d}y} & v_0 \\ 0 & 0 & 1 \end{bmatrix} \begin{bmatrix} f & 0 & 0 & 0 \\ 0 & f & 0 & 0 \\ 0 & 0 & 1 & 0 \end{bmatrix} \begin{bmatrix} \boldsymbol{R} & \boldsymbol{T} \\ \boldsymbol{0}^{\mathrm{T}} & 1 \end{bmatrix} \begin{bmatrix} X_w \\ Y_w \\ Z_w \\ 1 \end{bmatrix} =$$

$$\begin{bmatrix} f_x & 0 & u_0 & 0 \\ 0 & f_y & v_0 & 0 \\ 0 & 0 & 1 & 0 \end{bmatrix} \begin{bmatrix} \boldsymbol{R} & \boldsymbol{T} \\ \boldsymbol{0}^{\mathrm{T}} & 1 \end{bmatrix} \begin{bmatrix} X_w \\ Y_w \\ Z_w \\ 1 \end{bmatrix} \tag{4-4}$$

式中:f_x、f_y 为焦距在像素平面上 u 轴与 v 轴归一化所得焦距;u_0 和 v_0 为传感器成像平面中心在像素坐标系上的横纵坐标。

$$Z_c \begin{bmatrix} u \\ v \\ 1 \end{bmatrix} = \boldsymbol{K} \begin{bmatrix} \boldsymbol{R} & \boldsymbol{T} \\ \boldsymbol{0}^{\mathrm{T}} & 1 \end{bmatrix} \begin{bmatrix} X_w \\ Y_w \\ Z_w \\ 1 \end{bmatrix} \tag{4-5}$$

式中:$\boldsymbol{K}$ 为相机内参矩阵;$\boldsymbol{R}$ 与 $\boldsymbol{T}$ 分别为世界坐标系与相机坐标系之间的旋转矩阵与平移矩阵。通过上述关系构建了世界坐标系与像素坐标系之间的对应关系。

4.1.3　相机畸变

相机的透镜的非理性特征与安装误差导致透镜与感光平面之间并不完全平

行,使得实际图像中的直线被映射为曲线,这种透视失真即为相机畸变。相机畸变主要分为径向畸变与切向畸变[123]两种。径向畸变主要是相机透镜由于加工等制造工艺导致,使得距离透镜越边缘化畸变越大,其又分为枕型畸变与桶型畸变(见图 4 - 2),枕型畸变中视野边缘区域的畸变放大率远远大于光轴中心区域的畸变放大率,而桶型畸变中心区域的畸变放大率远远大于视野边缘区域的畸变放大率。相机的切向畸变主要是由于透镜与相机感光元件 CMOS 或者 CCD 的安装误差导致的。

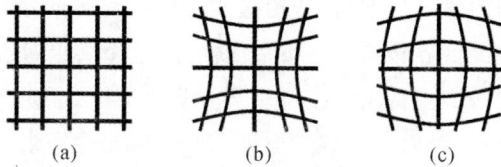

图 4 - 2　相机畸变模型

(a)正常物体;(b)枕型畸变;(c)桶型畸变

径向畸变可以看作坐标点在长度方向发生了变化,现实中常用泰勒级数展开的前几项来描述相机的径向畸变,畸变参数为 k_1、k_2、k_3,其数学模型[124]如下:

$$\left. \begin{array}{l} x_{\text{rectify}} = x\,(1 + k_1 r^2 + k_2 r^4 + k_3 r^6) \\ y_{\text{rectify}} = y\,(1 + k_1 r^2 + k_2 r^4 + k_3 r^6) \end{array} \right\} \tag{4-6}$$

$$r^2 = x^2 + y^2 \tag{4-7}$$

式中:(x,y) 为未矫正的像素点归一化坐标; $(x_{\text{rectify}},y_{\text{rectify}})$ 为矫正后的像素点归一化坐标。

切向畸变可以看作坐标点在切线方向上发生了变化,一般使用参数 p_1、p_2 来表达畸变,数学模型如下:

$$\left. \begin{array}{l} x_{\text{rectify}} = x + 2p_1 xy + p_2\,(r^2 + 2x^2) \\ y_{\text{rectify}} = y + 2p_2 xy + p_1\,(r^2 + 2y^2) \end{array} \right\} \tag{4-8}$$

同时考虑径向畸变与切向畸变可得

$$\left. \begin{array}{l} x_{\text{rectify}} = x\,(1 + k_1 r^2 + k_2 r^4 + k_3 r^6) + 2p_1 xy + p_2\,(r^2 + 2x^2) \\ y_{\text{rectify}} = y\,(1 + k_1 r^2 + k_2 r^4 + k_3 r^6) + 2p_2 xy + p_1\,(r^2 + 2y^2) \end{array} \right\} \tag{4-9}$$

根据上述关系可得纠正后点在像素平面中的正确位置,公式如下:

$$\left. \begin{array}{l} u = \dfrac{f}{\mathrm{d}x} x_{\text{rectify}} + u_0 \\[2mm] v = \dfrac{f}{\mathrm{d}y} y_{\text{rectify}} + v_0 \end{array} \right\} \tag{4-10}$$

综上所述,通过 5 个参数 $(k_1, k_2, k_3, p_1, p_2)$ 就可以确定点在像素平面中的正确位置,但一般使用 (k_1, k_2, p_1, p_2) 就能较好地对相机畸变进行纠正,除非相机有较大的畸变,则需要加入 k_3,如鱼眼镜头。

4.2 相机标定

相机拍摄到的图像是二维的,所拍摄的对象在真实世界中是三维的,相机的作用实际上是将三维世界转换为二维平面图像,这个转换过程是不可逆的,即无法从一幅二维图像转换到真实的三维世界。因此,需要利用相机标定求解出相机的内外参数,进而才可以建立数学模型,通过多幅图像对三维世界进行重建,故相机标定在深度信息计算中起到了至关重要的作用。

4.2.1 相机标定方法

目前,相机标定法主要分为传统相机标定法、相机自标定法、基于主动视觉的相机标定法三类。

传统相机标定法主要利用形状与尺寸已知的标定物进行标定,将标定物作为模板,通过构建模板与模板图像间的约束对相机的内外参数进行求解[125]。其中,标定物又分为二维平面标定物与三维立体标定物两种。相对于二维平面标定物,三维立体标定物加工较为困难,价格较高,采用三维立体标定物的标定精度也低于二维平面标定物。由于传统相机标定法需要使用标定物,所以该类方法只能用于离线标定,在某些环境不适合放置标定物的情况下限制了该类方法的应用。目前,传统相机标定法主要有:Abdel - Aziz[126] 提出的直接线性变换(Direct Linear Transformation, DLT)标定法,该方法通过对线性方程求解得出相机的内外参数。Tsai[127] 提出的两步法,该方法第一步通过对线性方程求解得出部分相机参数,第二步采用非线性方法对余下的相机参数进行求解,该方法求得的相机参数精度高,但对操作设备要求较高且运算较为复杂。张正友于 2000 年提出的平面标定法[128],该方法首先通过线性方程对相机参数求解,然后采用非线性优化法从求解的参数中得出最优解。

不同于传统相机标定法,相机自标定法仅通过图像之间的约束,即可构建方程对相机参数进行求解,该类方法操作较为简单,但是求得的相机参数的准确度较低，难以适用于对精度要求较高的场景。目前，相机自标定法主要有 Maybank[129] 提出的 Kruppa 方程标定法和 Triggs 提出的二次曲面自标定方法[130] 等。

基于主动视觉的相机标定法需要相机做特定的运动，相机在运动过程中不断进行拍摄，根据拍摄的图像与相机运动信息对相机参数进行求解。该方法运算相对简单，相机标定精度较高，但是需要相机做精确的轨迹运动，操作难度较大，难以在未知相机运动参数的情况下进行标定。

上述各种相机标定方法对比如表 4 - 1 所示。

表 4 - 1　相机标定方法对比

相机标定方法	方法优点	方法缺点	常用方法
相机自标定法	无须标定物、灵活性好、可在线标定	标定精度较低	二次曲面自标定方法、Kruppa 方程标定法
传统相机标定法	适用相机范围广、精度高、操作简单、标定物制作简单	需标定物、算法复杂、运算时间较长	张正友标定法、Tsai 两步法、直接线性变换标定法
基于主动视觉的相机标定法	无须标定物、标定精度高	需相机做特定运动，操作复杂	三正交运动线性法

根据实际需求综合对比，本章选择基于传统相机标定法的张正友标定法进行相机标定，所需的棋盘格标定板制作简单，并可根据需求进行不同尺寸的定制，成本较低，具有较高的标定精度，在 MATLAB 中提供了相应的 Stereo Camera Calibrator 工具箱，标定操作较为简单。

4.2.2　张正友标定法原理

1. 相机内参标定

首先，对于平面棋盘格，令 $Z_w = 0$，则式（4 - 4）可写为

$$\begin{bmatrix} u \\ v \\ 1 \end{bmatrix} = a \begin{bmatrix} f_x & 0 & u_0 & 0 \\ 0 & f_y & v_0 & 0 \\ 0 & 0 & 1 & 0 \end{bmatrix} \begin{bmatrix} R & T \\ 0^T & 1 \end{bmatrix} \begin{bmatrix} X_w \\ Y_w \\ 0 \\ 1 \end{bmatrix} = aM \begin{bmatrix} r_1 & r_2 & t \end{bmatrix} \begin{bmatrix} X_w \\ Y_w \\ 1 \end{bmatrix} = H \begin{bmatrix} X_w \\ Y_w \\ 1 \end{bmatrix}$$

$$(4 - 11)$$

式中：a 为缩放因数；$\boldsymbol{H}$ 为棋盘格平面到相机成像平面的单应性矩阵，为一个 3×3 矩阵，包含了相机内参与外参；$\boldsymbol{M}$ 为相机内参矩阵，表达式如下：

$$\boldsymbol{M} = \begin{bmatrix} f_x & \gamma & u_0 \\ 0 & f_y & v_0 \\ 0 & 0 & 1 \end{bmatrix} \tag{4-12}$$

已知世界坐标系某一点与其在像素坐标系对应点分别为 (X, Y)、(x, y)，关系如下所示：

$$\begin{bmatrix} x \\ y \\ 1 \end{bmatrix} = \boldsymbol{H} \begin{bmatrix} X \\ Y \\ 1 \end{bmatrix} = \begin{bmatrix} h_{11} & h_{12} & h_{13} \\ h_{21} & h_{22} & h_{23} \\ h_{31} & h_{32} & h_{33} \end{bmatrix} \begin{bmatrix} X \\ Y \\ 1 \end{bmatrix} \tag{4-13}$$

展开有

$$\left. \begin{aligned} h_{11}X + h_{12}Y + h_{13} - h_{31}Xx - h_{32}xY - h_{33}x = 0 \\ h_{21}X + h_{22}Y + h_{23} - h_{31}Xy - h_{32}yY - h_{33}y = 0 \end{aligned} \right\} \tag{4-14}$$

其中，单应性矩阵 $\boldsymbol{H}$ 有 8 个未知量，所以至少需要 4 组对应点 8 个方程求解出单应性矩阵。令 $\boldsymbol{H} = \begin{bmatrix} \boldsymbol{h}_1 & \boldsymbol{h}_2 & \boldsymbol{h}_3 \end{bmatrix}$，则有

$$\boldsymbol{H} = \begin{bmatrix} \boldsymbol{h}_1 & \boldsymbol{h}_2 & \boldsymbol{h}_3 \end{bmatrix} = a\boldsymbol{M} \begin{bmatrix} \boldsymbol{r}_1 & \boldsymbol{r}_2 & \boldsymbol{t} \end{bmatrix} \tag{4-15}$$

因为 $\boldsymbol{r}_1$、$\boldsymbol{r}_2$ 为正交向量，所以有

$$\left. \begin{aligned} \boldsymbol{r}_1^{\mathrm{T}} \boldsymbol{r}_2 &= \frac{1}{a^2} \boldsymbol{h}_1^{\mathrm{T}} (\boldsymbol{M}^{-1})^{\mathrm{T}} \boldsymbol{M}^{-1} \boldsymbol{h}_2 = 0 \\ \boldsymbol{r}_1^{\mathrm{T}} \boldsymbol{r}_1 &= \boldsymbol{r}_2^{\mathrm{T}} \boldsymbol{r}_2 = \frac{1}{a^2} \boldsymbol{h}_1^{\mathrm{T}} (\boldsymbol{M}^{-1})^{\mathrm{T}} \boldsymbol{M}^{-1} \boldsymbol{h}_1 = \frac{1}{a^2} \boldsymbol{h}_2^{\mathrm{T}} (\boldsymbol{M}^{-1})^{\mathrm{T}} \boldsymbol{M}^{-1} \boldsymbol{h}_2 \\ \boldsymbol{t} &= \frac{1}{a} \boldsymbol{M}^{-1} \boldsymbol{h}_3 \end{aligned} \right\} \tag{4-16}$$

令 $\boldsymbol{D} = (\boldsymbol{M}^{-1})^{\mathrm{T}} (\boldsymbol{M}^{-1})$，展开有

$$\boldsymbol{D} = (\boldsymbol{M}^{-1})^{\mathrm{T}} \boldsymbol{M}^{-1} = \begin{bmatrix} \dfrac{1}{f_x^2} & -\dfrac{\gamma}{f_x^2 f_y} & \dfrac{v_0 \gamma - u_0 f_y}{f_x^2 f_y} \\ -\dfrac{\gamma}{f_x^2 f_y} & \dfrac{\gamma^2}{f_x^2 f_y^2} + \dfrac{1}{f_y^2} & -\gamma \dfrac{v_0 \gamma - u_0 f_y}{f_x^2 f_y^2} - \dfrac{v_0}{f_y^2} \\ \dfrac{v_0 \gamma - u_0 f_y}{f_x^2 f_y} & -\gamma \dfrac{v_0 \gamma - u_0 f_y}{f_x^2 f_y^2} - \dfrac{v_0}{f_y^2} & \dfrac{(v_0 \gamma - u_0 f_y)^2}{f_x^2 f_y^2} + \dfrac{v_0^2}{f_y^2} + 1 \end{bmatrix} =$$

$$\begin{bmatrix} B_{11} & B_{12} & B_{13} \\ B_{21} & B_{22} & B_{23} \\ B_{31} & B_{32} & B_{33} \end{bmatrix} \tag{4-17}$$

D 为对称矩阵,待求参数为 6 个,根据式(4 - 16)的约束条件可转换为

$$\left.\begin{aligned} \boldsymbol{h}_1^{\mathrm{T}} \boldsymbol{D} \boldsymbol{h}_2 &= 0 \\ \boldsymbol{h}_1^{\mathrm{T}} \boldsymbol{D} \boldsymbol{h}_1 - \boldsymbol{h}_2^{\mathrm{T}} \boldsymbol{D} \boldsymbol{h}_2 &= 0 \end{aligned}\right\} \tag{4-18}$$

若单应性矩阵中列向量 $\boldsymbol{h}_i = [\begin{array}{ccc} h_{i1} & h_{i2} & h_{i3} \end{array}]$,则式(4 - 18)可以写成

$$\boldsymbol{h}_i^{\mathrm{T}} \boldsymbol{B} \boldsymbol{h}_j = \begin{bmatrix} h_{i1}h_{j1} \\ h_{i1}h_{j2} + h_{i2}h_{j1} \\ h_{i2}h_{j2} \\ h_{i3}h_{j1} + h_{i1}h_{j3} \\ h_{i3}h_{j2} + h_{i2}h_{j3} \\ h_{i3}h_{j3} \end{bmatrix}^{\mathrm{T}} \begin{bmatrix} B_{11} \\ B_{12} \\ B_{22} \\ B_{13} \\ B_{23} \\ B_{33} \end{bmatrix} \tag{4-19}$$

简化表达形式,令

$$\boldsymbol{v}_{ij} = \begin{bmatrix} h_{i1}h_{j1} \\ h_{i1}h_{j2} + h_{i2}h_{j1} \\ h_{i2}h_{j2} \\ h_{i3}h_{j1} + h_{i1}h_{j3} \\ h_{i3}h_{j2} + h_{i2}h_{j3} \\ h_{i3}h_{j3} \end{bmatrix}, \quad \boldsymbol{b} = \begin{bmatrix} B_{11} \\ B_{12} \\ B_{22} \\ B_{13} \\ B_{23} \\ B_{33} \end{bmatrix} \tag{4-20}$$

则有

$$\boldsymbol{h}_i^{\mathrm{T}} \boldsymbol{B} \boldsymbol{h}_j = \boldsymbol{v}_{ij}^{\mathrm{T}} \boldsymbol{b} \tag{4-21}$$

由此,根据上述约束条件,式(4 - 21)最终可转换为下式:

$$\begin{bmatrix} \boldsymbol{v}_{12}^{\mathrm{T}} \\ \boldsymbol{v}_{11}^{\mathrm{T}} - \boldsymbol{v}_{22}^{\mathrm{T}} \end{bmatrix} \boldsymbol{b} = 0 \tag{4-22}$$

故拍摄 3 张及以上图片可以得到矩阵 $\boldsymbol{b}$ 的唯一解,那么根据矩阵 $\boldsymbol{B}$ 即可求解出相机内参,公式如下:

$$\left.\begin{aligned} f_x &= \sqrt{\lambda / B_{11}} \\ f_y &= \sqrt{\lambda B_{11} / (B_{11}B_{22} - B_{12}^2)} \\ u_0 &= \gamma v_0 / f_y - B_{13} f_x^2 / \lambda \\ v_0 &= (B_{12}B_{13} - B_{11}B_{23}) / (B_{11}B_{22} - B_{12}^2) \\ \gamma &= -B_{12} f_x^2 f_y / \lambda \\ \lambda &= B_{33} - [B_{13}^2 + v_0(B_{12}B_{13} - B_{11}B_{23})] / B_{11} \end{aligned}\right\} \tag{4-23}$$

求得内参矩阵 $\boldsymbol{M}$ 后,且已知单应性矩阵 $\boldsymbol{H}$,进而可以求得相机的外参数,如下式:

$$\left.\begin{array}{l} \boldsymbol{r}_1 = \lambda \boldsymbol{h}_1 \boldsymbol{M}^{-1} \\ \boldsymbol{r}_2 = \lambda \boldsymbol{h}_2 \boldsymbol{M}^{-1} \\ \boldsymbol{r}_3 = \boldsymbol{r}_1 \boldsymbol{r}_2 \\ t = \lambda \boldsymbol{h}_3 \boldsymbol{M}^{-1} \end{array}\right\} \tag{4-24}$$

2. 双目相机间的外参标定

世界坐标系中一点 P_w ,由上述的单目标定可知左右目相机各自的外参,那么点 P_w 在左右目图像中的点有如下关系:

$$\left.\begin{array}{l} P_1 = \boldsymbol{R}_1 P_w + \boldsymbol{T}_1 \\ P_r = \boldsymbol{R}_r P_w + \boldsymbol{T}_r \end{array}\right\} \tag{4-25}$$

式中: $\boldsymbol{R}_1$ 、 $\boldsymbol{R}_r$ 、 $\boldsymbol{T}_1$ 、 $\boldsymbol{T}_r$ 为双目相机在世界坐标系下的旋转矩阵与平移向量。设 $\boldsymbol{R}$ 、 $\boldsymbol{T}$ 分别为右目相机相对于左目相机的旋转矩阵与平移向量,故有如下关系:

$$\left.\begin{array}{l} \boldsymbol{R} = \boldsymbol{R}_r \boldsymbol{R}_1^{-1} = \boldsymbol{R}_r \boldsymbol{R}_1^{\mathrm{T}} \\ \boldsymbol{T} = \boldsymbol{T}_r - \boldsymbol{R}_r \boldsymbol{R}_1^{-1} \boldsymbol{T}_1 \end{array}\right\} \tag{4-26}$$

4.2.3　双目相机标定实验

采用基于 MATLAB 2018a 中的 Stereo Camera Calibrator 工具箱进行标定,该工具箱与 Heikkil 和 Silven 提出的内参模型、畸变模型相结合,同时考虑了相机的切向畸变,且标定精度较高。主要实验流程如下:

第一步:制作棋盘格,采用格子数为 12×9 ,格子边长为 $60~\text{mm} \times 60~\text{mm}$ 的黑白棋盘格作为标定板,并将其粘贴至平面上。

第二步:固定双目相机位置,将其调节至双目平行间距约为 $500~\text{mm}$ 。

第三步:保持相机位置不变,手持棋盘格站在双目相机前约 $2~\text{m}$ 处,拍摄 12 组不同位置与姿态的图像,并保证棋盘格完全覆盖图像的各个位置,如图 $4-3$ 所示。

第四步:将拍摄的左、右目图像分别储存至不同的文件中。

第五步:将左、右目图像输入 MATLAB 标定工具箱中提取角点,如图 $4-4$ 所示。

(a)

(b)

图 4-3　双目相机拍摄的棋盘格图像

（a）左目拍摄图像；（b）右目拍摄图像

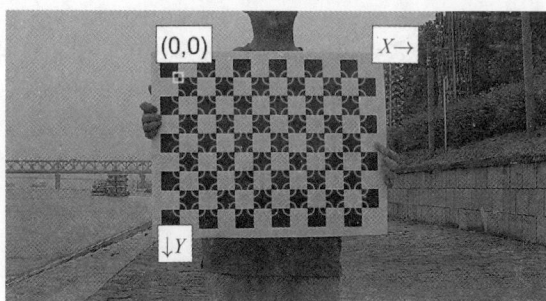

图 4-4　提取角点

　　第六步：对相机内外参数进行估计。双目标定结果的重投影误差如图 4-5 所示，双目相机与棋盘格的空间位置如图 4-6 所示。双目相机内参估计如表 4-2 所示。

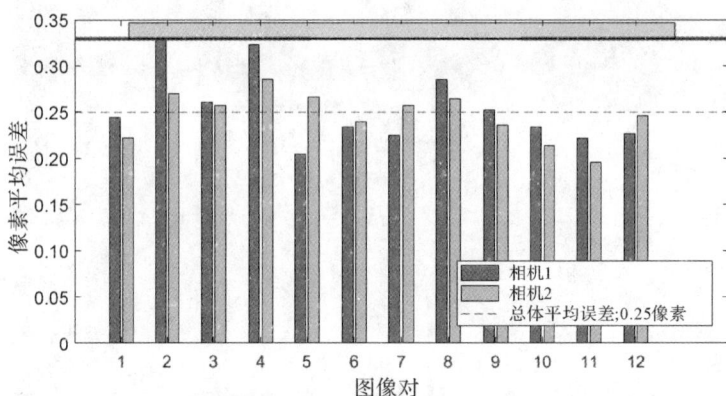

图 4 - 5　双目标定重投影误差

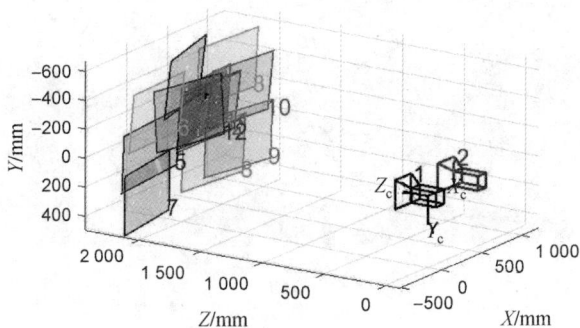

图 4 - 6　双目相机与棋盘格位置关系

表 4 - 2　双目相机内参

参数类型	左目相机	右目相机
内参矩阵	$\begin{bmatrix} 1\ 292 & 0 & 611 \\ 0 & 1\ 294 & 375 \\ 0 & 0 & 1 \end{bmatrix}$	$\begin{bmatrix} 1\ 286 & 0 & 643 \\ 0 & 1\ 289 & 368 \\ 0 & 0 & 1 \end{bmatrix}$
外参矩阵	$\boldsymbol{R} = \begin{bmatrix} 1 & 0.016\ 1 & -0.003\ 3 \\ -0.016\ 1 & 1 & 0.010\ 9 \\ 0.003\ 3 & -0.010\ 9 & 1 \end{bmatrix}$	$\boldsymbol{T} = \begin{bmatrix} -498 & 3.949 & -2.898 \end{bmatrix}$
畸变系数	$\begin{bmatrix} -0.299 & 0.164 & 0 & 0 & 0 \end{bmatrix}$	$\begin{bmatrix} -0.281 & 0.079 & 0 & 0 & 0 \end{bmatrix}$

　　从标定结果可知,标定的双目间距为 498 mm,接近设置距离 500 mm,且标定重投影误差在 0.5 个像素以下,具有较高的标定精度。

4.3　BSV 测距模型

　　BSV 测距技术通过拟人化的方法来感知周围环境的深度,获取真实世界中目标的三维信息。根据三角形测量原理,使用两个平行且共面的相机从不同角度对同一场景进行拍摄成像,通过计算图像对之间的视差值进而恢复深度信息。如图 4 - 7 所示,左、右相机的光心位置分别为 O_1 和 O_r,$O_1X_1Y_1Z_1$ 和 $O_rX_rY_rZ_r$ 分别为左、右相机坐标系;b 是相机光心 O_1 和 O_r 之间的水平距离,称为基线距离;相机的焦距为 f。对于三维空间点 $P(X,Y,Z)$,其在左、右相机的成像坐标系中的投影点坐标分别为 $P_1(x_1,y_1)$ 和 $P_r(x_r,y_r)$。

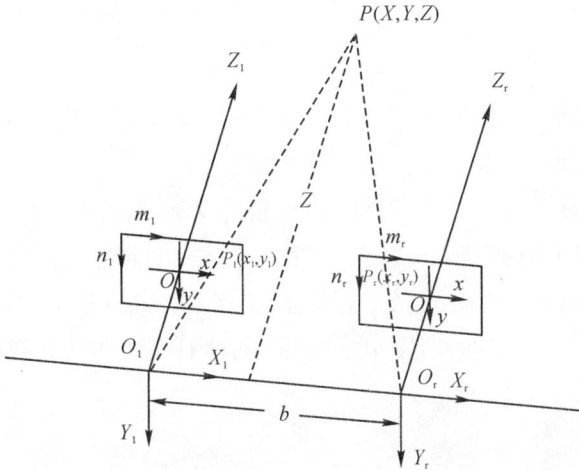

图 4 - 7　双目立体视觉三维定位模型

　　将上述三维模型投影到 XOZ 平面,如图 4 - 8 所示。

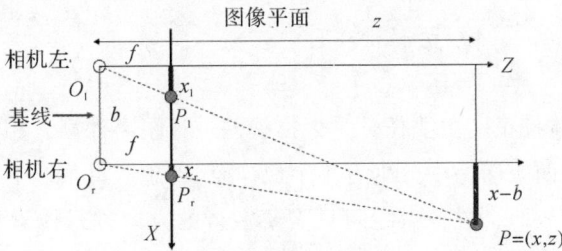

图 4 - 8　双目立体视觉模型的 XOZ 面投影

由三角形相似原理可得

$$\left.\begin{aligned} \frac{z}{f} &= \frac{x}{x_1} \\ \frac{z}{f} &= \frac{x-b}{x_r} \\ \frac{z}{f} &= \frac{y}{y_1} = \frac{y}{y_r} \end{aligned}\right\} \tag{4-27}$$

计算可得

$$\left.\begin{aligned} z &= \frac{fb}{x_1 - x_r} = \frac{fb}{d} \\ x &= \frac{x_1 z}{f} \\ f &= \frac{y_1 z}{f} \quad \text{或} \quad f = \frac{y_r z}{f} \end{aligned}\right\} \tag{4-28}$$

式中：$x_1 - x_r$ 称为视差，记为 d，表示点 P 在左、右相机上对应投影点的偏移量；z 为点 P 的深度值。

由式(4-28)可知，在参数 f 和 b 确定的情况下，只需求解目标点在左、右相机的像素坐标系下的 x 或 y 坐标的差值，即可求得目标点的深度 z。

因此，为了得到目标点 P 的深度信息，需要计算该点在左、右相机成像平面的投影点坐标 $P_1(x_1, y_1)$ 和 $P_r(x_r, y_r)$，通过坐标系之间的转换即可得到该点的三维信息。

4.4 船舶特征提取与匹配

4.4.1 双目图像立体校正

双目图像立体校正的主要任务是根据视差进行距离计算。相机在不同角度下拍摄的某点，在两幅图像中分别有 1 个成像点，理想双目系统下的双目图像是共面且行对准的，故两个成像点之间只需要在行的方向进行搜索与匹配进行视差计算即可，但是实际中双目图像难以实现图像共面行对准。因此，需要通过立体校正，将非共面双目图像校正成为严格的行对准且共面的理想双目模型，如图

4-9 所示。

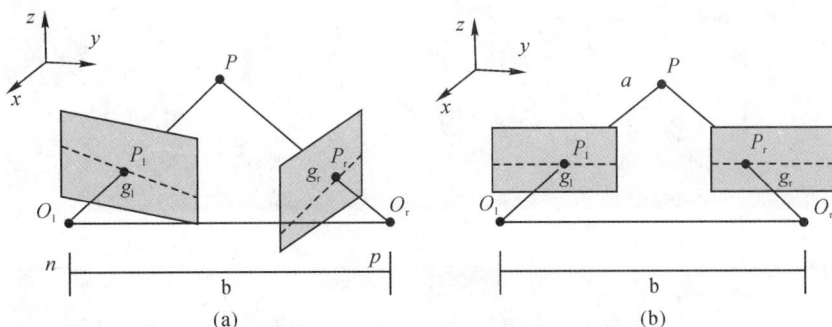

图 4-9　双目立体校正前后对比

(a)校正前；(b)校正后

本章采用 Bouguet 算法进行校正，首先将 MATLAB 求解出来的旋转矩阵分解为左目相机与右目相机各旋转一半的旋转矩阵 $\boldsymbol{R}_1$ 与 $\boldsymbol{R}_r$ ，有如下关系：

$$\left.\begin{array}{l} \boldsymbol{R}_1 = \boldsymbol{R}^{1/2} \\ \boldsymbol{R}_r = \boldsymbol{R}^{-1/2} \end{array}\right\} \tag{4-29}$$

将左、右目图像各自旋转一半，此时实现双目图像的共面，但没有实现行对准，然后建立行对准矩阵，首先创建平移向量上的旋转矩阵 $\boldsymbol{R}_{\mathrm{rectify}}$ ，公式如下：

$$\boldsymbol{R}_{\mathrm{rectify}} = \begin{bmatrix} \boldsymbol{e}_1 \\ \boldsymbol{e}_2 \\ \boldsymbol{e}_3 \end{bmatrix} \tag{4-30}$$

式中：$\boldsymbol{e}_1 = \boldsymbol{T} / \parallel \boldsymbol{T} \parallel$ ，$\boldsymbol{T} = [\boldsymbol{T}_1 \quad \boldsymbol{T}_2 \quad \boldsymbol{T}_3]^{\mathrm{T}}$ ，$\boldsymbol{T}_1$、$\boldsymbol{T}_2$ 和 $\boldsymbol{T}_3$ 为相机坐标系在 x、y 和 z 方向上的平移向量；$\boldsymbol{e}_2$ 与光轴方向正交；$\boldsymbol{e}_3$ 和 $\boldsymbol{e}_1$、$\boldsymbol{e}_2$ 正交，有如下关系：

$$\left.\begin{array}{l} \boldsymbol{e}_2 = \dfrac{[-\boldsymbol{T}_2 \quad \boldsymbol{T}_1 \quad 0]^{\mathrm{T}}}{\sqrt{\boldsymbol{T}_1^2 + \boldsymbol{T}_2^2}} \\ \boldsymbol{e}_3 = \boldsymbol{e}_1 \boldsymbol{e}_2 \end{array}\right\} \tag{4-31}$$

根据计算得出的 $\boldsymbol{R}_{\mathrm{rectify}}$ 与 $\boldsymbol{R}_1$、$\boldsymbol{R}_r$ 分别相乘，获得双目相机的整体旋转矩阵 $\boldsymbol{R}_1$ 与 $\boldsymbol{R}_2$：

$$\left.\begin{array}{l} \boldsymbol{R}_1 = \boldsymbol{R}_{\mathrm{rectify}} \boldsymbol{R}_1 \\ \boldsymbol{R}_2 = \boldsymbol{R}_{\mathrm{rectify}} \boldsymbol{R}_r \end{array}\right\} \tag{4-32}$$

通过该整体旋转矩阵即可得到理想的双目共面且行对准图像对，如图4-10所示。

(a)

左目相机　　　　　　　　　　　　　　　右目相机

(b)

图 4-10　图像立体校正前后对比

(a)立体校正前图像对;(b)立体校正后图像对

4.4.2　基于ORB算法的特征点提取与匹配

立体匹配是双目视觉定位中的核心环节,也是立体视觉中的一大难题,直接影响到测距精度。双目图像在立体校正后实现了严格的行对准与共面,故立体匹配只需在对应行方向上进行区域搜索与匹配即可,大大降低了运算量。

立体匹配算法主要分为局部立体匹配算法、全局立体匹配算法、基于特征的立体匹配算法、深度学习立体匹配算法。

1. 局部立体匹配算法

局部立体匹配算法主要是通过局部窗口之间的灰度信息进行关联,可以获得稠密的视差图,得到的视差图较为平滑。但是,在弱纹理区域与视差不连续区域匹配效果较差,且窗口的形状与大小难以选择,若窗口选择过大,则在视差不连续区域视差会过度平滑,反之,窗口选择较小,会导致约束不足,不能充分利用图像信息,增大误匹配概率,算法对外部噪声较为敏感,鲁棒性较差[131]。

2. 全局立体匹配算法

全局立体匹配算法主要利用最优理论方法进行视差估计,通过构建包括代价匹配的数据项和平滑项的全局能量函数使其最小化,达到全局最优解,获得的视差精度较高[132]，可以很好地解决存在遮挡、重复纹理区域的匹配，但该类算法计算量较大，难以达到实时性要求。

3. 基于特征的立体匹配算法

基于特征的立体匹配算法利用图像的几何特征信息（常用特征有轮廓边缘、线、角点等），可以得到稀疏的视差图，稠密的视差图需要通过插值获得。基于特征的立体匹配算法不完全依赖图像的灰度信息，对图像的旋转、仿射变换、尺度与亮度变化影响较小，且算法计算量小、速度快、稳定性高。

4. 深度学习立体匹配算法

深度学习立体匹配算法主要基于全卷积神经网络实现端到端像素级别的视差预测，更多地运用了图像的全局信息[133]。该算法分为监督学习与非监督学习两种。基于监督学习的立体匹配算法利用大量双目图像对作为训练集，将激光雷达获得的真实点云数据作为标签对网络进行训练。基于非监督学习的立体匹配算法采用双目立体图像对或单目视频序列图像作为网络训练输入，网络对输入图像进行深度预测，并将其投影到附近视图中，利用最小化图像重构误差对模型进行训练。

船舶图像主要由水面、船舶、天空与远处建筑物等区域组成，其中图像大部分区域为水面与天空的弱纹理区域，基于局部立体匹配算法精度较差，而全局立体匹配算法计算量较大，难以满足实时性要求。因此，本章选择 ORB 算法[134]来实现船舶图像特征点检测与匹配任务。

ORB 算法可以用来对图像中的关键特征点快速创建特征向量，从而识别图像中对应的目标，其主要特点是检测速度快，且基本上不受噪声点和图像旋转变换的约束。该算法主要分为以下 3 个步骤：

（1）特征点提取。ORB 算法采用 FAST（Features from Accelerated Segment Test）[135]算法寻找图像中的显著特征点，其主要思想是：若图像中某一像素与其周围邻域内足够多的像素点相差较大，则该像素可能就是特征点。特征点提取具体步骤如下：①选择待检测图像中某个像素点 P ，如图 4-11 所示。该像素点的像素值为 I_P ，以 P 为圆心，半径为 3 确定一个圆，此时所确定的圆上有 16 个像素，分别表示为 $1,2,\cdots,16$ 。②确定一个阈值 t 。③计算所确定的圆上的所有像素值与 P 的像素值的差值，如果存在连续 N 个点满足下式：

$$\left.\begin{array}{l} I_x - I_P > t \\ I_x - I_P < -t \end{array}\right\} \tag{4-33}$$

式中：I_x 表示圆上 16 个像素中的某一点。

那么就可以把该点作为一个候选点。根据经验，一般令 $N=12$ 。通常情况下,为了减少计算量并加快特征点寻找效率,对于每个像素点都检测第 1、5、9、13 号像素点。若这 4 个点中至少有 3 个满足式(4 - 33),则该点为候选检测点。

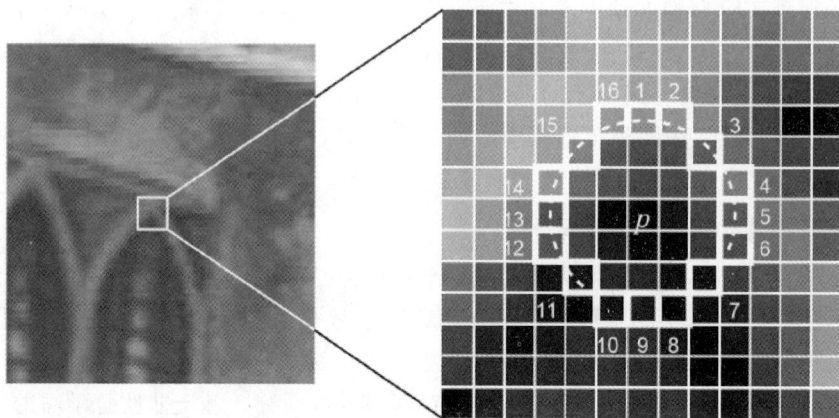

图 4 - 11 FAST 特征点检测示意图

经过候选点检测之后,一般会检测出多个特征点,而这些特征点很可能彼此之间相邻,为了解决这一问题,可以采用极大值抑制来删除多余候选点。

(2)BRIEF(Binary Robust Independent Elementary Features)描述符创建。ORB 算法采用 BRIEF[136] 对所检测关键特征点创建二进制描述符,其描述特征向量仅包含 0 和 1,加快了特征描述符的建立,具体步骤如下:

1)为了进一步降低特征点对噪声的敏感性,首先对待检测图像进行高斯滤波处理。

2)BRIEF 将候选特征点 P 作为中心点,取 $S \times S$ 大小的区域,在此区域内随机选取两个点 p_x 和 p_y,然后比较两个点像素的大小,并进行如下的赋值:

$$\tau(p; p_x, p_y) := \begin{cases} 1, & I(p_x) < I(p_y) \\ 0, & I(p_x) \geqslant I(p_y) \end{cases} \tag{4 - 34}$$

式中:$I(p_x)$ 和 $I(p_y)$ 分别为候选特征点 P 邻域内随机点 p_x 和 p_y 的像素值。

3)在 $S \times S$ 的区域内随机选取 n 个像素点对,并重复下式进行二进制赋值,此编码过程就是对图像中特征点的描述,即为特征描述子,n 的取值通常为 128、256 或 512。此时,图像特征可以由 n 位二进制向量进行描述,即

$$f_n(p) := \sum_{1 \leqslant i \leqslant n} 2^{i-1} \tau(p; x_i, y_i) \tag{4 - 35}$$

ORB 算法具有旋转不变的特性,采用关键特征点的主方向来对 BRIEF 描述子进行旋转,其具体过程如下:

1)对图像中的任一特征点,在 $S \times S$ 邻域内位置为 (x_i, y_i) 的 n 对像素值,可以用 $2 \times n$ 的矩阵来进行表示:

$$S = \begin{bmatrix} x_1 & \cdots & x_n \\ y_1 & \cdots & y_n \end{bmatrix} \tag{4-36}$$

2)利用 FAST 求出的特征点的主方向 θ,以角点 p 的邻域圆作为一个图像块 B,可以定义图像块 B 的距为

$$m_{pq} = \sum_{x,y \in B} x^p y^q I(x,y), \qquad p,q = \{0,1\} \tag{4-37}$$

通过式(4-37)可以找到图像块 B 的质心 $C = (\dfrac{m_{10}}{m_{00}}, \dfrac{m_{01}}{m_{00}})$,连接图像块的几何中心 O 与质心 C 就可得到一个方向向量 $\overrightarrow{OC}$,此时,特征点的方向可以定义为 $\theta = \arctan(m_{01}/m_{10})$。

3)计算对应的旋转矩阵 $\boldsymbol{R}_\theta$ 和 $\boldsymbol{S}_\theta$。由步骤2)所计算的特征点方向可知 $\boldsymbol{R}_\theta = \begin{bmatrix} \cos\theta & -\sin\theta \\ \cos\theta & \cos\theta \end{bmatrix}$,因此,$\boldsymbol{S}_\theta = \boldsymbol{R}_\theta \boldsymbol{S}$。

4)计算旋转描述子,公式如下:

$$g_n(p,\theta) := f_n(p) \mid (x_i, y_i) \in \boldsymbol{S}_\theta \tag{4-38}$$

式中:$f_n(p) := \sum_{1 \leqslant i < n} 2^{i-1} \tau(p; x_i, y_i)$,即 BRIEF 的描述子。由此可以实现 ORB 算法的旋转不变特性,如图 4-12 所示。

图 4-12　基于 ORB 的特征点检测与匹配

(3)特征点匹配。计算图像对中特征描述符之间的汉明距离,即特征点之间的相似度,若小于给定的阈值,则将两个特征点进行匹配。

4.5　基于 FSRCNN 增强的船舶特征点检测与匹配

　　本章采用基于特征点的 ORB 算法进行船舶特征点的检测与匹配,特征点提取的数量与精度直接影响测距的准确率。由于远距离船舶图像信息少,导致测距误差较大,因此引入 FSRCNN 网络[137]对图像进行超分辨率增强重建,将图像分辨率提升至原来的 4 倍,丰富了图像的纹理特征,并在重建后的图像上获取特征点的左右视差,计算船舶的深度距离。

4.5.1　FSRCNN 网络模型

　　FSRCNN 网络是对 SRCNN 网络[138]的改进。不同于 SRCNN 网络将低分辨率图像通过双三次插值后作为输入,FSRCNN 网络直接将原尺寸的低分辨率图像作为网络输入,在网络最后通过反卷积上采样至高分辨率图像,相比 SRCNN 网络,降低了输入图片的尺寸与网络各个卷积层的计算代价。同时,FSRCNN 网络将 SRCNN 网络中的映射层分解成了多个带有固定核大小 3×3 的映射层,并在其前后分别添加了一个缩放层和扩张层,以此将映射限制在低维空间上,最终 FSRCNN 网络运行速度相比 SRCNN 网络提升了 40 倍,可以实现对视频的实时超分辨率处理。

　　FSRCNN 网络首先采用 d 个 5×5 大小的卷积核进行特征提取,然后采用 s 个 1×1 大小的卷积核将低分辨率特征进行降维,随后映射层采用 m 个 3×3 大小的卷积核进行串联,并采用 d 个 1×1 大小的卷积核进行升维,最后采用 1 个 9×9 大小的卷积核反卷积上采样至高分辨率图像,网络结构如图 4-13 所示。

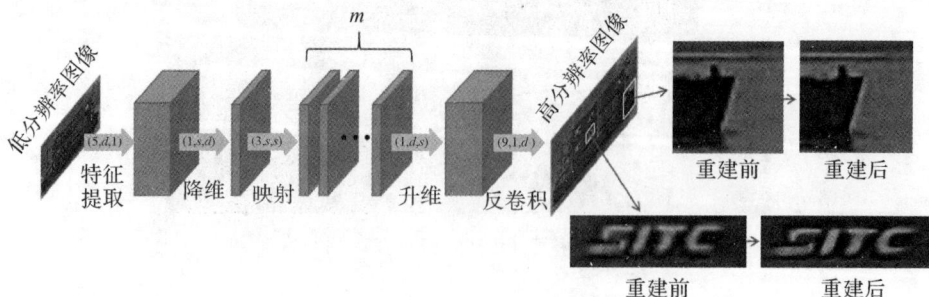

图 4-13　FSRCNN 网络结构

网络预测的高分辨率图像与真实高分辨率图像之间,采用均方误差作为损失函数,如下式:

$$L(\theta) = \frac{1}{n} \sum_{i=1}^{n} \parallel F(Y_i; \theta) - X_i \parallel^2 \qquad (4-39)$$

式中: $\theta = \{W_1, W_2, W_3, B_1, B_2, B_3\}$ 是所有滤波器的权值与偏置,是模型学习需优化的参数。

4.5.2　FSRCNN 模型训练

训练集采用 General-100 与 91-image 共 191 张图片,对数据集进行增强处理,将图片按照 0.9、0.8、0.7、0.6 的比例进行缩小,并对其进行 90°、180°、270° 旋转变换,最后训练集扩充为 1 528 张图片。采用 Set14 作为测试集,每层学习率设置为 10^{-5},使用 Adam 优化器,总共训练 30 k(1 k=1 000)轮,从第 10 k 轮开始损失基本收敛,损失最后下降为 0.35,停止训练,训练损失曲线如图 4-14 所示。

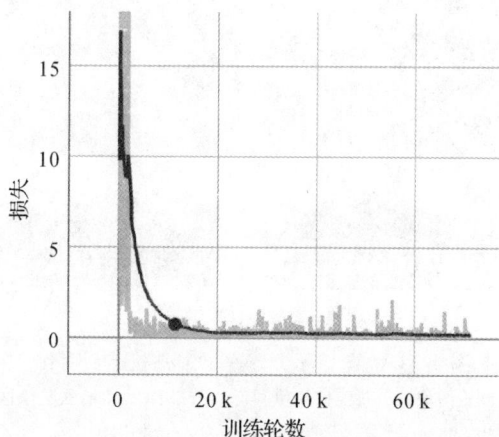

图 4-14　训练损失曲线

采用峰值信噪比(PSNR)对图像超分辨率增强重建效果进行评估,采用双线性插值平均 PSNR 为 30.38 dB,采用 FSRCNN 平均 PSNR 为 33.21 dB,相比之下,FSRCNN 重建效果更好。选取拍摄的一艘船舶进行超分辨率增强重建,可以看出,船舶红旗、舷窗区域边缘纹理更加清晰,提升效果明显。图像超分辨率增强重建前后对比如图 4-15 所示。

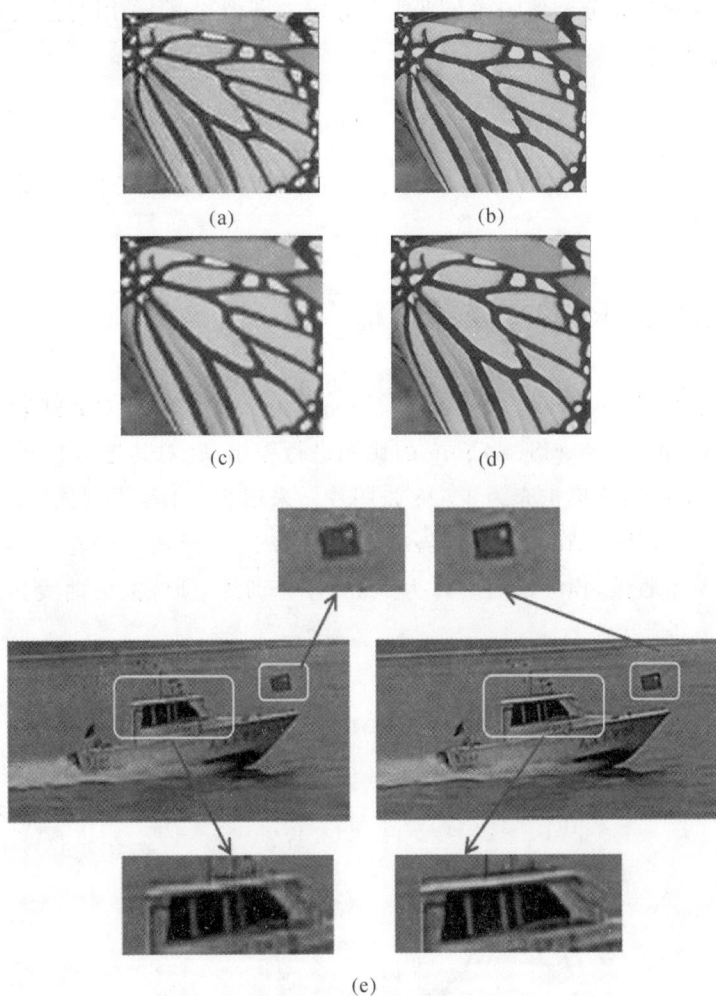

图 4 - 15　图像超分辨率增强重建前后对比

(a)测试图像;(b)原始图像;(c)双线性插值图像;(d)FSRCNN 增强图像;(e)船舶图像重建

4.5.3　船舶特征点检测与视差计算

随机选取所采集的 4 艘船舶对增强前后图像进行特征点提取,如图 4 - 16(见彩插)所示,可以看出,重建后图像的特征点数目明显增加,如表 4 - 3 所示,FSRCNN 网络对一艘船舶图像进行检测耗时平均约 12 ms,具有较好的实时性。

(a) (b)

图 4-16 船舶特征提取前后对比

(a)提取前;(b)提取后

表 4-3 船舶图像特征点数目

船 名	图像尺寸	重建时间/ms	重建前特征点数目	重建后特征点数目
船 1	300×51	14.1	23	38
船 2	177×76	10.3	610	783
船 3	243×46	8.1	146	234
船 4	302×54	14.2	1 335	1 421

选取匹配特征点在水平方向上像素差的平均值作为船舶视差,但由于远距离船舶提取的特征点数目较少,且视差较小(低于 2 像素差),所以特征点的定位误差对远距离船舶测距影响较大。图像重建后分辨率提升为原来的 4 倍,每个像素的感受野变为原来的 1/16,故在此基础上,特征点的定位精度范围由原来的 1 像素变为 0.25 像素,可以获取更加准确的视差值,如图 4-17 所示。

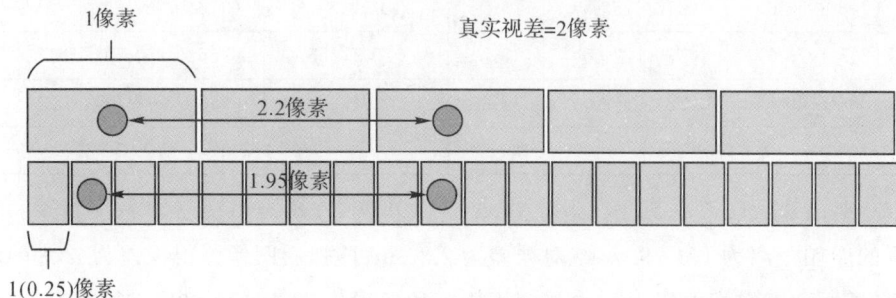

图 4-17 定位精度示意图

　　以拍摄的巡逻艇为例,由于实际观测范围为 80～350 m,因此视差区间大约在 2～8 像素,匹配到的特征点视差超过此范围的认为是误匹配点,不参与视差计算,如图 4-18 所示。立体校正后的双目图像实现了严格的行对准,所以对于匹配到的特征点,纵向坐标差大于 0.5 像素的认为是误匹配点,不参与视差计算。取欧式距离最近的 10 个匹配特征点的像素差平均值作为该船视差,增强后图像的视差需缩放 4 倍以还原到实际视差,如表 4-4 所示。

图 4-18　船舶特征点匹配

表 4-4　船舶图像增强前后视差计算

双目原图特征点坐标		视差	双目增强图像特征点坐标		视差
(228.0,67.2)	(222.0,67.2)	6.0	(908.2,251.8)	(884.1,251.3)	24.1
(253.2,69.1)	(247.4,69.1)	5.8	(964.5,217.9)	(940.6,217.9)	23.9
(280.1,38.6)	(274.4,38.4)	5.7	(1 006.9,254.4)	(983.4,254.4)	23.5
(269.9,39.9)	(264.3,40.1)	5.6	(1 006.3,253.8)	(982.4,253.8)	23.9
(275.2,66.8)	(269.3,66.9)	5.9	(945.9,236.5)	(921.6,236.5)	24.3
(280.2,35.1)	(274.2,35.0)	6.0	(943.6,194.2)	(919.9,194.1)	23.7
(230.4,63.6)	(224.4,63.6)	6.0	(902.9,240.1)	(879.5,240.1)	23.4
(248.8,53.6)	(243.6,53.5)	5.2	(940.3,237.4)	(916.1,237.3)	24.2
(285.1,70.6)	(279.4,70.5)	5.7	(1 010.3,255.4)	(986.7,255.5)	23.6
(234.7,59.0)	(228.9,59.0)	5.8	(1 007.4,243.4)	(983.6,243.1)	23.8
平均视差		5.77	平均视差		23.84

　　实测快艇距离相机 109.5 m,由表 4-4 可知,原图测得视差为 5.77 像素,计算的船舶距离为 111.79 m,绝对误差为 2.29 m,增强后图像测得视差为 23.84 像素,还原到真实视差值为 5.96 像素,计算的船舶距离为 108.22 m,绝对误差为 1.28 m,重建后得到的视差更加准确。

4.6　基于 BSV 的内河船舶监测系统

4.6.1　硬件平台

实验中所使用的双目相机由两台华下工业相机组成,双目间距可机械调节,可以通过底部云台实现水平旋转与俯仰调节,双目相机设备如图 4-19 所示,其硬件参数如表 4-5 所示。实验采用电脑的 CPU 为 I5-9300H,主频为 2.4 GHz,GPU 为 RTX1660Ti,运行内存为 16 GB。

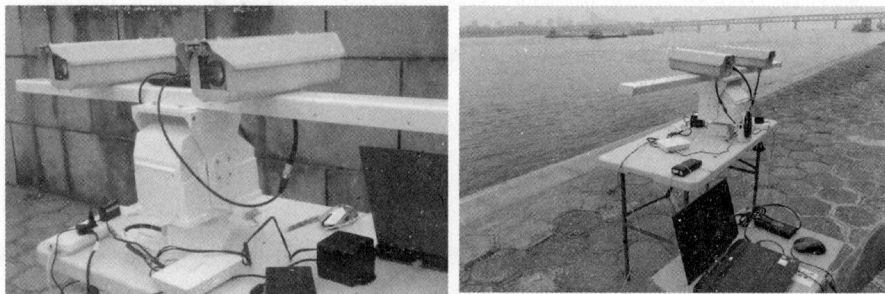

图 4-19　双目相机设备

表 4-5　双目相机硬件参数

参数名称	参数值
传感器	1/2.8″ Progressive Scan CMOS
电子快门	1/25~1/100 000 s
焦距	5.5~180 mm,33 倍光学变焦
光圈	F1.5~F4.0
视场角	2.3°~60.5°
视频标准	H.265/H.264/MJPEG
主分辨率	50 Hz,25 帧/s (1 920×1 080,1 280×960,1 280×720)
接口类型	网口

4.6.2　软件平台

基于 BSV 的内河船舶监测系统软件开发平台主要包括 Windows 10 操作系统、Python 编程语言、PyCharm 与 MATLAB 集成开发环境、PyQt5 设计显示界面、TensorFlow 深度学习框架与 OpenCV 计算机视觉库。

(1)Python 编程语言。Python 是自由/开源软件(FLOSS)之一,可以较为灵活地对源代码进行改动。由于它的开源本质,Python 已经移植在了许多平台上,使其程序无须修改就能在不同平台上运行。与其他编程语言相比,Python 以一种非常简单而又强大的方式实现面向对象编程,并且拥有十分丰富的第三方库可以使用,开发效率高。

(2)PyQt5 设计显示界面。目前,采用 Python 进行显示界面 UI 设计的程序较为丰富,PyQt5 是 Qt 库的性能强大的功能函数,Qt 库是基于 C++语言开发的,程序通过 PyQt5 调用 Qt 库中的图形界面功能,控件较为丰富,在 Windows、Mac OS 与 Linux 等操作系统上体验较好,但考虑到库的体积相对较大,因此采用 Qt Designer 对显示界面 UI 进行设计,通过 PyQt5 进行程序编写。

(3)TensorFlow 深度学习框架。TensorFlow 是相对高阶的机器学习库,可以方便地使用其进行神经网络的搭建,且具有非常灵活的移植性,代码无须修改便可以部署到任意数量的 CPU 或 GPU 的 PC 或移动端上,采用 TensorFlow 深度学习框架实现对 FSRCNN 网络的搭建。

(4)OpenCV 计算机视觉库。OpenCV 是一个用于图像处理的计算机开源函数库,库中代码都已经过优化,具有很高的执行效率,并且 OpenCV 提供了丰富的机器视觉接口,因此本书使用 OpenCV 进行图像采集、双目校正与特征检测与匹配等操作。

4.6.3　系统设计

基于 BSV 的内河船舶监测系统主要由三部分构成:第一部分为人机交互界面,如图 4-20 所示,采用 Qt Designer 进行设计;第二部分是软件系统模块,包括双目相机标定模块、船舶目标检测模块、图像立体匹配模块、船舶测距定位模块;第三部分是相关的硬件设备。设计的人机交互界面 UI 通过 Pyuic5 转换为 PyCharm 可读的 Python 脚本,利用槽函数将交互界面的控件与各系统模块进行关联,进而实现对系统的操作。

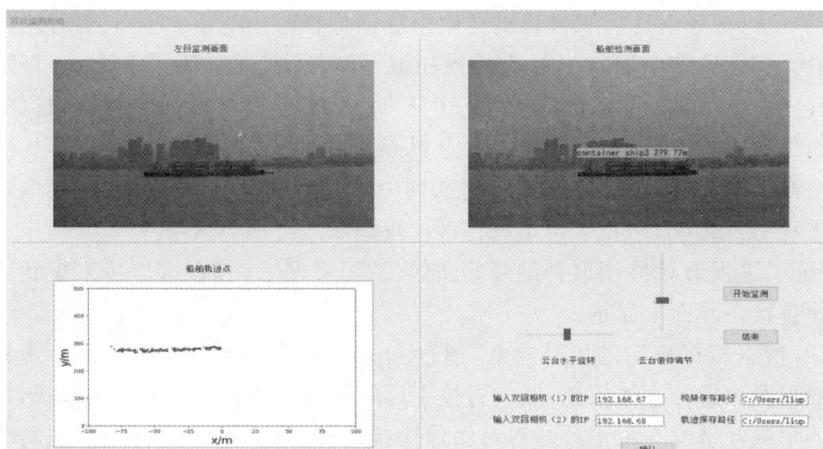

图 4 - 20　系统显示界面

交互界面分为 4 个功能区,分别是左目监测画面显示区、船舶检测画面显示区、船舶轨迹点显示区与指令控制区。在指令控制区需输入双目相机的 IP 地址与数据的储存路径,因为所使用的华下工业相机采用的是海康威视软件开发工具包(Software Development Kit,SDK),故通过 Python 调用 ONVIF 协议接口实现对相机云台的左右旋转与俯仰调节。双目测距系统结构如图 4 - 21 所示。

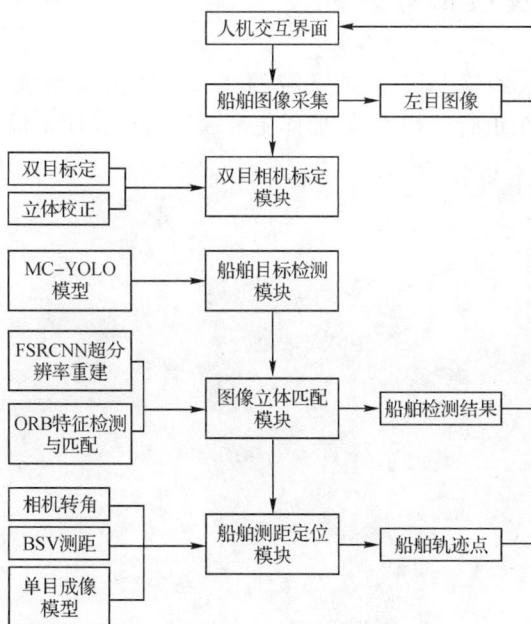

图 4 - 21　双目测距系统结构

（1）运行指令下达后双目相机开始采集图像，通过 Python 读取实时流协议（RTSP），但读取多个网络摄像头的视频流延时较高，通过使用 Python 自带的多进程模块（multiprocessing）创建一个队列，进程 A 通过 RSTP 将视频流中读取到的每一帧图像放入队列中，进程 B 从队列中将图像取出，如果进程 B 的读取速度慢于进程 A，那么进程 A 会将队列中的旧图像删除。进程 A 的读取速度不受进程 B 的影响，防止了网络缓存区出现爆满。进程 A 不断更新队列中的图像，保证了进程 B 始终读取到最新的图像，从而降低了画面延迟，将采集到的左目图像直接在界面中显示。

（2）根据相机标定的内外参数，通过 OpenCV 库中的 stereoRectify 函数对每帧双目图像进行立体校正，然后将校正后的左目图像输入船舶检测模块，根据目标的预测框坐标在校正后的双目图像中提取船舶区域，随后将提取到的船舶区域输入图像立体匹配模块，通过 FSRCNN 网络对图像增强重建后进行特征点匹配与距离计算，最后将船舶检测与测距结果在界面进行显示。

（3）将测得的船舶距离输入船舶定位模块，结合相机转角与单目相机成像模型，计算出船舶在左目相机基准坐标系下的位置关系，并将每一帧的船舶轨迹点在界面进行显示。

4.6.4　系统验证与分析

实验地点选取武汉长江大桥下游约 1 km 处的南岸嘴江滩公园（见图 4-22），监测水域为上行船舶水域，船舶主要通过武汉长江大桥 2 号和 4 号通航孔，船舶距离岸边 100～400 m。

图 4-22　实验水域地理位置

实验步骤如下：

(1)安装双目相机，两台相机分别固定在横臂左右，调节间距约 500 mm，然后通过网线将双目相机与电脑连接，使用标定板在现场对相机进行标定。

(2)控制云台旋转至双目相机垂直于江面拍摄，并通过水平仪调节相机俯仰角以保证相机光轴与江面平行。

(3)启动系统，对船舶进行监测。当船舶运行至图像中心位置时，采用SNDWAY-1000A 激光测距仪对船舶距离进行精确测量，以激光测距仪的测量结果为基准与船舶监测系统的测距信息进行对比。其中，激光测距仪在 1 000 m范围内的测量误差在 ±0.5 m。

双目系统检测一幅图像平均耗时 105 ms，具有较好的实时性，其计算得到的船舶距离信息如图 4-23 所示，测距结果及误差如表 4-6 所示，误差关系曲线如图 4-24 所示。

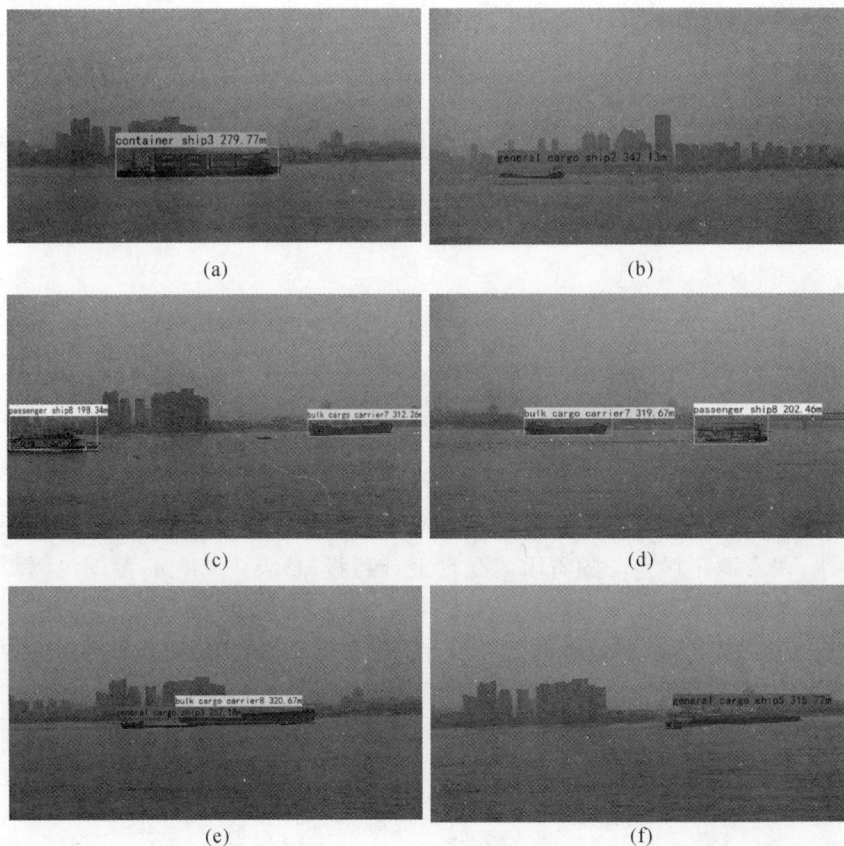

图 4-23　船舶测距图像

表 4 - 6　测距结果及误差

序　号	系统测距/m	激光测距/m	测距误差/m	误差率/(％)
船 1	105.10	103.8	1.30	1.25
船 2	122.13	124.5	−2.37	−1.90
船 3	168.31	166.3	2.01	1.21
船 4	198.21	195.3	2.91	1.49
船 5	220.92	224.6	−3.68	−1.64
船 6	245.35	248.5	−3.15	−1.27
船 7	279.02	275.4	3.62	1.31
船 8	285.76	290.2	−4.44	−1.53
船 9	311.26	305.8	5.46	1.79
船 10	348.08	355.3	−7.22	−2.03

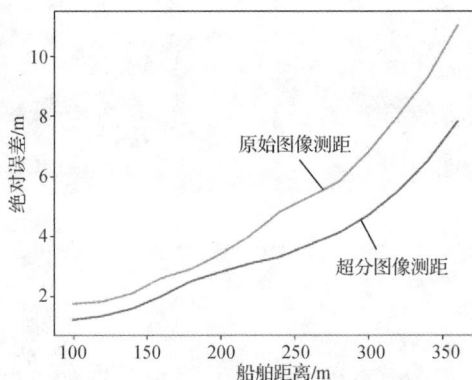

图 4 - 24　误差关系曲线图

可以看出:相比采用原始图像进行测距,基于超分辨率重建后的图像测距误差更小;两者测距误差均随着距离呈现上升趋势;系统在 350 m 范围内测距误差在 2％左右。误差主要由以下原因产生:

(1)实验中将激光测距仪测得结果作为实际距离,即当船舶行驶至图像中心附近时,观测者位于相机处对船舶进行激光测距,此时激光测距仪和船舶的连线与双目相机基线接近垂直,测得的距离相对较准,但是船舶一直处于运动状态,与相机间的距离在不停变化,在此过程中测得的实际距离是不断波动的,其波动误差也会影响误差分析结果。

(2)系统采用的双目相机为两个独立相机组装而成,虽然采用多进程解决了画面读取延时问题,但双目相机拍摄同一帧图像间仍然存在 4～8 ms 的时间差,无法做到完全同步,对远距离船舶测距影响较大。

(3)对于较远、较小的船舶,由于成像区域面积小,获取到的图像特征信息较少,所以立体匹配误差增大,系统测得的距离误差也较大。

(4)双目相机会由于制造或者安装误差导致左右相机的焦距并不完全相等,并且相对于理想的平行式双目测距模型,实际两个相机的光轴间会存在微小的偏差角度,进而使得按照理想双目模型计算出的距离存在一定的偏差。

将每帧测得的船舶位置绘制在左目基准坐标系下,得到船舶的航行轨迹点,其中一艘船舶的航行轨迹点如图 4-25 所示,其中,坐标(0,0)处为相机所处位置,x 轴为船舶横向位置,y 轴为船舶距离双目相机的深度距离。可以看出,测得的船舶轨迹点在 x 轴方向上较为连续,在 y 轴上虽存在一定的波动,但是波动较小,轨迹点可以较好地反映船舶航行趋势。

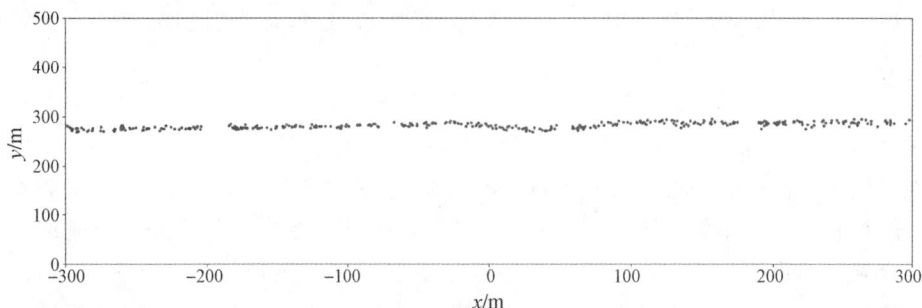

图 4-25 船舶航行轨迹点

4.7 本 章 小 结

本章针对基于双目立体的内河船舶监测进行了深入研究。首先,通过分析相机成像的基本原理和几何模型,构建了基于双目立体视觉的船舶目标测距模型。然后,为获取相机的内参和外参,采用张正友标定法对双目相机进行标定,通过标定实验获取了较为准确的相机参数。其次,在双目图像匹配阶段,采用基于 ORB 的匹配算法实现了船舶特征点的检测与匹配。考虑到远距离船舶目标难以获取足够特征信息的问题,采用 FSRCNN 模型对船舶图像进行超分辨率重建与增强,有效提升了特征点的信息量和定位精度。最后,以 PyQt5 设计了双目立体视觉的船舶监测系统,通过实验论证可知,相对于原始船舶图像测距,基于超分辨率重建后的图像测距误差更小,在 350 m 范围内测距误差约 2%。研究结果一定程度上完善了现有水上交通监管方法,可有效保障船舶航行安全。

第 5 章　船舶 AIS 和视觉信息融合感知

　　环境感知是智能船舶研究与发展的重要一环,无论是自主航行还是与周围通航环境进行复杂信息交互,都依赖于其环境智能感知系统。船舶航行时对于自身信息来说,如温度、转速等多种传感器,相对比较成熟,然而对于周围环境信息感知技术,如 AIS、海事雷达、电子海图、视频监控等,却难以满足船舶自主航行的需求。

　　智能船舶在感知周围环境时涉及多种传感器信息,存在数据量大、结构互异、信息冗余及信息之间存在冲突等问题,且单一传感器信息置信度较差,易出现虚假或遗漏信息,不能全面、准确、及时地反映通航水域交通状况,对于船舶安全航行有一定的影响。因此,如何有效利用并融合多种传感器信息成为航运业安全领域的重要研究方向。本章以桥区水域船舶多传感器信息融合为目标,以 AIS 和视频监控信息为基础进行深入研究。首先,通过对桥区航行环境、船舶运动状态信息、视频等信息的获取与处理研究多源异构数据采集、传输与重建理论。然后,针对 AIS 和视频信息结构差异较大的问题,在并行计算框架下构建多源异构感知数据融合关联处理方法,实现多源数据之间时空配准与同步。最后,研究各传感器之间信息关联特性,构建多源异构信息融合模型。研究成果有助于提升船舶环境感知技术水平,加强水上交通安全监管,保障船舶安全航行。

5.1　数据融合系统

5.1.1　AIS 通信系统

　　AIS 通信系统的主要作用是确保该系统与监管区域中的船舶之间、船岸之间进行正常、有效、及时的信息交互与通信。目前,AIS 通信系统是船舶交通管理系统的核心系统之一。该通信系统范围覆盖整个船舶管理系统的水域,且具有较高的通信可靠性,即使在恶劣的通航环境下,依然可以维持通信系统的正常工作。AIS 通信设备如图 5-1 所示。

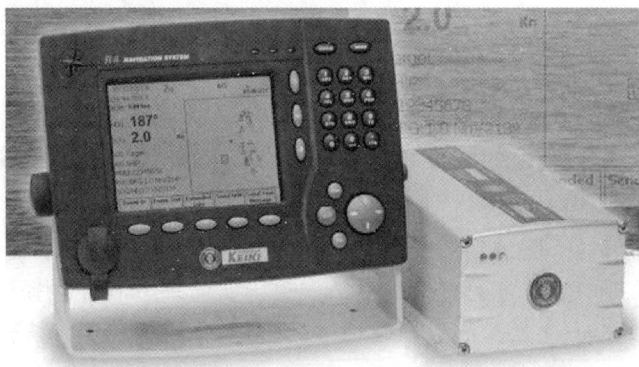

图 5-1　AIS 通信设备

5.1.2　CCTV 监控系统

CCTV 监控系统主要用于监视河道内的船舶运行状况,查看跟踪目标船舶的视觉信息、态势信息,实时关注监控范围内河道状态和水上交通态势。该监控系统主要用于内河航道,其监控范围与当前河道的能见度有直接关系。同时,一般结合 AIS 信息共同工作,先通过 AIS 信息获取目标位置信息、航行状态信息等,然后通过监控设备查看目标船舶,进行监管。CCTV 监控系统如图 5-2 所示。

图 5-2　CCTV 监控系统

5.2 数据融合简介

5.2.1 数据融合原理

数据融合就是把多个传感器探测所获得的数据,进行再一次深度整合,从而获得观测目标更加全面、精确、无误的数据信息。但是,目前对于数据融合依然没有一个能够被广泛认可的概念或总结。美国实验理事联合会提出,数据融合是一种集合多方面、多层次的数据处理,包含多源信息的检测、融合和估计等处理过程[65]。

数据融合最具有挑战性和研究性的内容就是把多个不同类型传感器获取的数据进行有效融合与利用。通过对这些异构信息再次重新整合及合理的应用,获得被监测对象更为具体的描述与解释,使得融合系统具有比其各个子系统更卓越的性能。其信息整合过程可以是时间和空间的转换、数据之间的互补、冗余数据的处理等,需根据具体任务和特定需求进行有效的数据整合。

5.2.2 多源信息融合模型分类

多源信息融合是一门起源于20世纪70年代的交叉学科,作为一种能提供准确目标综合信息、消除系统不确定影响的处理技术,被广泛应用于目标检测与跟踪、工业监控、机器人、自动目标识别等领域。按照不同的标准或要求,多源传感器信息融合的模型可以有不同的类型描述[139],下面对不同分类下的模型进行说明。

1. 信息融合结构

信息融合按照通用结构可以分为3种类型:集中式融合、分布式融合和混合式融合。

(1)集中式融合。此类融合会将各传感器获取的数据直接传入融合中心,在中心处统一进行数据校对、数据互联、航迹滤波等处理。集中式融合的优点是融合精度较高、过程信息损失较小,缺点是计算量大导致运算速度慢,要求系统具备大容量内存,在工程应用中实现难度大,生存能力较差。

(2)分布式融合。相较于集中式结构,分布式结构中各传感器需先用自己的数据处理器预处理局部目标跟踪航迹,再将自身初步处理后的数据传送到融合中心完成关联和融合,形成全局估计。一般来说,分布式结构能达到与集中式结构相近似的融合精度,但计算速度更快,稳定性更好。

(3)混合式融合。混合式融合是将集中式结构和分布式结构结合使用的一种结构,其主系统中处理的既有原始观测数据,也有经过预处理的数据。混合式结构继承了前两种结构的优点,具备一定的自适应能力,缺点是应用到计算和通信上所耗费用较高,经济性较差。该类结构在一些大型复杂系统中应用较多。

2. 信息融合层次

信息融合根据信息源所处的层次可以分为 3 种类型:数据层融合、特征层融合和决策层融合。

(1)数据层融合。这里的数据是指每个传感器采集到的原始数据,在不进行过多处理基础上进行数据的匹配关联。这种方式可以较多地保留数据的原始信息,缺点是数据量较大导致实时性较差,并且原始数据易受到外界环境干扰,使得单纯的数据层融合抗干扰能力较差。该方法结构如图 5-3 所示。

图 5-3　数据层融合

(2)特征层融合。特征层融合指从各传感器的原始数据中提取代表性特征,将来自不同源的特征融合成单一的特征向量,然后利用融合算法进行模式识别或状态估计。这种层次融合减少了计算量,实时性有所提高。该方法结构如图5-4 所示。

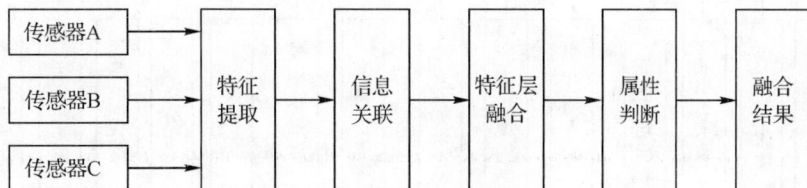

图 5-4　特征层融合

(3)决策层融合。决策层融合作为最高层次融合,通常具有良好的容错性、强抗干扰性、较好的灵活性等特点。决策层融合对传感器的数据类型没有太多要求,兼容性较好,因此应用广泛,但会因压缩大量原始数据而丢失细节信息。

该方法结构如图 5-5 所示。

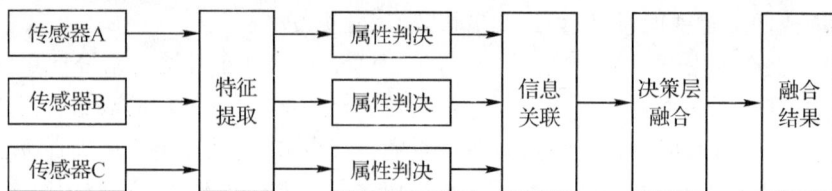

图 5-5　决策层融合

5.3　多源异构信息融合算法

5.3.1　数据融合算法分类

对于不同研究领域的多传感器组成系统,其获取关于目标对象、周围环境等的信息内容和方式具有复杂性和多样性,对所应用的融合算法也因此而有不同要求。目前,主流的多源信息融合方法主要可分为四类:估计算法、参数方法、人工智能技术、识别算法。各类型具体算法如图 5-6 所示。

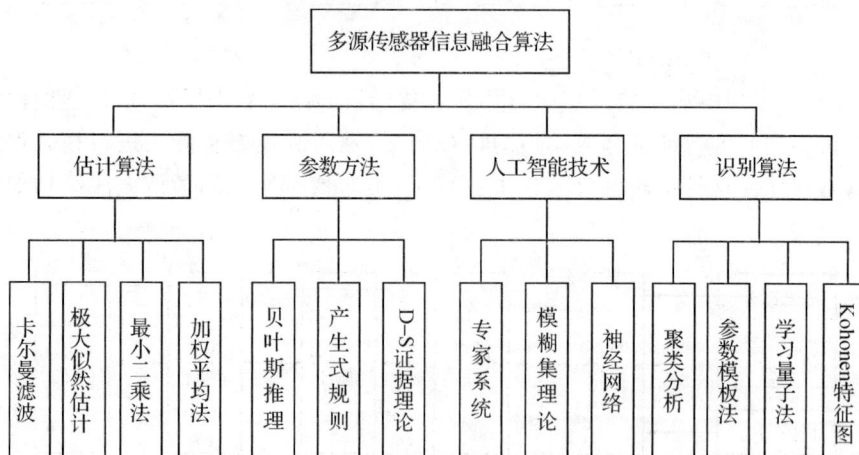

图 5-6　多源传感器信息融合算法

上述算法根据实际需求被应用于不同的领域,在船舶轨迹跟踪与分析处理中应用较多的有加权平均法、卡尔曼滤波(Kalman Filter,KF)、D-S 证据理论、神经网络等算法。

加权平均法[140]是一种简单直接的轨迹融合方法,对来自不同传感器所测得的船舶轨迹数据,可通过时空统一等方式提取并利用其中的冗余信息和互补信息,可以按照给定的权重因子进行加权平均,求融合值,直接定量反映当前融合的效果。

卡尔曼滤波是一种递推滤波算法,通过构建目标运动状态空间模型和量测方程,靠前一时刻的观测数据与估计值来递推下一时刻的估计值,在船舶轨迹的估计预测和去噪方面效果显著。

D-S证据理论需要将各传感器采集的历史数据以及准确度作为依据,建立对应的可信度与信度分配函数,所有传感器的信度分配合并为新证据体,最终进行决策判定。此方法应用在船舶轨迹融合中相对较复杂,可信度与合并规则等的构造受主观因素影响较大。

神经网络在构造和特性上与数据融合过程很类似,神经元可类比看作传感器,实现对输入的数据进行一层或多层计算处理,最终融合各层结果并输出,期间可以施加正反馈或负反馈进行信息更新。

不同的数据融合方法有相对的使用条件和适用范围,可以从理论成熟度、计算量和应用难易度三个方面进行分析[141]。

(1)理论成熟度。加权平均法、卡尔曼滤波、神经网络 3 种方法对应的理论基本已成熟,但 D-S 证据理论还存在一些缺陷,如合成规则理论验证尚不完善,还需深入的验证分析。

(2)计算量。在轨迹估计融合方面,运行速率快、计算量较低的方法为卡尔曼滤波和加权平均法,D-S证据理论和神经网络两种方法的运行计算量则比较庞大,前者计算量受规则的影响容易出现指数级增长,而后者的计算量随着中间层层数的增多也会明显增大,计算较复杂。

(3)应用难易度。加权平均法、卡尔曼滤波方法的应用难度是较低的,利用历史数据成功构建状态模型即可输入数据使用;应用难度较高的是 D-S 证据理论和神经网络两种方法,前者主要取决于合成规则的制定,后者则需要较强的理论基础。

各融合方法评价比较如表 5-1 所示。

表 5-1　各融合方法评价比较

评价指标	加权平均法	卡尔曼滤波	D-S证据理论	神经网络
理论成熟度	成熟	成熟	待完善	成熟
计算量	较小	适中	较大	较大
应用难易度	较低	较低	较高	较高

5.3.2 数据融合算法简介

1. 加权平均法

加权平均法(Weighted Average Method,WAM)是将不同传感器航迹进行估计融合常见的方法之一[142],通常按照不同的权重比例对 AIS 和视频等设备测得的船舶航迹信息进行融合,可以得到更精确的船舶轨迹位置,其中,各传感器权重的选取会直接影响融合结果精度,一般稳定性强、准确度高的传感器分配到的权重应更大。

以船舶航迹融合为例,假设共 n 个视频和 AIS 传感器进行航迹信息测量,相应的加权平均法融合模型如图 5-7 所示,其中 y_{1k},y_{2k},$\cdots$,y_{nk} 代表各传感器在 k 时刻测量的位置数据, φ_1,φ_2,$\cdots$,φ_n 为对应的传感器权重占比。

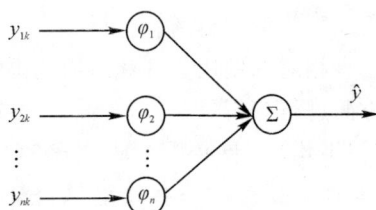

图 5-7 加权平均法融合模型

传感器 y_{ik} 的测量方程见下式:

$$y_{ik} = y_k + \varepsilon_i \tag{5-1}$$

式中: y_k 表示 k 时刻船舶的真实位置; ε_i 表示第 i 个传感器的测量误差,由测量环境、传感器自身结构等因素决定。

通常,各传感器之间保持独立,测量状态不会互相影响。为简化模型,可假设各传感器服从均值为 0 的高斯分布,则有

$$\left. \begin{array}{l} E(\varepsilon_i) = 0 \\ D(\varepsilon_i) = \sigma^2 \end{array} \right\} \tag{5-2}$$

加权平均法的 $\hat{y}_k$ 通过累加各传感器测量值与对应权重乘积求得,即融合为 k 时刻轨迹位置信息的最终估计值,表达式为

$$\hat{y}_k = \sum_{i=1}^{n} \varphi_i y_{ik} \tag{5-3}$$

为了使 $\hat{y}_k$ 为无偏估计,对式(5-3)两边求期望,有

$$E[\hat{y}] = E\left[\sum_{i=1}^{n}\varphi_i y_{ik}\right] = E\left[\sum_{i=1}^{n}\varphi_i(y_k+\varepsilon_i)\right] = y_k\sum_{i=1}^{n}\varphi_i = y_k \qquad (5-4)$$

可得

$$\sum_{i=1}^{n}\varphi_i = 1 \qquad (5-5)$$

利用最小均方差准则完成权重分配,表达示为

$$E[(y_k-\hat{y}_k)^2] = E\left[\left(y_k-\sum_{i=1}^{n}\varphi_i y_{ik}\right)^2\right] = \sum_{i=1}^{n}\varphi_i^2\sigma_i^2 \qquad (5-6)$$

易发现,此时最优权重分配问题可转换成带约束条件的线性规划问题:

$$\min\sum_{i=1}^{n}\varphi_i^2\sigma_i^2, \quad \sum_{i=1}^{n}\varphi_i = 1 \qquad (5-7)$$

求解该线性规划问题,可通过拉格朗日乘数法构造辅助函数:

$$f(\varphi_1,\varphi_2,\cdots,\varphi_n,\lambda) = \sum_{i=1}^{n}\varphi_i^2\sigma_i^2 + \lambda\left(1-\sum_{i=1}^{n}\varphi_i\right) \qquad (5-8)$$

令 φ_i 和 λ 偏导值为 0,可求得最优权重 φ_i^* 和最小均方差:

$$\varphi_i^* = \frac{\dfrac{1}{\sigma_i^2}}{\sum_{j=1}^{n}\dfrac{1}{\sigma_j^2}} \qquad (5-9)$$

$$\min(E[(y_k-\hat{y}_k)^2]) = \frac{1}{\sum_{i=1}^{n}\dfrac{1}{\sigma_j^2}} \qquad (5-10)$$

将式(5-9)代入式(5-3)即可求得加权平均融合估计值,代入船舶航迹信息,有

$$\hat{y}_F = \frac{\sigma_{\text{video}}^2 y_{\text{AIS}} + \sigma_{\text{AIS}}^2 y_{\text{video}}}{\sigma_{\text{AIS}}^2 + \sigma_{\text{video}}^2} \qquad (5-11)$$

式中: $\hat{y}_F$ 表示 AIS 与视频航迹融合值; y_{AIS} 、 y_{video} 分别表示 AIS、视频的位置数据; σ_{AIS}^2 、 σ_{video}^2 分别表示 AIS、视频的位置数据的方差。

2. 联邦卡尔曼滤波算法

联邦卡尔曼滤波(Federated Kalman Filter,FKF)是在卡尔曼滤波的基础上结合多个系统的数据,非常适合多源传感器信息融合,它是一种典型的分散式滤波,通常由一个主滤波器和若干局部滤波器组成[143]。滤波器中参考系统可与各子系统结合并分别将自身状态估值 $\hat{X}_{i,k}$ 和协方差矩阵 $\boldsymbol{P}_{i,g}$ 传入主滤波器中,

完成统一融合后输出状态估值 $\hat{X}_g$ 和协方差矩阵 P_g 的最优解。信息分配因子 β_i 是联邦卡尔曼滤波的一个重要参数,可以重新分配各子滤波器与主滤波器完成滤波融合后的全局最优估计信息。联邦卡尔曼滤波原理图如图 5-8 所示。

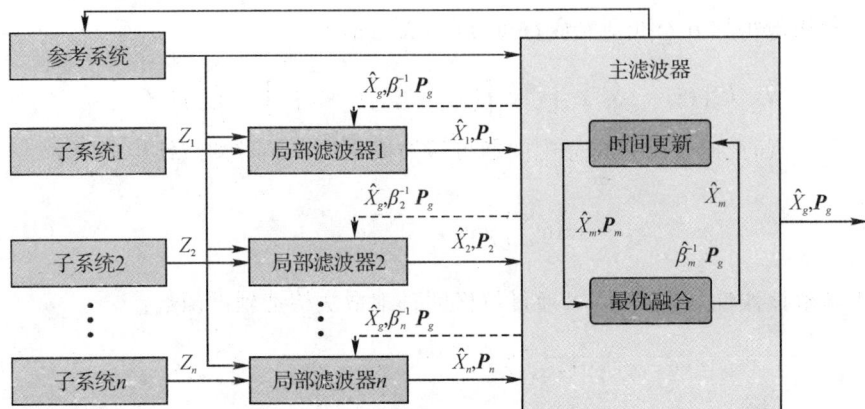

图 5-8 联邦卡尔曼滤波原理图

如图 5-8 所示,虽然都是利用卡尔曼滤波的原理,但主滤波器在功能作用上与其他滤波器有差异,如在输入不同状态信息时,主滤波器仅计算公共的状态变量,而局部滤波器还要计算本身独有的估计变量。另外,联邦卡尔曼滤波器中相较各传感器系统还有一个参考系统,一般是将其作为主滤波器唯一的直接量测数据输入,进行最终的融合,而其他传感器则需要将测量值先输入各自的局部滤波器中。由此可见参考系统的重要性,通常在选择时应考虑以下特性:

(1)高可靠性。相对于其他子系统,参考系统应该是最可靠、稳定的,不会被轻易干扰或破坏,能持续对主滤波器输入观测数据。

(2)更新率快。参考系统的数据会分别输入局部滤波器和主滤波器,参与每一次计算更新,因此它的更新率比各子系统的更新率都要高。

对于 AIS 和视频测量系统的 FKF 系统,假设各子系统的状态模型如下:

$$X_{i,k} = A_{i,(k,k-1)} X_{i,k-1} + W_{i,k-1} \tag{5-12}$$

$$Z_{i,k} = H_{i,k} X_{i,k} + V_{i,k} \tag{5-13}$$

式中:系统噪声 $W_{i,k-1}$ 的协方差矩阵为 $Q_{i,k}$,观测噪声 $V_{i,k}$ 的协方差矩阵为 $R_{i,k}$,且默认各子系统的估计结果都互不相关。

联邦卡尔曼滤波算法的基本步骤如下:

(1)设定初始值以及信息分配因子 β_i :

$$P_{i,0} = \beta_i^{-1} P_{g,0}$$
$$Q_{i,0} = \beta_i^{-1} Q_{g,0}$$
$$\sum_{i=1}^{n} \beta_i = 1$$

$$(5-14)$$

（2）对各个自滤波器进行单独时间更新：

$$\hat{X}_{i,k} = \boldsymbol{A}_{i,(k,k-1)} \hat{X}_{i,k-1} \qquad (5-15)$$

$$P_{i,k/k-1} = \boldsymbol{A}_{i,(k,k-1)} P_i \boldsymbol{A}_{i,(k,k-1)}^{\mathrm{T}} + Q_{i,k} \qquad (5-16)$$

（3）子滤波器独立进行量测更新（主系统不更新）：

$$K_{i,k} = P_{i,k/k-1} \boldsymbol{H}_{i,k}^{\mathrm{T}} (\boldsymbol{H}_{i,k} P_{i,k/k-1} \boldsymbol{H}_{i,k}^{\mathrm{T}} + \boldsymbol{R}_{i,k})^{-1} \qquad (5-17)$$

$$\hat{X}_{i,k} = \hat{X}_{i,k-1} + K_{i,k} (Z_{i,k} - \boldsymbol{H}_{i,k} \hat{X}_{i,k-1}) \qquad (5-18)$$

$$P_{i,k} = P_{i,k/k-1} - K_{i,k} \boldsymbol{H}_{i,k} P_{i,k/k-1} \qquad (5-19)$$

（4）将各个子滤波器的局部解输入主滤波器中进行融合：

$$P_{g,k} = \left(\sum P_{i,k}^{-1} \right)^{-1} \qquad (5-20)$$

$$\hat{X}_{g,k} = P_{g,k} \sum (P_{i,k}^{-1} \hat{X}_{i,k}) \qquad (5-21)$$

（5）将主滤波器的最优估计值等按一定规则返回子滤波器中：

$$\hat{X}_{i,k} = \hat{X}_{g,k} \qquad (5-22)$$

$$P_{i,k} = \beta_i^{-1} P_{g,k} \qquad (5-23)$$

根据信息分配策略的不同，联邦卡尔曼滤波通常有 4 种模式：零复位模式、变比例模式、无反馈模式、融合-反馈模式。

（1）零复位模式。此模式中，信息分配策略定为 $\beta_m = 1$，$\beta_i = 0$（有重置），即每步的融合结果中主滤波器分配到全部信息，而各局部滤波器不承载信息，且状态信息会被重置为零。该模式减少了数据的通信量，计算简单，但相对地，其解算精度不高。

（2）变比例模式。此模式中，信息分配策略定为 $\beta_m = \beta_i = 1/(N+1)$（有重置），即融合结果由主滤波器与各子滤波器平分分配信息，局部滤波会因主滤波器的反馈精度有所提高，使得融合后全局滤波精度更高，缺点是如果有子系统发生故障，那么主滤波器会受到污染并反映给其他局部滤波器，可能会降低系统的容错性能。

（3）无反馈模式。此模式中，信息分配策略定为 $\beta_m = 0$，$\beta_i = 1/N$（无重置），即主滤波器不进行滤波，无信息分配，只起简单的融合作用，各局部滤波器可以进行独立滤波，不会受到反馈重置的影响，从而提高了容错性能，但也可能因去除反馈重置而导致局部估计精度不高。

（4）融合-反馈模式。此模式中，信息分配策略定为 $\beta_m = 0$，$\beta_i = 1/N$（有重置），与无反馈模式一样，没有信息分配给主滤波器，只进行融合，但融合结果会反馈到各局部滤波器进行重置，使得融合结果的精度相对较高，但缺点是滤波器的故障检测和隔离能力较差。

3.自适应联邦卡尔曼滤波算法

FKF 算法具有较好的表现性能，但存在因噪声模型不准确等问题而出现滤波发散的情况。在自适应联邦卡尔曼滤波算法中，引入了改进的自适应 Sage - Husa 滤波进行量测噪声统计特性的实时估计与修正，重新设计了自适应信息分配因子以调整各子系统与主系统的信息分配比例，有效抑制了异常点干扰，最终实现了更准确的滤波融合。

（1）改进的自适应滤波算法。在实际测量中，各传感器系统噪声与量测噪声误差会实时变动，传统的卡尔曼滤波算法无法及时更新噪声误差，易导致滤波精度相对较低，因此，可以在各局部滤波器的迭代更新过程中引入自适应 Sage - Husa 滤波，可以不断对未知或不确切的模型参数、噪声统计特性进行实时估计与修正，增加联邦卡尔曼滤波的自适应性，从而减小各系统的计算误差。

自适应 Sage - Husa 滤波算法更新的基本过程如下：

计算先验状态估计：

$$\hat{\boldsymbol{X}}_{k/k-1} = \boldsymbol{A}_{k,k-1}\hat{\boldsymbol{X}}_{k-1} + \hat{\boldsymbol{q}}_{k-1} \tag{5-24}$$

计算先验状态估计协方差：

$$\boldsymbol{P}_{k/k-1} = \boldsymbol{A}_{k,k-1}\boldsymbol{P}_{k-1}\boldsymbol{A}_{k/k-1}^{\mathrm{T}} + \hat{\boldsymbol{Q}}_{k-1} \tag{5-25}$$

计算增益矩阵：

$$\boldsymbol{K}_k = \boldsymbol{P}_{k/k-1}\boldsymbol{H}_k^{\mathrm{T}}(\boldsymbol{H}_k\boldsymbol{P}_{k/k-1}\boldsymbol{H}_k^{\mathrm{T}} + \hat{\boldsymbol{R}}_{k-1})^{-1} \tag{5-26}$$

计算残差（即新息）：

$$\boldsymbol{e}_k = \boldsymbol{Z}_k - \boldsymbol{H}_k\hat{\boldsymbol{X}}_{k/k-1} - \hat{\boldsymbol{r}}_{k-1} \tag{5-27}$$

计算后验状态估计：

$$\hat{\boldsymbol{X}}_k = \hat{\boldsymbol{X}}_k\hat{\boldsymbol{k}}_1 + \boldsymbol{K}_k\boldsymbol{e}_k \tag{5-28}$$

计算后验状态估计协方差：

$$\boldsymbol{P}_k = \boldsymbol{P}_{k/k-1} - \boldsymbol{K}_k\boldsymbol{H}_k\boldsymbol{P}_{k/k-1} \tag{5-29}$$

计算加权系数：

$$d_k = \frac{1-b}{1-b^{k+1}}, \quad 0 < b < 1 \tag{5-30}$$

更新 $\hat{\boldsymbol{q}}_k$、$\hat{\boldsymbol{Q}}_k$、$\hat{\boldsymbol{r}}_k$、$\hat{\boldsymbol{R}}_k$：

$$\hat{\boldsymbol{q}}_k = (1 - d_k)\hat{\boldsymbol{q}}_{k-1} + d_k(\hat{\boldsymbol{X}}_k - \boldsymbol{A}_{k,k-1}\hat{\boldsymbol{X}}_{k-1}) \tag{5-31}$$

$$\hat{\boldsymbol{Q}}_k = (1 - d_k)\hat{\boldsymbol{Q}}_{k-1} + d_k(\boldsymbol{K}_k \boldsymbol{e}_k \boldsymbol{e}_k^{\mathrm{T}} \boldsymbol{K}_k^{\mathrm{T}} + \boldsymbol{P}_k - \boldsymbol{A}_{k,k-1}\boldsymbol{P}_{k-1}\boldsymbol{A}_{k,k-1}^{\mathrm{T}}) \tag{5-32}$$

$$\hat{\boldsymbol{r}}_k = (1 - d_k)\hat{\boldsymbol{R}}_{k-1} + d_k(\boldsymbol{Z}_k - \boldsymbol{H}_k\hat{\boldsymbol{X}}_{k/k-1}) \tag{5-33}$$

$$\hat{\boldsymbol{R}}_k = (1 - d_k)\hat{\boldsymbol{R}}_{k-1} + d_k(\boldsymbol{e}_k \boldsymbol{e}_k^{\mathrm{T}} - \boldsymbol{H}_k\boldsymbol{P}_{k/k-1}\boldsymbol{H}_k^{\mathrm{T}}) \tag{5-34}$$

$\hat{\boldsymbol{q}}_k$、$\hat{\boldsymbol{Q}}_k$ 为系统噪声的期望及其协方差矩阵，$\hat{\boldsymbol{r}}_k$、$\hat{\boldsymbol{R}}_k$ 为测量噪声的期望及其协方差矩阵。式(5-30)中 b 作为遗忘因子，一般的取值区间为 $[0.95, 0.99]$，其作用是限制计算过程中的记忆长度。外界噪声变化较快时，新测量的数据更显重要，b 取值宜偏大。

自适应 Sage-Husa 滤波算法的优点是可以实时估计和修正系统与测量噪声的统计特性，有效提高滤波精度，缺点则是实际运算量大，且状态估计过程中容易出现发散现象，算法鲁棒性较差。因此，本书在原算法的基础上根据已得的数据特点进行了一定程度的改进。

1)简化估计过程。研究发现，同时在线估计 $\hat{\boldsymbol{q}}_k$、$\hat{\boldsymbol{Q}}_k$、$\hat{\boldsymbol{r}}_k$、$\hat{\boldsymbol{R}}_k$ 的大小，会使滤波复杂度增加，且当 $\hat{\boldsymbol{Q}}_k$ 和 $\hat{\boldsymbol{R}}_k$ 都未知时，Sage-Husa 自适应滤波算法对两者的同时估计通常会导致滤波器发散，而根据参考文献[144]，船舶运动中测量噪声方差矩阵 $\boldsymbol{R}$ 对滤波影响最为明显，因此可以假设系统噪声具有一定稳定性，利用历史数据对 $\hat{\boldsymbol{q}}_k$、$\hat{\boldsymbol{Q}}_k$ 进行统计并设为固定值，无须在计算过程中更新。

2)引入衰减因子。传统 Sage-Husa 滤波算法中，协方差矩阵 $\boldsymbol{P}_k$ 会随时间变化出现减小至零的趋势，致使在状态估计过程中过于依赖历史数据，从而使最终滤波呈发散状态，可通过引入衰减因子 ρ_k 来减弱其影响，式(5-25)可换为下式：

$$\boldsymbol{P}_{k/k-1} = \rho_{k-1}\boldsymbol{A}_{k,k-1}\boldsymbol{P}_{k-1}\boldsymbol{A}_{k,k-1}^{\mathrm{T}} + \hat{\boldsymbol{Q}}_{k-1} \tag{5-35}$$

衰减因子 ρ_k 的取值为

$$\rho_k = \begin{cases} 1, & \rho_k \leqslant 1 \\ \rho_k, & \rho_k > 1 \end{cases} \tag{5-36}$$

衰减因子 ρ_k 的计算公式为

$$\rho_k = \frac{\boldsymbol{\varepsilon}_k \boldsymbol{\varepsilon}_k^{\mathrm{T}}}{\mathrm{tr}[\boldsymbol{H}_k\boldsymbol{P}_{k/k-1}\boldsymbol{H}_k^{\mathrm{T}} + \hat{\boldsymbol{R}}_{k-1}]} \tag{5-37}$$

式中：ε_k 表示残差(新息)；$\mathrm{tr}[]$ 表示对应矩阵的迹。

由式(5-36)和式(5-37)可知,在滤波的迭代计算过程中,当实际误差较小时,则 $\boldsymbol{\varepsilon}_k\boldsymbol{\varepsilon}_k^{\mathrm{T}}$ 较小,求得 ρ_k 较小。当 $\rho_k \leqslant 1$ 时,衰减因子取作 1,此时协方差矩阵 $\boldsymbol{P}_k$ 与简化滤波算法中相同,表示状态估计正常;当实际误差测得较大时,$\boldsymbol{\varepsilon}_k\boldsymbol{\varepsilon}_k^{\mathrm{T}}$ 增大,当 $\rho_k > 1$ 时,协方差矩阵 $\boldsymbol{P}_k$ 会随之增大,进而使得状态增益矩阵 $\boldsymbol{K}_k$ 增大,直接提升新数据的权重,变相削弱了历史数据的影响。通过衰减因子 ρ_k 可以较好地抑制 Sage-Husa 滤波发散,提高其自适应性。

(2)自适应信息分配方法。研究表明,β_i 的取值对整个滤波器系统的结果和计算精确度等方面都能产生关键影响。由于本书 AIS 设备的测量精度整体误差较小,但却可能有局部的较大偏离异常值,而视频设备的测量精度误差则整体波动较大,在对真实位置的估计上不能简单的定比例分配。因此,本节设计了一种自适应信息分配方法,在提升各局部滤波器的滤波精度基础上,使全局滤波的融合精度更高。

残差表示量测值与滤波器的估计值之间的差异,可作用于调节滤波器。然而,滤波器预测残差很容易受到误差影响,如不确定的动态方程误差、未知的初始条件等,因此可选用残差协方差设计信息分配因子,这样可以较好地将未知误差影响表现出来。

用 $\boldsymbol{C}_k$ 表示残差 $\boldsymbol{e}_k$ 的实际协方差:

$$\boldsymbol{C}_k = \frac{1}{m}\sum_{i=i_0}^{m}\boldsymbol{e}_k\boldsymbol{e}_k^{\mathrm{T}} \tag{5-38}$$

式中:m 表示估计窗口大小;$i_0 = k - m + 1$。

用 $\hat{\boldsymbol{C}}_k$ 表示残差 $\boldsymbol{e}_k$ 的理论协方差:

$$\hat{\boldsymbol{C}}_k = \boldsymbol{H}_k\boldsymbol{P}_{k/k-1}\boldsymbol{H}_k^{\mathrm{T}} + \hat{\boldsymbol{R}}_{k-1} \tag{5-39}$$

利用参数 α_k 表示实际残差协方差 $\boldsymbol{C}_k$ 与理论残差协方差 $\hat{\boldsymbol{C}}_k$ 之间的关系,有

$$\alpha_{i,k} = \left| \operatorname{tr}(\boldsymbol{C}_{i,k}) - \operatorname{tr}(\hat{\boldsymbol{C}}_{i,k}) \right| \tag{5-40}$$

式中:$\operatorname{tr}(\boldsymbol{C}_{i,k})$ 为实际残差协方差 $\boldsymbol{C}_{i,k}$ 的迹;$\operatorname{tr}(\hat{\boldsymbol{C}}_{i,k})$ 为理论残差协方差 $\hat{\boldsymbol{C}}_{i,k}$ 的迹;$\alpha_{i,k}$ 代表了滤波器 i 的观测估计结果在 k 时刻的稳定性。

当测量噪声保持稳定时,$\boldsymbol{C}_{i,k}$ 与 $\hat{\boldsymbol{C}}_{i,k}$ 近似相等,此时 $\alpha_{i,k}$ 近似为 0;若在 k 时刻,测量噪声发生突变,则协方差 $\boldsymbol{C}_{i,k}$ 会偏离 $\hat{\boldsymbol{C}}_{i,k}$,$\alpha_{i,k}$ 会增大,表现为观测准确度降低。因此可以说明,$\alpha_{i,k}$ 与测量噪声有着直接的比例关系,在对不同滤波器的信息分配中,可利用 $\alpha_{i,k}$ 进行权重判断。自适应分配信息因子 β_i 可设为

$$\beta_i = \frac{\alpha_{i,k}^{-1}}{\sum\limits_{i=1}^{N} \alpha_{i,k}^{-1}} \qquad\qquad (5-41)$$

可知,若当前时刻子系统 1 相较子系统 2 的测量结果与真实值有较大差异,则说明此时子系统 1 的测量更不可信,在融合结果中所占比例更小;反之,子系统 2 的误差更小,测量结果更准确,在融合结果中所占比例将更大。

5.4 AIS 和视频信息融合实验

5.4.1 AIS 和视频信息采集与处理

本书第 2 章和第 3 章中详细介绍了有关 AIS 数据和视频信息采集与处理的相关方法和技术,但都是针对单一传感器进行处理,无法完成传感器信息之间的交互与融合。为进一步研究 AIS 和视频信息的融合机理,本章将深入分析 AIS 和视频信息之间的异构性、关联性,通过实时采集与处理两种传感器信息,实现多源异构信息之间的精准融合。

1. AIS 数据采集与预处理

AIS 借助 GPS 和信号应答系统可以周期性与已配备 AIS 设备的附近船舶、基站等实现实时信息交流,完成船舶定位和跟踪任务,从而减少船、桥、岸间的碰撞行为,能有效提高领域内船舶监管能力,保障船舶通行安全。AIS 包含着丰富的船舶信息,主要包括船舶静态信息和动态信息,如表 5-2 所示。

表 5-2 船舶 AIS 数据结构

静态信息	动态信息
MMSI	对地航向
呼号船舶	航速
船舶类型	经度
船长宽	纬度
IMO 识别码	航行状态
—	吃水深度
—	目的港
—	预计到港时间

AIS 数据的更新速率根据目标船舶的运动状态或消息类型等会有所差异。一般来说,静态信息中航次信息更新率大约为 5 min,船舶的动态信息则会随着航速、航向的不同有所区别,内河船舶的 AIS 更新率一般在 2～120 s 之间不等。

对于实时采集到的 AIS 数据,地理环境的干扰或 AIS 设备自身问题等因素,使得实际航行状态与 AIS 记录数据间误差较大,无法有效分析船舶航行轨迹和运动状态。为了减小数据误差,需要对解码得到的数据进行预处理,预处理过程详见第 2 章,主要包括数据清洗、停留点检测、缺失值处理等。

2. 船舶视频信息采集与处理

实验中以双目立体视觉技术采集船舶视觉信息,来重构船舶轨迹并获取深度信息。选取武汉长江大桥附近为实验地点,采用张正友标定法完成相机的标定,如图 5 - 9 所示,该标定板规格为 12×9,每个正方形网格尺寸为 60 mm×60 mm。

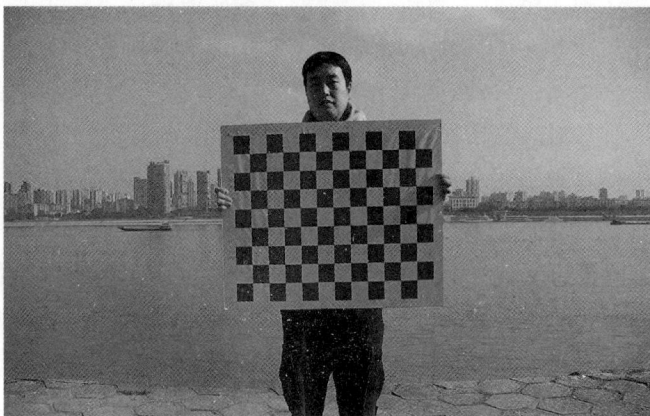

图 5 - 9 张正友标定

采集到的现场标定图片,可以输入 MATLAB 工具箱进行内外参求解。以 2.5 m 处标定图片为例,标定结果的重投影误差如图 5 - 10 所示,由图可知,总体平均误差为 0.19 像素,最大误差约 0.24 像素。摄像机和标定板的空间位置如图 5 - 11所示。

标定过程中,将现场标定距离分为 2 m、2.5 m、3 m、4 m、5 m,不同距离的左右目图片分批输入 MATLAB 双目标定工具箱,标定所得摄像机位移参数结果如表 5 - 3 所示。

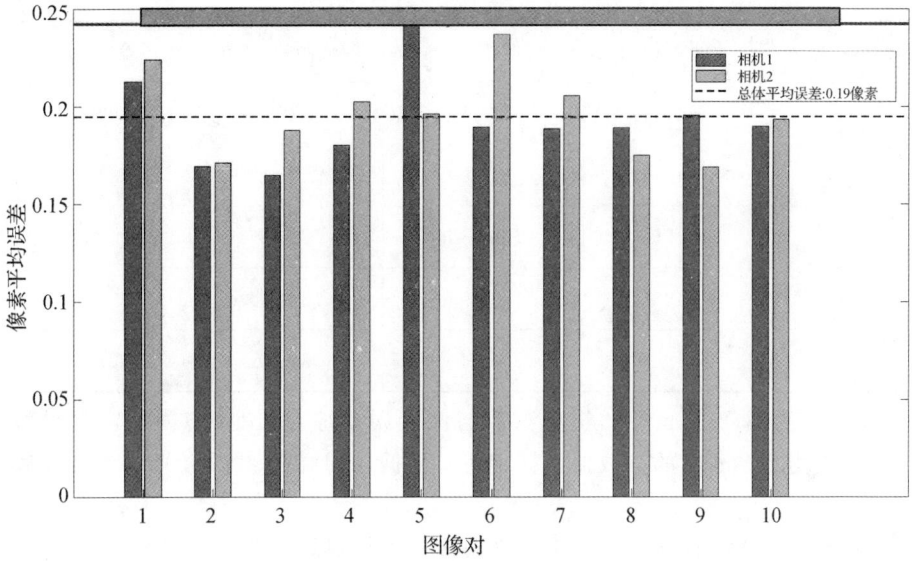

图 5 - 10　重投影误差结果

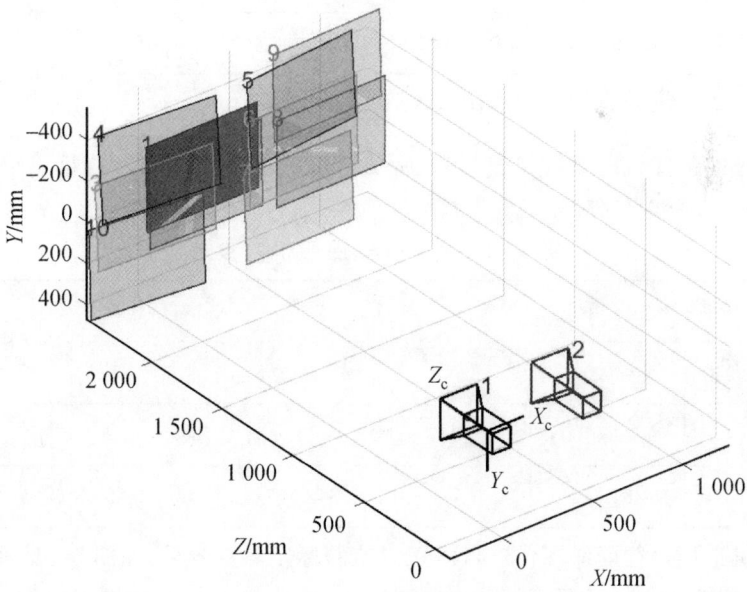

图 5 - 11　相机外参结构图

表 5 - 3　不同距离下的标定位移参数

标定距离/m	水平距离/mm	高低距离/mm	前后距离/mm	误差(像素)
2	−495.136	3.211	4.798	0.21
2.5	−497.975	3.949	2.898	0.19
3	−496.784	3.438	12.814	0.18
4	−496.510	9.996	18.826	0.16
5	−496.311	17.937	93.180	0.15

比较后发现,2.5 m 处的位移参数与像素误差综合最小,整体标定效果最佳,因此选用 2.5 m 处的参数作为标定矫正依据,此时摄像机旋转矩阵参数如表5 - 4 所示。

表 5 - 4　2.5 m 处摄像机旋转矩阵参数

旋转参数		
0.999 864 058 307 515	−0.016 120 861 285 230 4	0.003 461 608 910 333 98
0.016 157 577 374 960 5	0.999 810 538 799 404	−0.010 854 455 261 224 1
−0.003 285 969 902 160 92	0.010 908 910 902 015 5	0.999 935 096 926 162

对应的摄像机内参数如表 5 - 5 所示,可以发现,摄像机左右目焦距基本一致,保持在 1 290 左右,标定效果符合实验要求。

表 5 - 5　2.5 m 处摄像机内参数

左目相机			右目相机		
1 290.834	0	0	1 289.368	0	0
0	1 290.300	0	0	1 289.545	0
638.824	361.272	1	642.701	363.013	1

随机选用过往船舶图像进行矫正以检验标定参数效果,如图 5 - 12 所示,可以发现,图 5 - 12(a)中矫正前的右目图像成像要略低于左目图像成像,而经矫正后,图 5 - 12(b)中显示,图像中成像高度基本保持一致,矫正效果良好,可以用于后续的船舶测距任务。

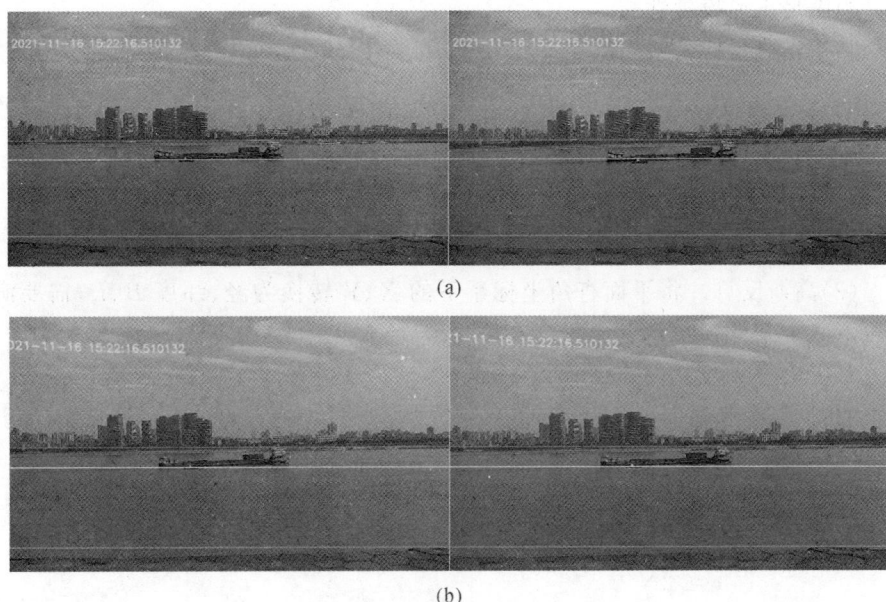

(a)

(b)

图 5-12 船舶图像矫正效果

(a)矫正前;(b)矫正后

5.4.2 AIS 和视频信息坐标转换与同步

1. 空间坐标转换

AIS 和视频传感器所记录的船舶位置信息处于不同坐标系下,需将两种传感器信息转换到同一坐标系下进行进一步融合。

在视频信息采集过程中,涉及世界坐标系、相机坐标系、图像坐标系和像素坐标系之间的转换,通过相机标定可获取相机的内参和外参信息,通过坐标映射即可获取船舶在不同坐标系下的空间位置。

在 AIS 信息采集过程中,其位置信息采用 WGS84 坐标系进行表示,实验中需要将 WGS84 坐标与高斯-克吕格坐标进行转换,以完成坐标的统一。该过程主要利用高斯正算和反算,具体过程如下:

(1)高斯正算。将经、纬度 B、L 转换为平面直角坐标系下的 X、Y,需要满足以下 3 个条件:

1)中央子午线投影后为直线。

2)中央子午线在投影之后长度保持不变。

3)满足正形投影性质。

高斯正算具体公式为

$$x = X + \frac{N}{2\rho''^2}\sin B\cos B l''^2 + \frac{N}{24\rho''^4}\sin B\cos^3 B(5-t^2+9\eta^2)l''^4 \quad (5-42)$$

$$y = \frac{N}{\rho''}\cos B l'' + \frac{N}{6\rho''^3}\cos^3 B(1-t^2+\eta^2)l''^3 + \frac{N}{120\rho''^5}\cos^5 B(5-18t^2+t^4)l''^5$$

$$(5-43)$$

(2)高斯反算。将平面直角坐标系下的 X、Y 转换为经、纬度 B、L，需要满足以下 3 个条件：

1)中央子午线被投影成 X 坐标轴。

2)投影在 X 轴上的长度不变。

3)满足正形投影条件。

高斯反算具体公式为

$$B = B_f + \frac{t_f}{2N_f^2}(-1-\eta_f^2)x^2 +$$

$$(5-44)$$

$$\frac{t_f}{24N_f^4}(5+3t_f^2+6\eta_f^2-6t_f^2\eta_f^2-3\eta_f^4-9t_f^2\eta_f^4)x^4 + \cdots$$

$$L = L_0 + \frac{1}{N_f\cos B_f}x + \frac{1}{6N_f^2\cos B_f}(-1-2t_f^2-\eta_f^2)x^2 + \cdots \quad (5-45)$$

参数描述：

$\eta = e'\cos B$ ，$e' = \dfrac{\sqrt{a^2-b^2}}{b}$ ，e' 为椭圆的第二偏心率。

$t = \tan B$ ，$l = \dfrac{(L-L_0)'}{\rho''}$ ，L_0 为中央子午线经度。

$X = \displaystyle\int_0^B M\mathrm{d}B$ ，X 为自赤道量起的子午线弧长。

$M = a(1-e^2)(1-e^2\sin^2 B)^{-\frac{3}{2}}$ ，M 为子午圈曲率半径。

$N = a(1-e^2\sin^2 B)^{-\frac{1}{2}}$ ，N 为卯酉圈曲率半径。

$e = \dfrac{\sqrt{a^2-b^2}}{a}$ ，e 为椭圆的第一偏心率。

2. AIS 和视频信息同步化处理

相机在拍摄视频时,拍摄 1 s 可以得到 25 帧图片,而 AIS 的更新率一般在 2～120 s 内变动,因此,在对 AIS 轨迹数据和视频测量所得位置数据进行关联和融合前,需要进行时间统一。

由于 AIS 更新时间的不确定性,在相对较小的内河桥区水域范围内,实际所得的轨迹点可能并不多,而视频数据 1 s 内可得到 20 多张,因此实验采用三次样条插值获取更多的 AIS 轨迹点,以实现两种传感器信息之间的同步化。以 MMSI 编号为 413812946 的船舶为例,其桥区水域部分 AIS 数据如表 5 - 6 所示。

表 5 - 6　示例船舶桥区水域部分 AIS 数据

时　　间	经度/(°)	纬度/(°)
2021 - 11 - 16 15:20:26	114.292 0	30.571 85
2021 - 11 - 16 15:20:56	114.291 7	30.571 42
2021 - 11 - 16 15:21:26	114.290 8	30.570 02
2021 - 11 - 16 15:21:56	114.290 5	30.569 52
2021 - 11 - 16 15:22:56	114.289 9	30.568 54

假设某 AIS 轨迹最近两个时间点与位置坐标分别为 (x_1, y_1, t_1),(x_2, y_2, t_2),$t_1 < t_2$,利用三次样条插值可以计算出中间各时刻的 AIS 轨迹点所在位置,如图 5 - 13 所示。

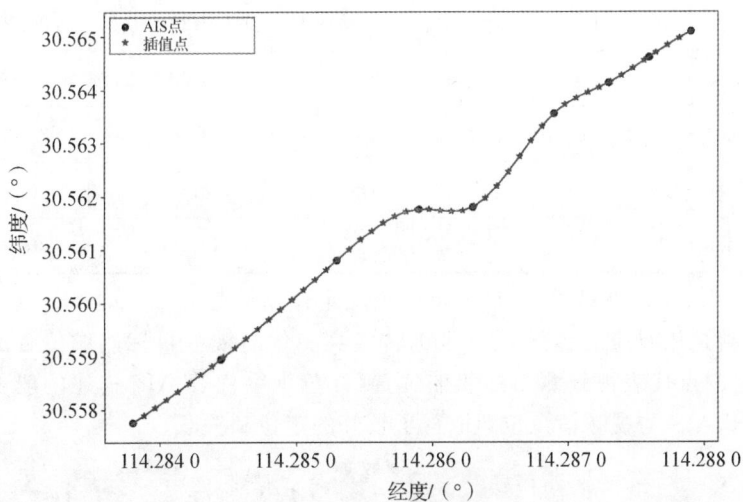

图 5 - 13　AIS 数据插值处理

3. 船舶测距与定位

在测距实验中,双目摄像机地理经纬度位置为(114°16′57.36″E,30°33′43.92″N)(WGS84 坐标系),在平面直角坐标系中转换为(114.282 6°,30.562 2°),方位角为东南128°,倾角为 1°。为记录更长的视频船舶轨迹,摄像机旋转角设为以东南

128°为基准,顺、逆时针旋转30°。

设相机和目标船舶的位置分别为 A 和 B,将 A 点经纬度坐标（Lon_A,Lat_A）利用高斯正算转换为高斯平面坐标（X_A,Y_A）,经测距得出 A、B 两点距离 d,已知方位角 α,B 点高斯平面坐标（X_B,Y_B）,将 B 点坐标进行高斯反算即可得出点 B 经纬度（Lon_B,Lat_B）。

以某段实际拍摄船舶视频为例,对目标船舶进行测距以及定位,结果如表 5-7 所示,其中距离指所测的垂直距离 Z_C,单位为 m。

表 5-7　示例船舶测距及定位数据

目　标	时　间	距离/m	经度(Lon)/(°)	纬度(Lat)/(°)
sand carrier	2021-11-16 15:21:11	269.507 7	114.290 26	30.563 61
sand carrier	2021-11-16 15:21:34	267.648 7	114.289 70	30.563 18
sand carrier	2021-11-16 15:21:46	260.027 5	114.289 26	30.562 97
sand carrier	2021-11-16 15:22:01	269.919 6	114.289 11	30.562 63
sand carrier	2021-11-16 15:22:18	274.675 7	114.288 83	30.562 29
sand carrier	2021-11-16 15:22:34	271.819 6	114.288 30	30.561 98
sand carrier	2021-11-16 15:22:52	273.484 1	114.288 01	30.561 65
sand carrier	2021-11-16 15:23:06	268.829 0	114.287 71	30.561 47
sand carrier	2021-11-16 15:23:20	272.552 0	114.287 47	30.561 18
sand carrier	2021-11-16 15:23:32	271.721 9	114.287 34	30.561 06

图 5-14(a)（见彩插）中是 3 幅经测距定位后的船舶图像,图 5-14(b)（见彩插）中则是相对应的 AIS 位置坐标转换到图像与视频目标船舶位置的比较,其中橙色圆点代表视频测出的船舶位置,红色十字代表 AIS 描述的船舶位置,可以看出,AIS 与视频信息位置取得了较好的定位和关联。

(a)

图 5-14　AIS 和视频轨迹坐标转换后目标船舶位置

(b)

续图 5-14　AIS 和视频轨迹坐标转换后目标船舶位置

5.4.3　融合多特征的船舶轨迹关联

实验中,AIS 和视频信息采用轨迹相似性度量的方法进行关联,度量流程如图 5-15 所示。其中,空间距离可采用实序列编辑距离(Edit Distance on Real sequence,EDR)法计算编辑次数,时间距离可利用两轨迹的起点距离、终点距离与轨迹的持续时间来衡量,船型特征可根据船长/宽与船舶类型进行区分。

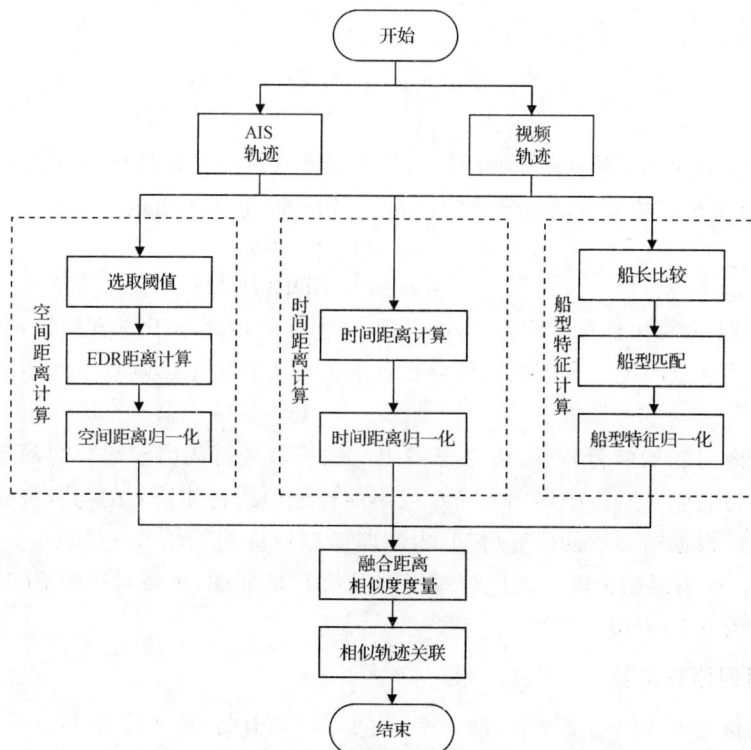

图 5-15　AIS 和视频轨迹相似性度量流程

1. 空间距离度量

轨迹空间距离采用 EDR 进行计算，通过对轨迹进行局部的拉伸或者缩放，可以对不同采样率和不同长度的轨迹进行相似性度量，其原理如下：

定义 1：给定两条轨迹 $P [1, \cdots, n]$ 和 $Q [1, \cdots, m]$ 上的两点 P_i 和 Q_j，若 $|P_{i,x} - Q_{j,x}| \leqslant \varepsilon$ 且 $|P_{i,y} - Q_{j,y}| \leqslant \varepsilon$（$\varepsilon$ 为距离阈值），则两点视为匹配（match），记为 $\mathrm{match}(P_i, Q_j) = \mathrm{true}$。

定义 2：给定两条轨迹 $P [1, \cdots, n]$ 和 $Q [1, \cdots, m]$，计算它们间的 EDR，即计算将 P 转化为 Q 需要删除、插入及替换操作的次数：

$$\mathrm{EDR}(P, Q) = f(n, m) \tag{5-46}$$

$$f(i, j) \begin{cases} j & (i = 0) \\ i & (j = 0) \\ \min \begin{cases} f(i-1, j-1) + \mathrm{subCost} \\ f(i-1, j) + 1 \\ f(i, j-1) + 1 \end{cases} & （其他） \end{cases} \tag{5-47}$$

式中：$i = 1, \cdots, n$；$j = 1, \cdots, m$。

$$\mathrm{subCost} = \begin{cases} 0 & （\mathrm{match}(P_i, Q_j) = \mathrm{true}） \\ 1 & （其他） \end{cases} \tag{5-48}$$

EDR 假设插入、删除及替换操作的代价都为 1，对 EDR 使用公式进行标准化，可以消除轨迹长度不同易导致的影响，得到标准化的 NEDR。

$$\mathrm{NEDR}_{D(P,Q)} = \frac{2 \times \mathrm{EDR}(P, Q)}{n + m + \mathrm{EDR}(P, Q)} \tag{5-49}$$

利用 EDR 算法计算空间距离时，当两轨迹点间距离小于阈值参数 ε 时，即可判定两轨迹点匹配。合理的阈值参数 ε 取值很大程度上影响着空间距离的计算效果。

对于内河船舶航行特征，可考虑借用船舶领域进行阈值参数 ε 的确定。船舶领域是指船舶在航行中周围不希望或不能被他船或物体侵入的与自身安全有关的水域。根据第 2 章的研究可知，内河船舶领域应为长轴 $3 \sim 4L$，短轴 $0.5 \sim 0.8L$，其中 L 为船舶长度。因此针对不同船长 L 的船舶，可将对应的 EDR 算法阈值 ε 设为 $0.5 \sim 0.8L$。

2. 时间距离度量

船舶轨迹的时间特征属于一维区间，实验中将两轨迹 $P [1, \cdots, n]$ 和 $Q [1, \cdots, m]$ 的时间距离记为轨迹起点时间差与轨迹终点时间差之和。为消除不同轨迹长度的影响，将起点、终点时间差之和除以两轨迹持续时间之和，可得

$$\text{Time}_{D(P,Q)} = \frac{|P_{1,t} - Q_{1,t}| + |P_{n,t} - Q_{m,t}|}{(P_{n,t} - P_{1,t}) + (Q_{m,t} - Q_{1,t})} \qquad (5-50)$$

由式(5-50)可知，只有当 $P_{1,t} = Q_{1,t}$ 且 $P_{n,t} = Q_{m,t}$ 时，计算得到的时间距离才为 0。时间距离模型如图 5-16 所示，P 与 Q_1 间的起点、终点时间差之和等于 P 与 Q_2 起点、终点时间差之和，但由于 Q_1 所占用的时间比 Q_2 所占用的时间长，根据式(5-50)求得 P 与 Q_1 的时间距离相对 P 与 Q_2 的时间距离要小，这与常规的逻辑判断相符。

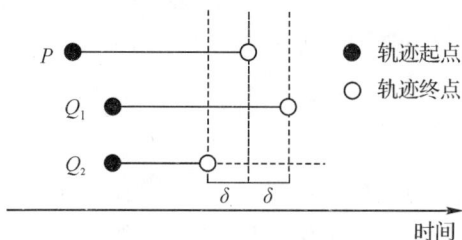

图 5-16　时间距离模型

3. 船型特征距离度量

在视频信息采集过程中发现，在同一时间下，两船空间位置距离较近的情形基本出现在大船与小船间，如图 5-17 所示，图中大船为杂货船，小船为运砂船，两者在船长、体型上有着较大差距，因此船舶属性也可以作为区分船舶的特征之一。

图 5-17　近距离下的不同船型特征船舶示例

在 AIS 信息中,可通过数据库的静态参数类获得所需船型特征,在视频图片中,经过训练后可通过卷积神经网络判断船型特征。假定轨迹 $P[1,\cdots,n]$ 比 $Q[1,\cdots,m]$ 短,即 $n \leqslant m$,则船型特征计算公式如下:

$$\mathrm{Type}_{D(P,Q)} = \frac{\sum_1^n |P_{\mathrm{len}} - Q_{\mathrm{len}}|}{n} \times \mathrm{Type}_{\mathrm{judge}} \tag{5-51}$$

$$\mathrm{Type}_{\mathrm{judge}} = \begin{cases} 1, & \mathrm{Type}_P = \mathrm{Type}_Q \\ \infty, & 其他 \end{cases} \tag{5-52}$$

式中:P_{len}、Q_{len} 为两轨迹所代表船舶的长度;$\mathrm{Type}_{\mathrm{judge}}$ 为对两船舶类型的判断,相同时取 1,否则为拒绝。

4.轨迹关联实例

由于 3 种距离度量方法的单位属于不同量纲,所以需要对其进行归一化处理后再计算比较。以时间距离为例,假设某一时段该区域有 k 条轨迹,经计算,k 条轨迹间互相时间距离为 $\mathrm{Time\_D}(p,q)$,其中 $p = 1, 2, \cdots, k$,$q = 1, 2, \cdots, k$,且 $p \neq q$。记 k 条轨迹两两间最大时间距离为 $\mathrm{Time}_{D_{\max}}$,最小时间距离为 $\mathrm{Time}_{D_{\min}}$,则将 P 和 Q 轨迹间时间距离归一化为

$$\mathrm{Time}_{D(P,Q)\mathrm{norm}} = \frac{\mathrm{Time}_{D(p,q)} - \mathrm{Time}_{D_{\min}}}{\mathrm{Time}_{D_{\max}} - \mathrm{Time}_{D_{\min}}} \tag{5-53}$$

通过式(5-53)可将时间距离转为 $[0,1]$ 区间,消除量纲影响,对空间距离、船型特征均作归一化处理,可以计算最终的轨迹相似性度量,见下式:

$$\mathrm{Dist}_{P,Q} = \mathrm{NEDR}_{D(P,Q)} + \mathrm{Time}_{D(P,Q)} + \mathrm{Type}_{D(P,Q)} \tag{5-54}$$

本章研究桥区水域的 AIS 和视频中船舶信息融合,视频采集点为武汉长江大桥附近,测量范围为桥前 $400\sim1\,400$ m 的水域,大致范围为长 $1\,200$ m、宽 $1\,000$ m 的矩形区域,如图 5-18 所示。视频轨迹数据通过摄像头采集,AIS 信息可通过查询 AIS 数据库获取当下时段进入该区域的船舶轨迹。

以某示例视频中船舶检测跟踪为例,利用测距与定位原理获取位置信息,并重构其视频船舶轨迹,记为 video track;另外,从 AIS 数据中导入处于观测区域的 5 条船舶轨迹,分别记为 AIS1 track、AIS2 track、AIS3 track、AIS4 track、AIS5 track。各轨迹经纬度分布如图 5-19 所示。

利用轨迹距离公式,分别进行 video 测量轨迹与 AIS1、AIS2、AIS3、AIS4、AIS5 轨迹的空间、时间和船型特征距离的计算(见表 5-8),若出现船舶类型不匹配(如 video-AIS5),则将船型特征距离记作拒绝状态。

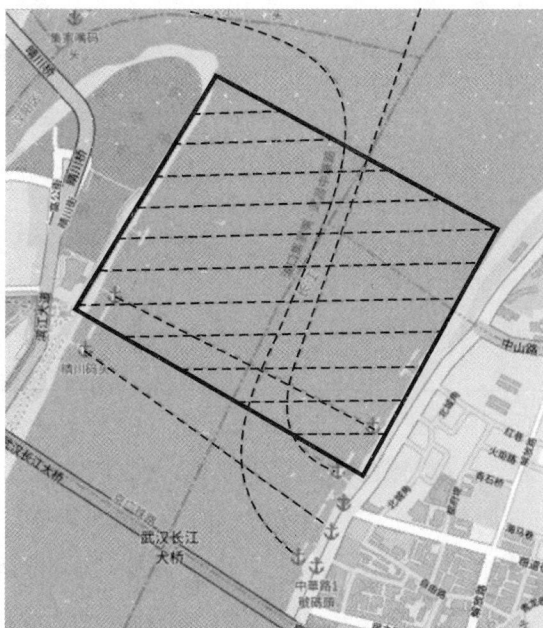

图 5-18　船舶轨迹测量范围

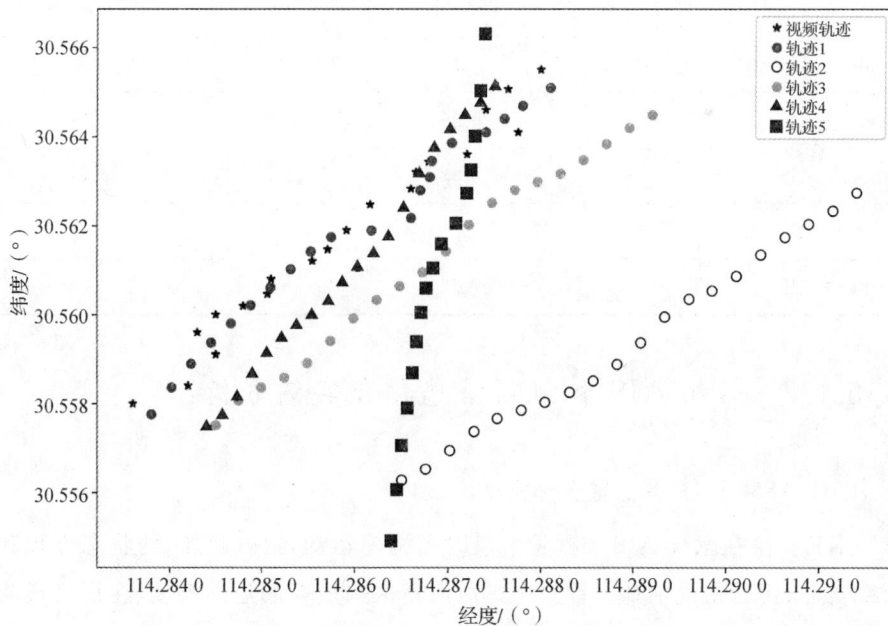

图 5-19　video-AIS 船舶轨迹经纬度分布

表 5 - 8　video - AIS 轨迹距离计算

	空间距离/次	时间距离/h	船型特征距离/m
video - AIS1	9	0.014	4.964
video - AIS2	20	1.052	9.195
video - AIS3	20	3.557	14.853
video - AIS4	16	3.619	27.637
video - AIS5	18	2.617	—

对表 5 - 8 中的各距离进行距离归一化计算可得最终融合距离,如表 5 - 9 所示:轨迹 AIS5 与 video 检测出的船型不匹配,融合距离记为拒绝状态;轨迹 AIS1~4 中与 video 测量轨迹融合距离最小的为 AIS1 轨迹,并且其在空间距离、时间距离、船型特征距离比较上都是最小的,容易判断出两轨迹便是最终匹配的轨迹。

表 5 - 9　video - AIS 归一化及融合距离

	NEDR_D	Time_D	Type_D	Fusion_D
video - AIS1	0	0	0	0
video - AIS2	1	0.29	0.19	1.48
video - AIS3	1	0.98	0.45	2.43
video - AIS4	0.64	1	1	2.64
video - AIS5	0.82	0.72	—	—

5.4.4　船舶 AIS 和视频信息融合实例分析

1.WAM 和 FKF 算法融合分析

FKF 算法在融合 AIS 和视觉信息时需构建运动目标(船舶)的状态方程和观测方程来进行最优估计。首先构建内河桥区水域船舶运动模型,在现场观测中发现,船舶在内河过桥前后速度 v 基本不会变化,航向 φ(以正北方向为基准顺时针旋转)会随着航道走向有微调,因此内河桥区水域的船舶运动方程模型如

图 5 - 20 所示。

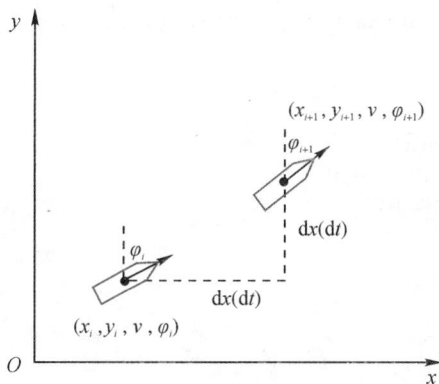

图 5 - 20　内河桥区水域的船舶运动模型

$$x_{i+1} = x_i + v \times \sin(\varphi_i) \times \mathrm{d}t \tag{5-55}$$

$$y_{i+1} = y_i + v \times \cos(\varphi_i) \times \mathrm{d}t \tag{5-56}$$

式中:(x, y) 由坐标转换公式换算为 $(\mathrm{lon}, \mathrm{lat})$。

根据卡尔曼滤波原理,t 时刻船舶运动状态方程可写为

$$X_t = \boldsymbol{A}_t X_{t-1} + \boldsymbol{B}_t \boldsymbol{\Psi}_{t-1} + W_t \tag{5-57}$$

式中:位置转移矩阵 $\boldsymbol{A}_t = \begin{bmatrix} 1 & 0 \\ 0 & 1 \end{bmatrix}$;$\boldsymbol{B}_t$ 为控制输入矩阵;W_t 为系统噪声。测量方程为

$$Z_t = \boldsymbol{H}_t X_t + V_t \tag{5-58}$$

式中:量测矩阵 $\boldsymbol{H}_t = \begin{bmatrix} 1 & 0 \\ 0 & 1 \end{bmatrix}$;$V_t$ 为量测噪声。

以实验船舶 ship1 为例,WAM 和 FKF 算法融合 AIS 与视频轨迹值效果如图 5 - 21(见彩插)所示。

船舶轨迹融合性能指标可采用均方根误差(Root Mean Square Error,RMSE)描述,RMSE 可以衡量测量值与真实值间的拟合程度,均方根误差越小,代表测量精度越高。其表达式为

$$\mathrm{RMSE} = \sqrt{\dfrac{\sum_{t=1}^{N} \{ [x_t - \hat{x}_t]^2 + [y_t - \hat{y}_t]^2 \}}{N}} \tag{5-59}$$

式中：x_t、y_t 分别表示观测经度、纬度位置；$\hat{x}_t$、$\hat{y}_t$ 分别代表真实经度、纬度位置；N 为观测数据量。WAM 和 FKF 算法融合 AIS 与视频轨迹误差如图 5－22 所示。

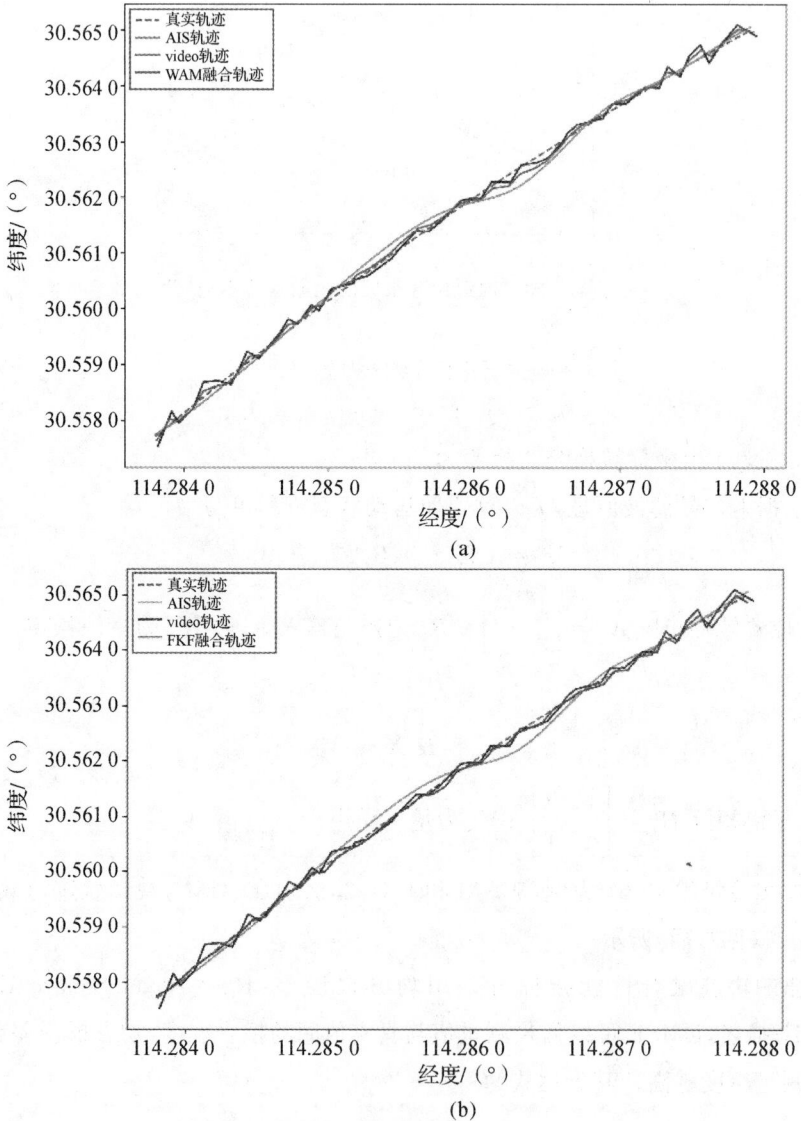

(a)

(b)

图 5－21　WAM 和 FKF 算法融合比较

（a）WAM；（b）FKF

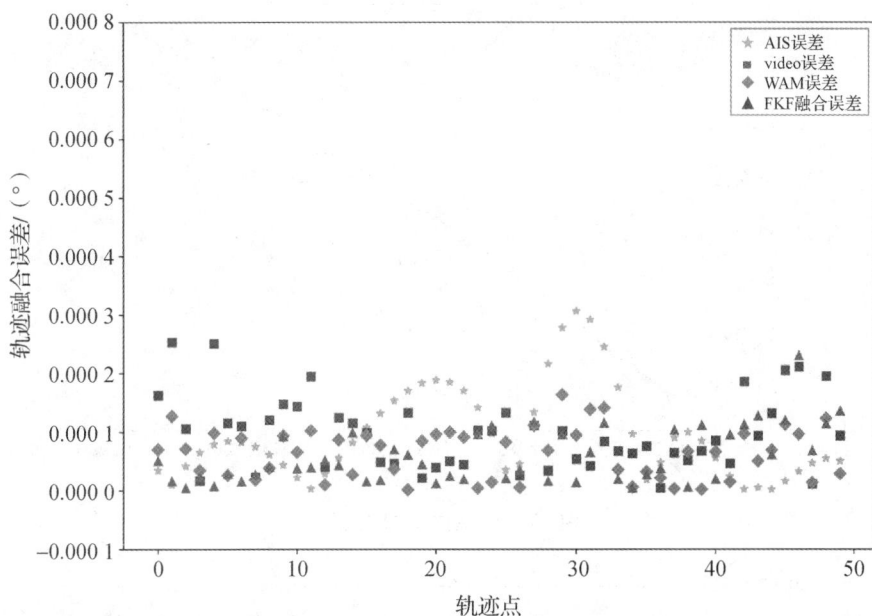

图 5-22　融合轨迹误差分布

从图 5-21 和图 5-22 中可以看出：WAM 融合轨迹取值在 AIS 和 video 轨迹值之间，受 video 误差波动的影响较大，轨迹较曲折；FKF 融合后轨迹位置相比单一传感器更接近真实轨迹，轨迹前段表现平稳，但在后段出现滤波发散现象，通常是由噪声模型不准确累积导致。AIS 轨迹均方根误差约为 $1.97 \times 10^{-4}(°)$，video 轨迹均方根误差约为 $1.93 \times 10^{-4}(°)$，WAM 融合轨迹均方根误差约为 $1.39 \times 10^{-4}(°)$，FKF 融合轨迹均方根误差约为 $1.14 \times 10^{-4}(°)$，融合后位置精度明显提高，且 FKF 方法融合效果要较优于 WAM 方法。

2. AFKF 算法融合分析

同样以实验船舶 ship1 为例，采用 AFKF 算法对船舶 AIS 和视频信息进行融合，融合后的船舶轨迹如图 5-23（见彩插）所示，融合后轨迹误差如图 5-24 所示。

由图 5-23 与图 5-24 可知，AFKF 融合轨迹与 FKF 融合轨迹在前段相差不大，但在轨迹后段却不会出现轨迹发散的现象。FKF 融合轨迹均方根误差约为 $1.14 \times 10^{-4}(°)$，AFKF 融合轨迹均方根误差约为 $0.82 \times 10^{-4}(°)$，抑制滤波发散后误差明显降低，可知 AFKF 算法融合效果要优于传统 FKF 算法。

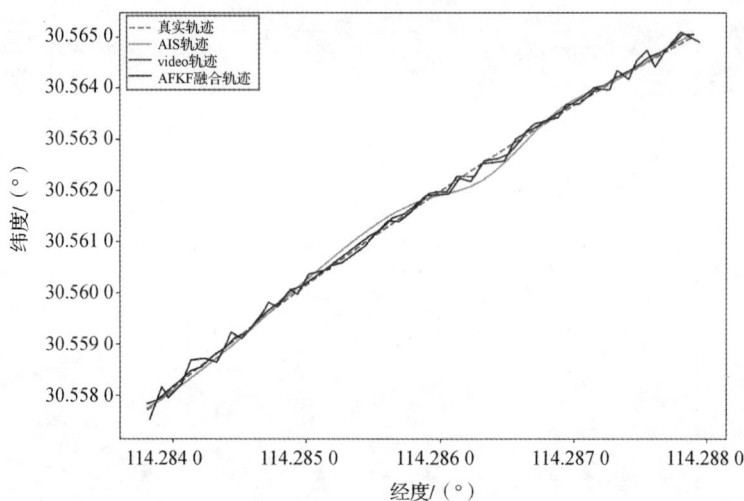

图 5 - 23　AFKF 融合效果

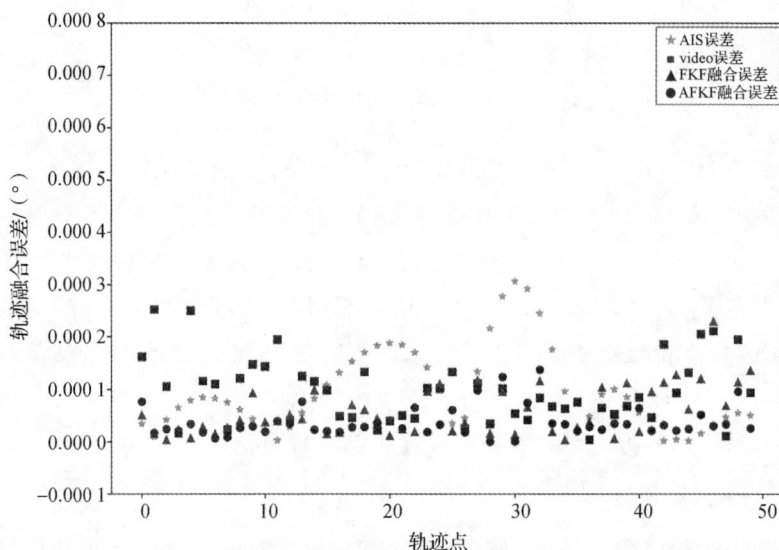

图 5 - 24　融合轨迹绝对值误差分布

3. AIS 和视频信息融合效果检验

(1)轨迹融合效果。实验另外选取其他四艘船舶目标进行融合实验验证,采用 WAM、FKF 和 AFKF 方法进行对比实验,实验结果如图 5 - 25(见彩插)和图 5 - 26(见彩插)所示,融合后误差分布如图 5 - 27 所示,RMSE 比较如表 5 - 10 所示。

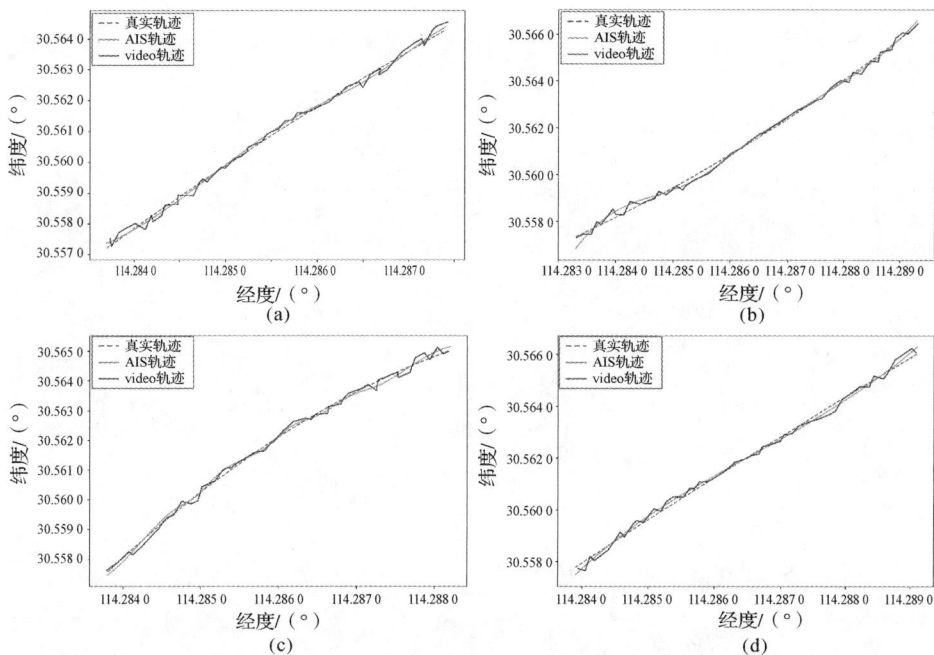

图 5-25　各船舶原始轨迹效果

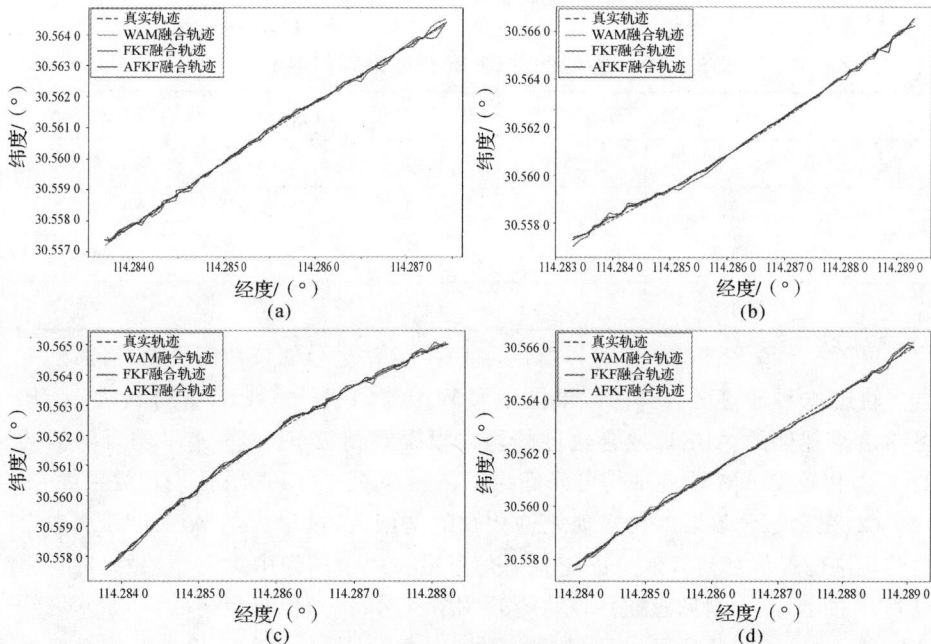

图 5-26　各船舶轨迹融合效果

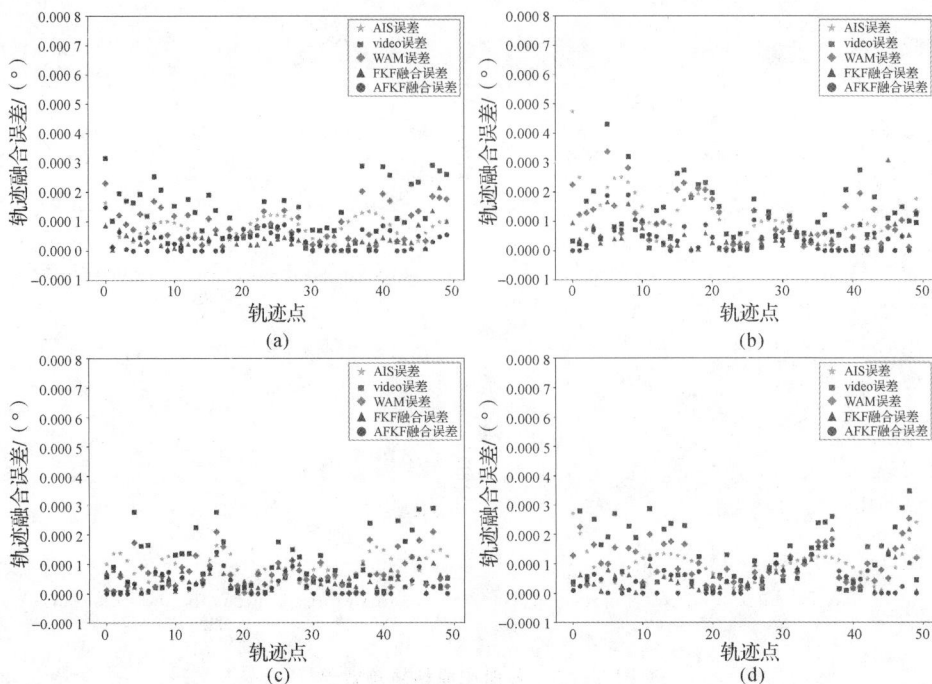

图 5-27　各船舶轨迹绝对值误差分布

表 5-10　各船舶轨迹 RMSE 比较($1×10^{-4}$)

	AIS/(°)	video/(°)	WAM/(°)	FKF/(°)	AFKF/(°)
ship a	1.25	2.37	1.68	1.12	0.81
ship b	2.04	2.43	1.75	1.28	1.07
ship c	1.46	2.03	1.50	1.03	0.84
ship d	1.81	2.56	2.01	1.47	1.13

　　由图 5-26 和图 5-27 可以看出,AFKF 算法融合轨迹精度更高,更加贴近真实轨迹,3 种轨迹融合算法效果排序为 WAM<FKF<AFKF。分析表 5-10可知,4 艘船舶的 AFKF 融合轨迹的均方根误差相较 FKF 轨迹平均可降低约21.4%,相较 WAM 轨迹平均可降低约 44.6%,可见,AFKF 方法表现效果优秀。

　　(2)视觉融合效果。在实现航迹关联的基础上,可以将经 AFKF 算法融合后的轨迹位置信息与其他 AIS 静动态信息融入视频图像中对应船舶处,进行信息互补,如图 5-28(见彩插)所示,船舶 MMSI 号、离摄像机距离(Distance)、经/纬度(Lon/Lat)等信息可以在目标检测框上方显示,红色十字代表船舶融合轨迹点位置。

图 5 - 28　船舶 AIS 和视频信息融合效果

(a)实例 1；(b)实例 2

图 5 - 28(b)中，出现船舶"叠位"情形，单纯以视频目标检测算法只能检测出后面的杂货船，而未能正确检测到前面的小型运砂船，但在 AIS 数据中可同时提取到两艘船舶的信息，经坐标转换后可将运砂船信息投影在图像中，可以发现，红色十字坐标位置与图像中船舶位置略有偏差，但仍能较好地反映船舶信息。

船舶检测准确率的评价指标可用船舶检测率（Ship Detection Rate，SDR）φ_{SDR} 表示，即检测出的有效船舶数量占实际船舶数量的比值，表达式如下：

$$\varphi_{SDR} = \frac{\varphi_{DS}}{\varphi_{AS}} \qquad (5-60)$$

式中：下标 DS（Detection Ships）代表传感器检测到的有效船舶数目；下标 AS（Actual Ships）代表航道中实际经过的船舶数目。

对于采集的 AIS 和视频图片数据，可以进行单传感器船舶检测率及融合检测率验证。挑选 800 张图片，人工统计其中实际船舶数目为 1 037 艘，AIS 检测出的有效船舶数目为 929 艘，视频正确检测出的船舶数目为 978 艘，融合两者信息所能检测出的船舶数目为 1 002 艘，利用式(5-60)计算各方式检测率，结果如表 5 - 11 所示。

表 5 - 11　AIS 和视频中船舶信息融合检测结果

船舶总数/艘	AIS 检测率/（%）	视频检测率/（%）	融合检测率/（%）
1 037	89.59	94.31	96.62

由表 5 - 11 可知，AIS 的船舶检测率要低于视频的船舶检测率，这主要是由于 AIS 相较于视频更新频率低，且在信息传送中易出现缺失值或错误值，不能有效表示船舶。基于深度特征学习后的视频检测率较高，但易受光照条件或船

舶叠位、遮挡等因素影响。在融合 AIS 和视频信息后,检测率可以达到96.62%,相对单个 AIS 和视频传感器检测率平均提高了 4.67%,且目标船舶的静动态信息也可直观显示,能更好地实现内河桥区水域实时感知与处理功能。

5.5 本 章 小 结

本章针对船舶 AIS 和视频信息融合进行了深入研究,首先介绍了信息融合有关的基本概念以及分类标准,分析了现有主流的信息融合方法的优势和不足。然后,针对 AIS 和视频信息的特点,提出了桥区水域船舶多源异构信息融合模型。其次,通过空间坐标转换和时间插值实现了 AIS 和视频测量数据的时空同步,并基于双目视觉测距技术实现了目标船舶的测距与定位,根据 AIS 和视频测得数据的相似特征,设计了融合多特征的轨迹相似性度量算法,对轨迹间空间距离、时间距离以及船型特征距离进行综合计算,确定了最佳关联轨迹。最后,提出了自适应联邦卡尔曼滤波算法,实现了 AIS 和视频信息的精准融合,通过多种工况下的融合实验可知,轨迹位置精度可提高约 21.4%,且相对单个 AIS 和视频监控传感器,融合后的船舶检测率平均可提高约 4.67%。研究成果有效提升了船舶驾引人员的环境感知能力,可进一步降低船舶碰撞风险,保障航行安全。

第6章　总结与展望

6.1　总　　结

本书在船舶智能化发展的背景下,在内河复杂水域船舶碰撞现状的基础上,结合多年来笔者的研究工作基础,从通航安全和船舶自主航行出发,凝练出了船舶行为建模与视觉协同感知关键技术,深入研究了桥区水域船舶非安全行为识别模型、复杂水域船舶目标检测模型、基于双目立体视觉的船舶监测系统以及AIS和视频监控信息融合感知模型,主要研究内容总结如下。

1. 船舶非安全行为建模与识别

(1)桥区水域 AIS 数据的采集、处理。首先对所采集到的原始船舶数据进行了详细介绍,其次通过船舶轨迹特征提取、清洗与插值完成了 AIS 数据的预处理工作,最后设计了自适应阈值的改进 D-P 轨迹压缩算法,解决了数据冗余问题。

(2)桥区水域非安全行为特征提取。根据桥区水域的环境特征与过桥船舶的航行特点定义了超速、掉头、横越、追越与并列行驶 5 种非安全行为,结合船舶的经纬度、时间、航速、航向特征分析了 5 种行为的行为规律,并设计了相应的特征提取与判别算法。

(3)桥区水域非安全行为识别模型建立。根据 AIS 数据序列的特征,结合卷积神经网络和长短期记忆网络两者的优势,搭建了深度 CNN-LSTM 模型识别桥区水域的 5 种违章行为,在保留序列全局特征的同时,对局部特征进行了更加准确的提取,提高了序列数据处理的准确性。实验证明,所提出的深度卷积时序算法在识别任务上,相比于传统 CNN、LSTM 模型表现更加优秀。

2. 内河复杂环境下船舶目标检测

(1)目标检测原理及改进方案。视觉感知作为一种辅助感知方式,能够识别航行环境中的各类障碍物以及助航设施,从而进一步提高船舶航行的安全性。本书详细介绍了基于候选区域和回归思想的目标检测算法的原理和基本流程,分析了现有检测算法的优点和不足。为突破现有检测算法的局限性,提出了一种针对内河船舶目标的轻量级检测算法,实现了不同尺度船舶目标的精准识别。

(2)雾天船舶图像增强感知方法。为解决雾天环境下摄像机采集图像质量下降、检测算法精度降低的问题,根据大气散射模型提出了一种基于改进 AOD-Net 的去雾算法。该算法通过引入混合空洞卷积提升了网络感受野,减少了信息丢失,并采用特征注意融合模块结合注意力机制和残差连接,提升去雾能力的同时可保留更多图像信息。此外,使用混合损失函数提升了去雾图像质量。通过在自制数据集上的实验验证,所提出的去雾算法在雾天场景下具有较好的去雾效果和实用性。

(3)开展了不同雾霾环境下船舶目标视觉增强检测实验,结果表明,所设计的目标检测算法实现了视觉增强后不同尺度船舶的精准识别,误检和漏检均较低,mAP 值达到了 93.4%,且具有较高的实时性和鲁棒性。

3. 基于双目立体视觉的船舶目标测距

(1)双目立体视觉测距模型。首先,详细阐述了相机成像的几何模型,对成像过程中涉及的世界坐标系、相机坐标系、图像坐标系、像素坐标系之间的转换关系与相机的畸变进行了分析。然后,为了克服相机畸变的影响,深入研究了张正友标定法基本原理,并采用棋盘格标定法进行双目标定,以获取相机内参和外参矩阵。

(2)为提高双目测距精度,弥补远距离目标特征信息的不足,首先采用 FSRCNN 算法对船舶图像进行了超分辨率重建,有效提高了信息丰富度。然后,为提高船舶特征提取的速度和精度,采用 ORB 算法实现双目图像之间的特征检测与匹配任务,提高了视差计算的准确性。

(3)设计了基于双目立体视觉的船舶目标监测系统架构,详细介绍了船舶监测系统的硬件和软件开发平台,并采用 PyQt5 框架对交互界面进行了设计。通过在实际环境下进行实验,结果表明,相对于原始图像测距,基于超分图像测距误差更小,在 350 m 范围内测距误差约 2%。

4. 船舶 AIS 和视觉信息融合感知

(1)环境感知是智能船舶研究与发展的重要一环,无论是自主航行还是与周围通航环境进行复杂信息交互,都依赖于其环境智能感知系统。本书首先详细介绍了 AIS 通信系统和 CCTV 监控系统的构成,然后阐述了多源异构数据融合的基本原理和流程,最后重点介绍了几种典型的数据融合算法。

（2）通过空间坐标转换和时间插值同步，实现了 AIS 和视频测量数据的时空同步；并依据 AIS 和视频监控数据特征，设计了融合多特征的轨迹相似性度量算法，对轨迹间空间距离、时间距离以及船型特征距离进行了综合计算，确定了最佳关联轨迹。

（3）根据 AIS 和视频信息的特点构建了 AIS 和视频信息融合模型框架，在联邦卡尔曼滤波算法基础上，进一步提出了自适应联邦卡尔曼滤波算法，改进自适应 Sage‐Husa 滤波实现了对船舶观测噪声统计特性的实时估计与修正，从而改善了滤波算法发散问题，并设计了自适应信息分配因子来抑制单个传感器轨迹异常点的干扰，实验结果表明，融合后轨迹位置精度可提高约 21.4%，且相对单个 AIS 和视频监控传感器，融合后的船舶检测率平均可提高约 4.67%。

6.2　展　　望

本书旨在突破船舶行为建模和视觉协同感知关键技术，为能真正实现船舶自主航行，提出了桥区水域船舶非安全行为识别方法、基于双目立体视觉的内河船舶监测方法、复杂环境下船舶目标检测方法以及船舶 AIS 和视频监控信息融合感知方法，有效促进了桥区水域船舶通航安全保障技术的发展，为船桥主动防碰撞提供了技术参考，为海事监管和船舶安全航行提供了技术支持，有力保障了桥区水域船舶航行安全和通航环境安全。

本书相关研究对于船舶安全通航产生了一定程度上的积极影响，有力推动了船舶智能化、信息化的发展进程，但仍存在较多需要完善和改进的地方，在后期的研究工作中，计划从以下几个方面展开进一步的研究。

（1）在船舶非安全行为识别过程中，所建立的模型对于船舶缓慢淌航、缓慢追越等行为识别效果不佳，应综合考虑船舶自身操纵性能、他船动态以及通航环境等因素，建立具有鲁棒性的船舶非安全识别模型。

（2）在复杂场景下船舶目标检测过程中，本书设计了一种针对内河船舶的轻量级船舶目标检测模型，并实现了雾天环境下船舶图像视觉增强感知，但该算法对于存在严重遮挡的船舶目标无法进行有效检测，且缺乏雨天、雪天等恶劣环境下的视觉增强研究，在后期的工作中期望突破这些局限，实现全天候船舶视觉检测。

（3）在双目立体视觉测距研究中，所采用的相机设备是基于岸基的平行架构，监控区域较为狭窄，在后期的工作中应着重研究非平行双目架构，并研究基于垂直或交叉视角的双目测距模型，突破系统监测局限。

（4）目前，船载和岸基传感器设备较多，以雷达、AIS 和视频监控设备为主，在本书的多源信息融合感知研究中，重点介绍了 AIS 和视频信息之间的有效融合，在后面的研究工作中应加入其他传感器信息，进一步提升信息置信度。在融合算法的选择方面，应以深度学习算法为突破点，实现多传感器信息之间的实时交互与融合。

参 考 文 献

[1] 交通运输部.交通运输部关于印发《数字交通"十四五"发展规划》的通知 [EB/OL].(2021 - 10 - 25)[2023 - 12 - 10].https://xxgk.mot.gov.cn/ 2020/jigou/zhghs/202112/t202112223632469.html.

[2] 交通运输部.交通运输部关于印发《绿色交通"十四五"发展规划》的通知 [EB/OL].(2021 - 10 - 29)[2023 - 12 - 10].http://www.gov.cn/zhengce/ zhengceku/2022 - 01/21/content_5669662.htm.

[3] 甄荣.基于 AIS 信息的港口水域船舶异常行为识别研究[D].厦门:集美大 学,2015.

[4] 刘敬贤,文元桥.基于船舶行为特征的港口航道通过能力仿真[J].大连海 事大学学报,2009,35(2):31 - 33.

[5] 张代勇,吴青,钟诚,等.内河船舶行为特征提取方法研究[C]//中国智能交 通协会.第十二届中国智能交通年会大会论文集.北京:电子工业出版社, 2017:1 - 9.

[6] VAN HAGE W R,MALAISÉ V,DE VRIES G K D,et al.Abstracting and reasoning over ship trajectories and web data with the simple event model[J].Multimedia Tools and Applications,2012,57(1):175 - 197.

[7] XIAO F L,LIGTERINGEN H,GULIJK C V,et al.Comparison study on AIS data of ship traffic behavior[J].Ocean Engineering,2015,95:84 - 93.

[8] RONG H,TEIXEIRA A P,SOARES C G.Data mining approach to shipping route characterization and anomaly detection based on AIS data [J].Ocean Engineering,2020,198:106936.

[9] ZHOU Y,DAAMEN W,VELLINGA T,et al.Ship classification based on ship behavior clustering from AIS data[J].Ocean Engineering,2019,175: 176 - 187.

[10] 文元桥,宋荣鑫,黄亮,等.船舶行为的语义建模与表达[J].哈尔滨工业大 学学报,2021,53(8):109 - 115.

[11] WANG W G,CHU X M,JIANG Z L,et al.Classification of ship trajectories by using naiveBayesian algorithm[C]//2019 5th International Conference on Transportation Information and Safety（ICTIS）.Liverpool：IEEE，2019：466-470.

[12] QIAN L,ZHENG Y Z,LI L,et al.A new method of inland water ship trajectory prediction based on long short-term memory network optimized by genetic algorithm[J].Applied Sciences,2022,12(8):4073.

[13] LIU C,LIU J X,ZHOU X,et al.AIS data-driven approach to estimate navigable capacity of busy waterways focusing on ships entering and leaving port[J].Ocean Engineering,2020,218(1):108215.

[14] 陈克嘉.基于 AIS 的内河船舶过桥行为画像研究[D].武汉:武汉理工大学,2019.

[15] MAZZARELLA F,VESPE M,DAMALAS D,et al.Discovering vessel activities at sea using AIS data:mapping of fishing footprints[C]//17th International Conference on Information Fusion.Salamanca:IEEE,2014:1-7.

[16] 朱姣,刘敬贤,陈笑,等.基于轨迹的内河船舶行为模式挖掘[J].交通信息与安全,2017,35(3):107-116.

[17] ZOUAOUI S,ROY V,MAIZI N.Behavior analysis modulus for harbor security[C]//2012 Oceans.Hampton Roads:IEEE,2012:1-9.

[18] 何帆,何正伟,杨帆,等.基于电子海图的船舶异常行为识别方法研究[J].武汉理工大学学报(交通科学与工程版),2019,43(4):631-636.

[19] 李爽.基于 AIS 的渔船可疑行为检测[D].大连:大连海洋大学,2022.

[20] D'AFFLISIO E,BRACA P,WILLETT P.Malicious AIS spoofing and abnormal stealth deviations:a comprehensive statistical framework for maritime anomaly detection[J].IEEE Transactions on Aerospace and Electronic Systems,2021,57(4):2093-2108.

[21] 马杰,李文楷,张春玮,等.基于 AIS 数据的交汇水域船舶会遇态势辨识[J].中国航海,2021,44(1):68-74.

[22] 靳晓雨.船舶轨迹的分析与预测方法[D].北京:北京邮电大学,2018.

[23] 王畅.基于 AIS 数据的船舶靠泊行为研究[D].大连:大连海事大学,2020.

[24] 杨帆,何正伟,何帆.基于 LSTM 神经网络的船舶异常行为检测方法[J].武汉理工大学学报(交通科学与工程版),2019,43(5):886-892.

[25] 王立林,刘俊.基于多尺度卷积的船舶行为识别方法[J].计算机应用,

2019,39(12):3691 - 3696.

[26] YAO Y,JIANG Z G,ZHANG H P,et al. Ship detection in optical remote sensing images based on deep convolutional neural networks[J]. Journal of Applied Remote Sensing,2017,11(4):042611.

[27] DAI H,DU L,WANG Y,et al. A modified cfar algorithm based on object proposals for ship target detection in SAR images [J]. IEEE Geoscience and Remote Sensing Letters,2016,13(12):1925 - 1929.

[28] ZHAO H W,ZHANG W S,SUN H Y,et al. Embedded deep learning for ship detection and recognition[J]. Future Internet,2019, 11 (2): 53 - 65.

[29] REN S Q,HE K M,GIRSHICK R,et al. Faster R-CNN:towards real-time object detection with region proposal networks[J]. IEEE Transactions on Pattern Analysis and Machine Intelligence,2017, 39 (6):1137 - 1149.

[30] REDMON J,DIVVALA S,GIRSHICK R,et al. You only look once: unified, real-time object detection[C]// 2016 IEEE Conference on Computer Vision and Pattern Recognition. Las Vegas:IEEE, 2016: 779 - 788.

[31] LIU W,ANGUELOV D,ERHAN D,et al. SSD:single shot multibox detector[J].Computer Vision,2016,9905(2):21 - 37.

[32] DOSOVITSKIY A,BEYER L,KOLESNIKOV A,et al. An image is worth 16x16 words:transformers for image recognition at scale[C]// International Conference on Learning Representations.[S.l.:s.n.],2021: 1 - 22.

[33] LI H,DENG L B,YANG C,et al. Enhanced YOLO v3 tiny network for real-time ship detection from visual image[J]. IEEE Access,2021,9: 16692 - 16706.

[34] CHEN D H,SUN S R,LEI Z J,et al. Ship target detection algorithm based on improved YOLOv3 for maritime image [J]. Journal of Advanced Transportation,2021,2021(8):9440212.

[35] HAN X,ZHAO L N,NING Y,et al. ShipYOLO:an enhanced model for ship detection[J]. Journal of Advanced Transportation, 2021, 2021 (5):1060182.

[36] ZHOU S Y,YIN J. YOLO-Ship:a visible light ship detection method

[C]//2022 2nd International Conference on Consumer Electronics and Computer Engineering (ICCECE).Guangzhou:IEEE,2022:113-118.

[37] ZHAO M,SUN D Y.An anchor-free object detection network for arbitrarily-orientated ships in large-scale remote sensing images[J].Remote Sensing Letters,2021,12(12):1184-1193.

[38] ZHANG M Y,RONG X W,YU X Y.Light-SDNet:a lightweight CNN architecture for ship detection[J].IEEE Access,2022,10:86647-86662.

[39] TIAN L,CAO Y,HE B K,et al.Image enhancement driven by object characteristics and dense feature reuse network for ship target detection in remote sensing imagery[J].Remote Sensing,2021,13(7):1327-1347.

[40] WANG T B,LIU B Q,WANG Y,et al.Research situation and development trend of the binocular stereo vision system[C]//1st International Conference on Materials Science,Energy Technology,Power Engineering.Hangzhou:Amer Inst Physics,2017:15-16.

[41] ZHENG Y,PENG S L.A practical roadside camera calibration method based on least squares optimization[J].IEEE Transactions on Intelligent Transportation Systems,2014,15(2):831-843.

[42] NGUYEN P H,AHN C W.Stereomatching methods for imperfectly rectified stereo images[J].Symmetry,2019,11(4):570-590.

[43] WANG C L,ZOU X J,TANG Y C,et al.Localisation of litchi in an unstructured environment using binocular stereo vision[J].Biosystems Engineering,2016,145:39-51.

[44] GAI Q Y.Optimization of stereo matching in 3D reconstruction based on binocular vision[J].Journal of Physics:Conference Series,2018,960:012029.

[45] DUAN S L,LI Y F,CHEN S Y,et al.Research on obstacle avoidance for mobile robot based on binocular stereo vision and infrared ranging[C]//2011 9th World Congress on Intelligent Control and Automation.[S.l.]:IEEE,2011:1024-1028.

[46] MA Y Z,TAO L Y,WANG X H.Application of Computer Vision Technology[J].Test Technol,2006,26(1):60-65.

[47] 黄椰.基于双目立体视觉技术的船舶轨迹跟踪方法研究[D].武汉:武汉理工大学,2017.

[48] 郑坤,姜文正,卢晓,等.基于双目立体视觉的海浪波面三维重建技术[J].

科学技术与工程,2021,21(6):2392-2396.

[49] 雷洁.基于双目视觉的船模运动控制方法与航迹跟踪实验[D].哈尔滨:哈尔滨工程大学,2020.

[50] 李建起.基于双目测距的卡尔曼滤波船舶轨迹跟踪[J].电子制作,2019,27(20):46-48.

[51] 卢俊.基于双目立体视觉的船舶高度测量系统研究[D].大连:大连海事大学,2021.

[52] 张啸尘,赵建森,王胜正,等.基于YOLOv3算法的船舶双目视觉检测与定位方法[J].上海海事大学学报,2021,42(1):26-32.

[53] 金超.基于特征点的双目立体视觉船舶测距技术研究与应用[D].哈尔滨:哈尔滨工程大学,2021.

[54] 陶韬.基于双目视觉的水面船舶特征提取与测量研究[D].武汉:武汉理工大学,2020.

[55] 孙辉.船岸网络与信息安全管理探究[J].航海,2018(6):62-65.

[56] 生力军.基于MIS的船岸通信信息系统设计与研究[J].舰船科学技术,2017,39(20):120-122.

[57] 李长君.日照港首次实现岸-船网络互连[J].港口科技,2014(10):32-33.

[58] 陈超,郑元璋.基于B/S结构的船岸一体化管理信息系统[J].中国航海,2013,36(4):56-58.

[59] 严忠贞,谢磊,王哲月.船岸一体化多源信息融合研究[C]// 第七届中国智能交通年会学术委员会.第七届中国智能交通年会优秀论文集.北京:中国智能交通协会,2012:211-217.

[60] 刘波.船岸信息一体化的研究与实现[D].西安:西安电子科技大学,2011.

[61] 周晓菱.基于Web技术的船岸一体化信息平台研究[D].上海:上海海事大学,2005.

[62] 沈炜.导航雷达和AIS信息融合方法及应用研究[D].南京:南京理工大学,2019.

[63] 俞金龙.船载AIS和雷达数据关联及融合[J].声学与电子工程,2018(4):58-61.

[64] 张蒙蒙.船只目标多传感器数据融合算法研究[D].呼和浩特:内蒙古大学,2021.

[65] 汪旸.VTS系统的多雷达视频融合方法研究[D].上海:上海交通大学,2019.

[66] 王维刚.基于图像识别的船舶智能航行环境融合感知算法研究[D].武汉:

武汉理工大学,2020.

[67] 长江海事局.长江海事局桥梁通航安全管理规定[EB/OL].[2023 - 12 - 10].
https://wenku.baidu.com/ view/c196e907346baf1ffc4ffe4733687e21af45ffc8.
html.

[68] 交通运输部.内河航运发展纲要[J].中国水运,2020(6):17 - 19.

[69] 交通运输部办公厅.交通运输部办公厅关于印发桥区水域水上交通安全
管理办法的通知[EB/OL].(2018 - 05 - 10)[2023 - 12 - 10].http://
www.gov.cn/zhengce/zhengceku/2018 - 12/31/content_5445620.htm.

[70] 交通运输部.中华人民共和国内河交通安全管理条例[EB/OL].[2023 - 12 -
10].http://www.gov.cn/zhengce/2020 - 12/26/content_5573627.htm.

[71] 国际海事组织.国际海上人命安全公约[M].北京:人民交通出版社,2010.

[72] 王鹏飞.深度学习在海上目标探测中的应用[D].呼和浩特:内蒙古大
学,2022.

[73] 赵梁滨.基于 AIS 数据和循环神经网络的船舶轨迹异常检测[D].大连:大
连海事大学,2019.

[74] ZHANG D,LI J,WU Q,et al.Enhance the AIS data availability by screening
and interpolation[C]//2017 4th International Conference on Transportation
Information and Safety (ICTIS).Banff:IEEE,2017:981 - 986.

[75] DOUGLAS D H,PEUCKER T K.Algorithms for the reduction of the
number of points required to represent a digitized line or its caricature
[J]. The International Journal for Geographic information and
Geovisualization,1973,10(2):112 - 122.

[76] 王新立.基于 GPR 模型的船舶自适应轨迹预测及应用研究[D].武汉:武
汉理工大学,2019.

[77] 中华人民共和国海事局.中华人民共和国内河避碰规则[EB/OL].(2016 -
06 - 13) [2023 - 12 - 10].https://www.msa.gov.cn/page/article.do?
preview=false&articleId=B6DCB96D - 303D - 4261 - 9DF0 - E501F7F756D1.

[78] 姜大鹏.基于船舶交通流特征的通航宽度计算及其应用[D].大连:大连海
事大学,2020.

[79] 苏林.小型船舶自力掉头靠泊方式及关键点介绍[C]//中国引航论文集.
宁波:中国航海学会,2015:216 - 218.

[80] 方泉根.回转角速度指示器在船舶操纵中的应用[J].交通部上海船舶运
输科学研究所学报,1994,17(1):73 - 78.

[81] 潘家财,姜青山,邵哲平,等.船舶会遇的时空数据挖掘算法及应用[J].中

国航海,2010,33(4):57-60.

[82] 田慧斌.定线制水域船舶追越行为建模与风险评价方法研究[D].武汉:武汉理工大学,2020.

[83] 中华人民共和国住房和城乡建设部.内河通航标准:GB 50139—2014[S].北京:交通运输部出版社,2014.

[84] 刘丹丹.基于深度时序卷积网络和多模生理数据的疾病识别方法研究[D].重庆:重庆大学,2020.

[85] QIAO Y C, YANG X, WU E H. The research of BP neural network based on one-hot encoding and principle component analysis in determining the therapeutic effect of diabetes mellitus[J]. IOP Conference Series: Earth and Environmental Science, 2019, 267 (4):042178.

[86] DIEDERIK P, JIMMY B A. Adam: a method for stochastic optimization [J].Computer Science,2014,83(1):5-10.

[87] WEI J, HE J H, ZHOU Y, et al. Enhanced object detection with deep convolutional neural networks for advanced driving assistance[J].IEEE Transactions on Intelligent Transportation Systems, 2020, 21 (4): 1572-1583.

[88] GARCÍA-MARTÍN Á, SÁNCHEZ-MATILLA R, MARTÍNEZ J M. Hierarchical detection of persons in groups[J].Signal,Image and Video Processing,2017,11(7):1181-1188.

[89] BEYER L, HERMANS A, LINDER T, et al. Deep person detection in two-dimensional range data[J].IEEE Robotics and Automation Letters, 2018,3(3):2726-2733.

[90] SENGUPTA A, JIN F, ZHANG R Y, et al. mm-pose: real-time human skeletal posture estimation using mmwave radars and CNNs[J].IEEE Sensors Journal,2020,20(17):10032-10044.

[91] LIANGX T, JIA X Y, HUANG W Q, et al. Real-time grading of defect apples using semantic segmentation combination with a pruned YOLO V4 network[J].Foods (Basel,Switzerland),2022,11(19):3150-3167.

[92] SUN L S, XU Y, RAO Z K, et al. YOLO algorithm for long-term tracking and detection of escherichia coli at different depths of microchannels based on microsphere positioning assistance[J].Sensors (Basel,Switzerland),2022,22(19):7454-7469.

[93]　DING B C,ZHANG Z,LIANG Y R,et al.Detection of dental caries in oral photographs taken by mobile phones based on the YOLOv3 algorithm[J].Annals of translational medicine,2021,9(21):1622－1632.

[94]　HE K M,ZHANG X Y,REN S Q,et al.Spatial pyramid pooling in deep convolutional networks for visual recognition[J].IEEE Transactions on Pattern Analysis and Machine Intelligence,2015,37(9):1904－1916.

[95]　LI S,LIU Y,WU S,et al.MDM-YOLO:Research on object detection algorithm based on improved YOLOv4 for marine organisms[J]. Computing and Informatics,2023,42(1):210－233.

[96]　SIMINYAN K,ZISSERMAN A.Very deep convolutional networks for large-scale image recognition[EB/OL].[2023－12－10].https://ui. adsabs.harvard.edu/abs/2014arXiv1409.1556S/abstract.

[97]　伍伟明.基于 Faster R－CNN 的目标检测算法的研究[D].广州:华南理工大学,2018.

[98]　REDMON J,FARHADI A.YOLO9000:better,faster,stronger[C]// 2017 IEEE Conference on Computer Vision and Pattern Recognition. [S.l.]:IEEE,2017:6517－6525.

[99]　寇大磊,权冀川,张仲伟.基于深度学习的目标检测框架进展研究[J].计算机工程与应用,2019,55(11):25－34.

[100]　WANG C Y,BOCHKOVSKIY A,LIAO H Y M,et al. Scaled-YOLOv4:scaling cross stage partial network[C]//2021 IEEE/CVF Conference on Computer Vision and Pattern Recognition（CVPR）. Nashville:IEEE,2021:13024－13033.

[101]　QIAN L,ZHENG Y Z,CAO J X,et al. Lightweight ship target detection algorithm based on improved YOLOv5s[J].Journal of Real-Time Image Processing,2023,21(1):3－17.

[102]　HOWARD A,SANDLER M,CHEN B,et al. Searching for MobileNetV3[C]//Proceedings of the IEEE/CVF International Conference on Computer Vision.Seoul:IEEE,2019:1314－1324.

[103]　HU J,SHEN L,ALBANIE S,et al.Squeeze-and-excitation networks [J].IEEE Transactions on Pattern Analysis and Machine Intelligence, 2020,42(8):2011－2023.

[104]　LIU Z,MAO H,WU C Y,et al. A convnet for the 2020s[C]// Proceedings of the IEEE/CVF Conference on Computer Vision and

Pattern Recognition.New Orleans:IEEE,2022:11966 – 11976.

[105] GLOROT X,BORDES A,BENGIO Y.Deep sparse rectifier neural networks [J].Journal of Machine Learning Research,2011,15:315 – 323.

[106] HENDRYCKS D,GIMPEL K.Gaussian error linear units (GELUs)[J/ OL].arXiv:1606.08415,2016,1:1 – 9[2023 – 12 – 05].https://arxiv. org/abs/1606.08415.

[107] GU Z F,JU M Y,ZHANG D Y.A single image dehazing method using average saturation prior[J].Mathematical Problems in Engineering, 2017,20(17):1 – 17.

[108] NARASIMHAN S G,NAYAR S K.Vision and the atmosphere[J]. International Journal of Computer Vision,2002,48(3):233 – 254.

[109] LI B Y,PENG X L,WANG Z Y,et al.AOD-Net:all-in-one dehazing network[C]//2017 IEEE International Conference on Computer Vision (ICCV).Venice:IEEE,2017:4780 – 4788.

[110] LIU R W,GUO Y,LU Y X,et al.Deep network-enabled haze visibility enhancement for visual IoT-driven intelligent transportation systems [J].IEEE Transactions on Industrial Informatics,2023,19(2):1581 – 1591.

[111] ENGIN D,GENC A,EKENEL H K.Cycle-Dehaze:enhanced cycleGAN for single image dehazing [C]//2018 IEEE/CVF Conference on Computer Vision and Pattern Recognition Workshops (CVPRW).Salt Lake City:IEEE,2018:938 – 946.

[112] GANGULY B,BHATTACHARYA A,SRIVASTAVA A,et al.Single image haze removal with haze map optimization for various haze concentrations[J].IEEE Transactions on Circuits and Systems for Video Technology,2022,32(1):286 – 301.

[113] SU Y Z,HE C,CUI Z G,et al.Physical model and image translation fused network for single-image dehazing[J].Pattern Recognition,2023, 142:109700.

[114] YIN S B,WANG Y B,YANG Y H.A novel image-dehazing network with a parallel attention block[J]. Pattern Recognition, 2020, 102:107255.

[115] SHAO Z F,WU W J,WANG Z Y,et al.SeaShips:a large-scale precisely annotated dataset for ship detection[J].IEEE Transactions on Multimedia,2018,20(10):2593 – 2604.

[116] ZHAO H Y,KONG X T,HE J W,et al. Efficient image super-resolution using pixel attention［J］. Lecture Notes in Computer Science,2020,12537:56－72.

[117] ZHAO H,GALLO O,FROSIO I,et al.Loss functions for image restoration with neural networks[J]. IEEE Transactions on Computational Imaging,2017,3(1):47－57.

[118] SAKARIDIS C,DAI D X,VAN G L.Semantic foggy scene understanding with synthetic data[J]. International Journal of Computer Vision,2018,126(9):973－992.

[119] AGUSTSSON E,TIMOFTE R.NTIRE 2017 challenge on single image super-resolution:dataset and study［C］//2017 IEEE Conference on Computer Vision and Pattern Recognition Workshops（CVPRW）. Honolulu:IEEE,2017:1122－1131.

[120] HE K M,SUN J,TANG X O.Single image haze removal using dark channel prior[J].IEEE Transactions on Pattern Analysis and Machine Intelligence,2011,33(12):2341－2353.

[121] HUYNH-THU Q,GHANBARI M. Scope of validity of PSNR in image/video quality assessment[J].Electronics Letters,2008,44(13):800－801.

[122] QIN X,WANG Z L,BAI Y C,et al.FFA-net:feature fusion attention network for single image dehazing［C］//34th AAAI Conference on Artificial Intelligence.New York:AAAI,2022:7－12.

[123] 叶晴旻.大视场相机畸变校正相关技术的研究［D］.杭州:浙江大学,2016.

[124] 曾志强,冯鹏鹏,李忠华.影像测量中大视场相机畸变精确校正研究[J].机床与液压,2022,50(2):21－25.

[125] 蒯杨柳,文贡坚,回丙伟,等.利用多个小棋盘的大视场相机标定方法[J].测绘通报,2016(7):39－43.

[126] ABDEL-AZIZ Y I,KARARA H M,HAUCK M. Direct linear transformation from comparator coordinates into object space coordinates in close-range photogrammetry[J]. Photogrammetric Engineering and Remote Sensing,2015,81(2):103－107.

[127] TSAI R Y.A versatile camera calibration technique for high-accuracy 3D machine vision metrology using off-the-shelf TV cameras and

lenses[J].IEEE Journal of Ronotics and Automation,1987,3(4):323－344.

[128] ZHANG Z Y.A Flexible New Technique for Camera Calibration[J].IEEE Transactions on Pattern Analysis and Machine Intelligence,2000,22(11):1330－1334.

[129] MAYBANK S J,FAUGERAS O D.A theory of self-calibration of a moving camera[J].International Journal of Computer Vision,1992,8(2):123－151.

[130] TRIGGS B.Autocalibration and theabsolute quadric[C]//Proceedings of IEEE Computer Society Conference on Computer Vision and Pattern Recognition.San Juan:IEEE,1997:609－614.

[131] 许承慧.基于双目立体视觉的三维测距关键技术研究[D].绵阳:西南科技大学,2014.

[132] 白明,庄严,王伟.双目立体匹配算法的研究与进展[J].控制与决策,2008,23(7):721－729.

[133] 陈炎,杨丽丽,王振鹏.双目视觉的匹配算法综述[J].图学学报,2020,41(5):702－708.

[134] RUBLEE E,RABAUD V,KONOLIGE K,et al.ORB:an efficient alternative to SIFT or SURF[C]//2011 IEEE International Conference on Computer Vision.Barcelona:IEEE,2011:2564－2571.

[135] BIAN J W,LIN W Y,LIU Y,et al.GMS:grid-based motion statistics for fast,ultra-robust feature correspondence[J].International Journal of Computer Vision,2020,128(6):1580－1593.

[136] YU S B,JIANG Z,WANG M H,et al.A fast robust template matching method based on feature points[J].International Journal of Modelling,Identification and Control,2020,35(4):346－352.

[137] DONG C,LOY C C,TANG X.Accelerating the super-resolution convolutional neural network[C]// Computer Vision-ECCV 2016.Cham:Springer,2016:391－407.

[138] DONG C,LOY C C,HE K M,et al.Image super-resolution using deep convolutional networks[J].IEEE Transactions on Pattern Analysis and Machine Intelligence,2016,38(2):295－307.

[139] 李洋,赵鸣,徐梦瑶,等.多源信息融合技术研究综述[J].智能计算机与应用,2019,9(5):186－189.

[140] 董真杰,郑琛瑶,张国龙.不同精度数据融合的自适应加权平均法研究[J].舰船电子工程,2014,34(10):31-33.

[141] 唐宇舟.基于联邦卡尔曼滤波的多源异类交通数据融合技术研究[D].杭州:浙江工业大学,2020.

[142] 陈咨余,张新伟,叶凌云.基于LMS算法的多传感器数据加权融合方法[J].计算机工程与应用,2014,50(20):86-90.

[143] 麦珍珍.基于联邦滤波的多传感器组合导航算法研究[D].济南:山东大学,2020.

[144] 肖乾.多传感器组合导航系统信息融合技术研究[D].哈尔滨:哈尔滨工程大学,2005.

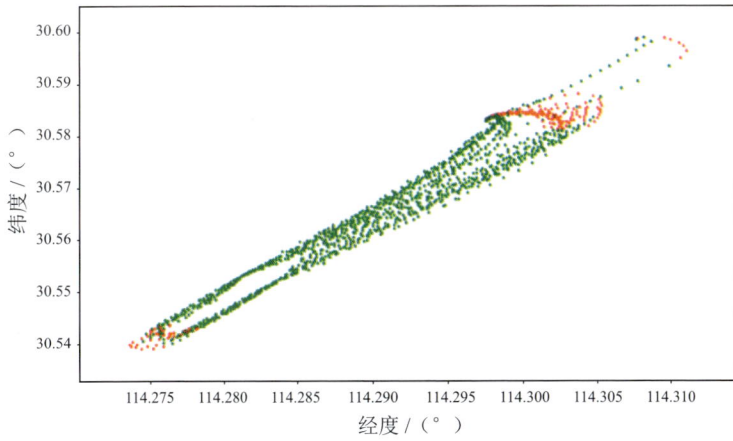

图 2-17　掉头行为识别结果

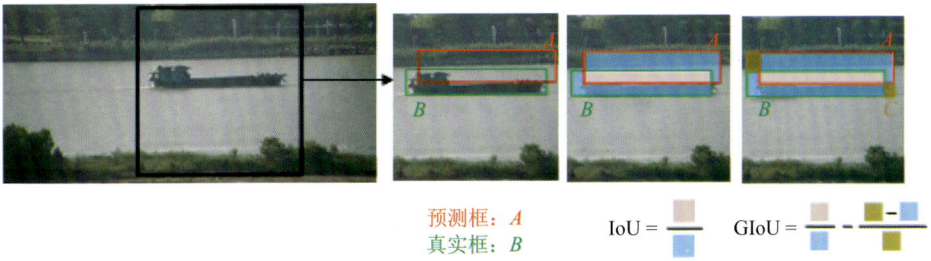

预测框：A
真实框：B

$$IoU = \frac{\ \ }{\ \ } \qquad GIoU = \frac{\ \ }{\ \ } - \frac{\ -\ }{\ \ }$$

图 3-7　GIoU 示意图

图 3-27　不同光照条件下的船舶图像

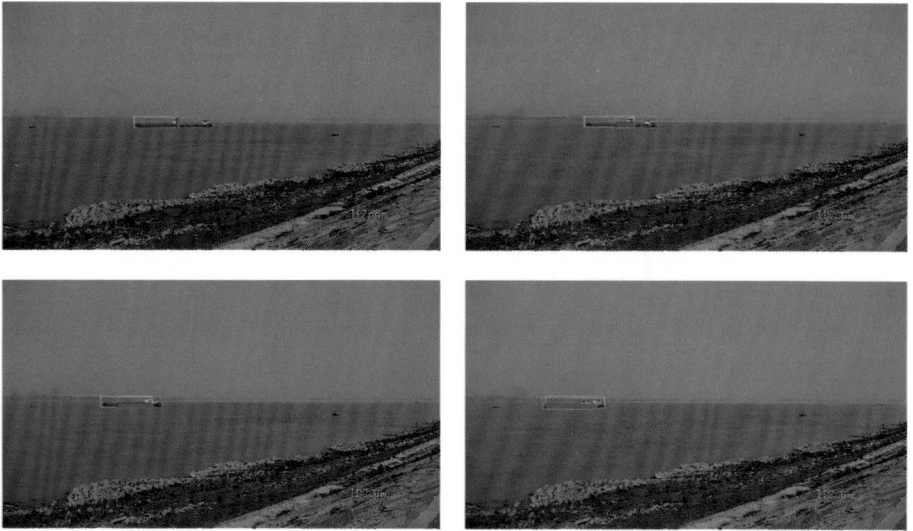

图 3-28　不同遮挡程度的船舶图像

图 3-29　不同雾浓度场景下的船舶图像

图 3-32　Mosaic 数据增强效果图

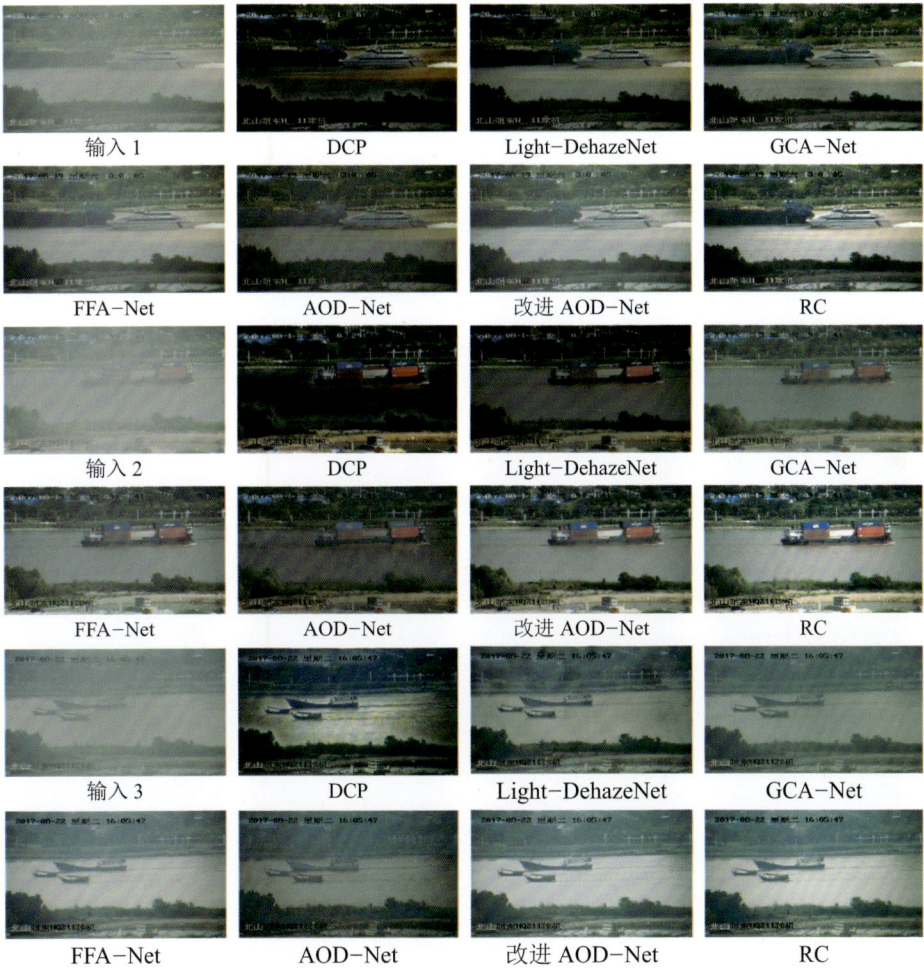

| 输入 1 | DCP | Light-DehazeNet | GCA-Net |

| FFA-Net | AOD-Net | 改进 AOD-Net | RC |

| 输入 2 | DCP | Light-DehazeNet | GCA-Net |

| FFA-Net | AOD-Net | 改进 AOD-Net | RC |

| 输入 3 | DCP | Light-DehazeNet | GCA-Net |

| FFA-Net | AOD-Net | 改进 AOD-Net | RC |

图 3-33　人工合成雾测试集去雾视觉比较

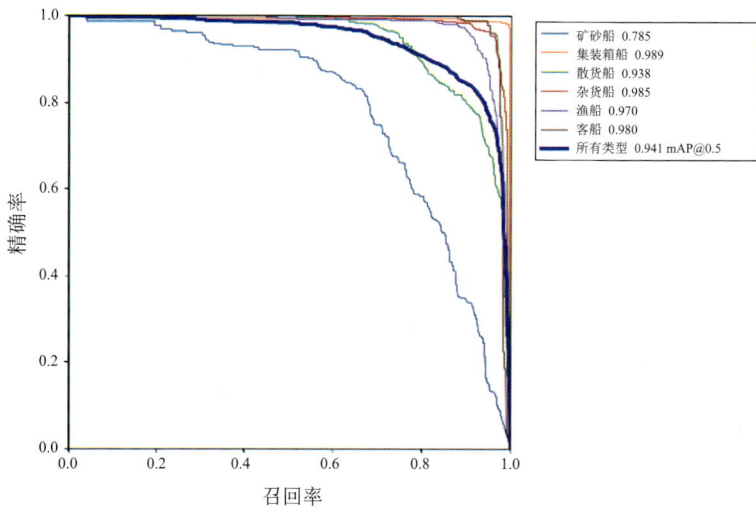

（a）

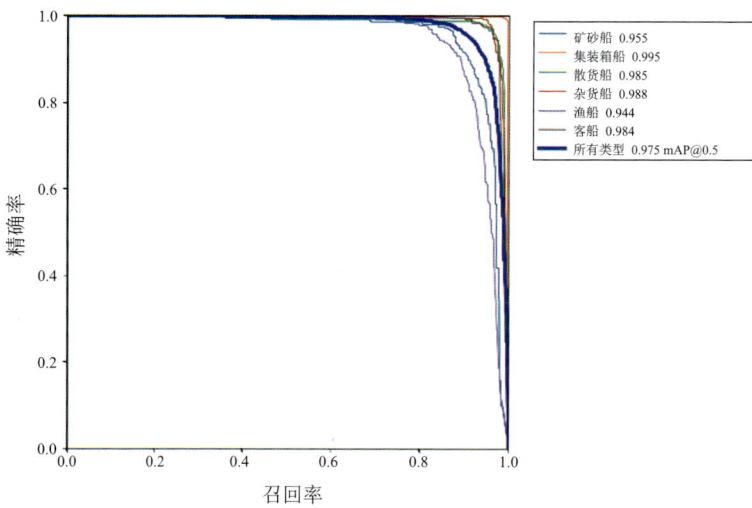

（b）

图 3-38　不同类型船舶 P-R 曲线

（a）YOLOv5s；（b）MC-YOLO

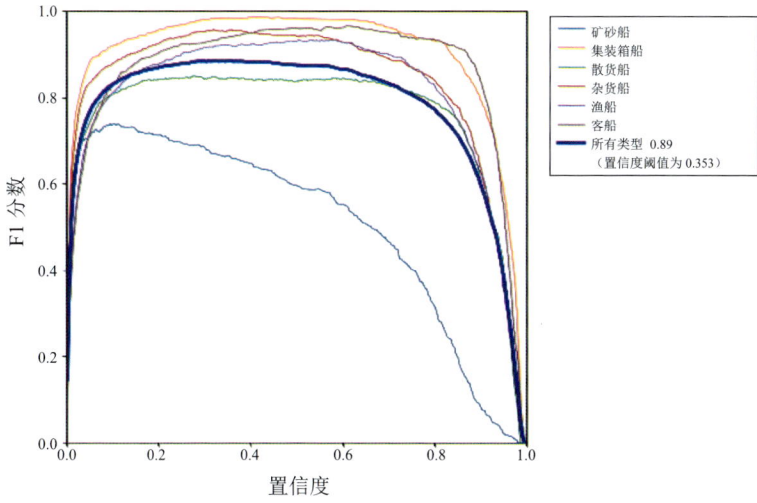

（a）

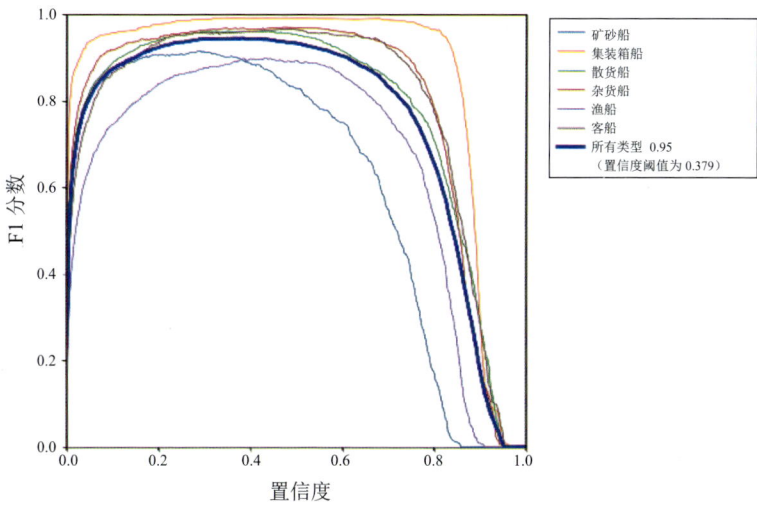

（b）

图 3-39 各类型船舶 F1 分数曲线

（a）YOLOv5s；（b）MC-YOLO

（a）　　　　　　　　　（b）

图 3-41　InlandShips 测试集上对各类船舶的可视化比较

（a）YOLOv5s；（b）MC-YOLO

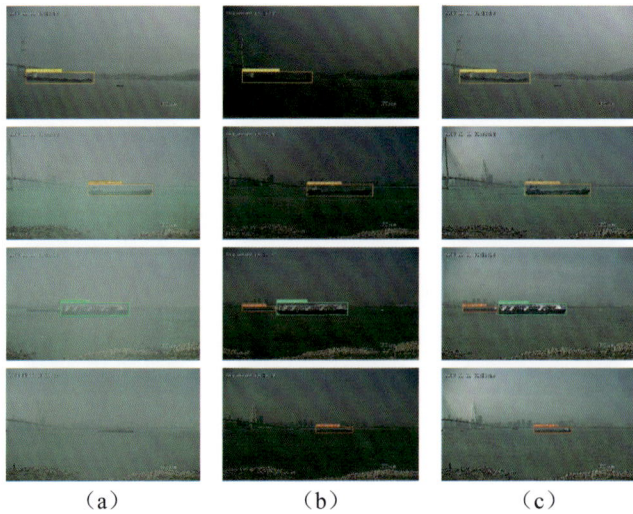

（a）　　　　　　（b）　　　　　　（c）

图 3-44　FogShips 数据集可视化比较

（a）YOLOv5s；（b）AOD-Net+YOLOv5s；（c）改进 AOD-Net+MC-YOLO

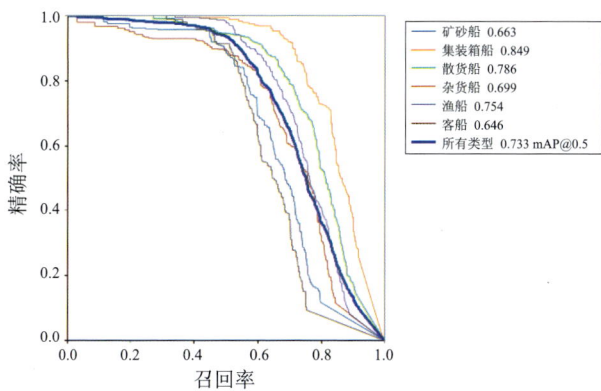

（a）

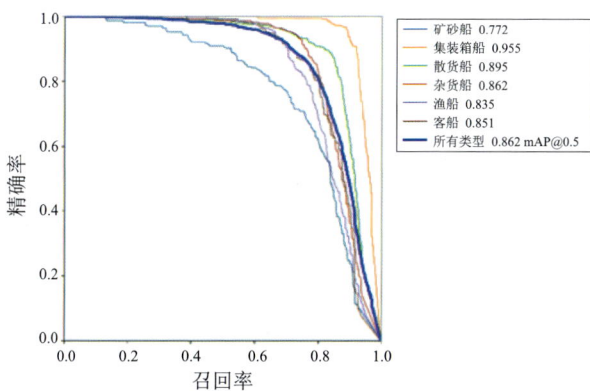

（b）

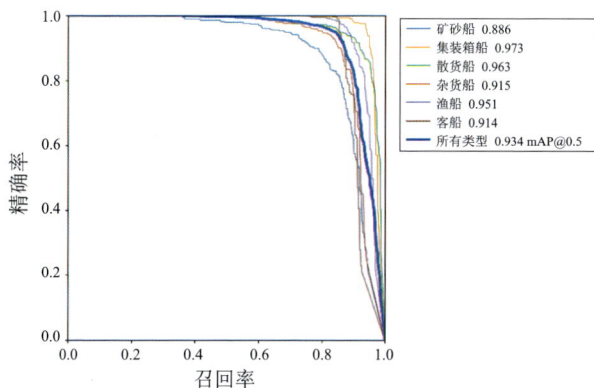

（c）

图 3-45　不同方法的 P-R 曲线

（a）YOLOv5s；（b）AOD-Net+YOLOv5s；（c）改进 AOD-Net+MC-YOLO

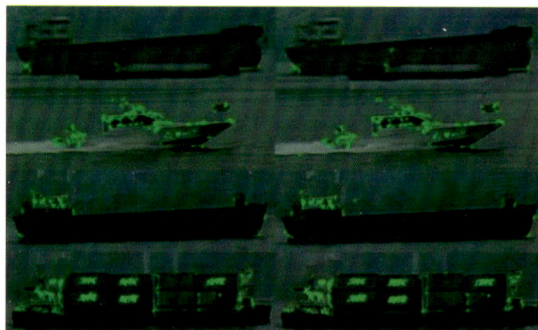

（a）　　　　　　　（b）

图 4-16　船舶特征提取前后对比

（a）提取前；（b）提取后

（a）

（b）

图 5-14　AIS 和视频轨迹坐标转换后目标船舶位置

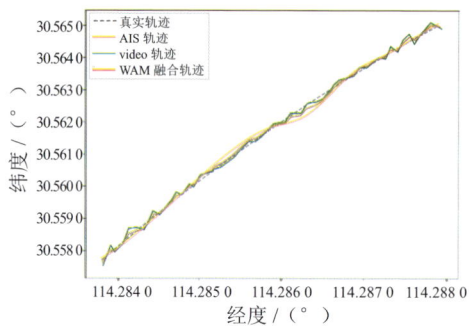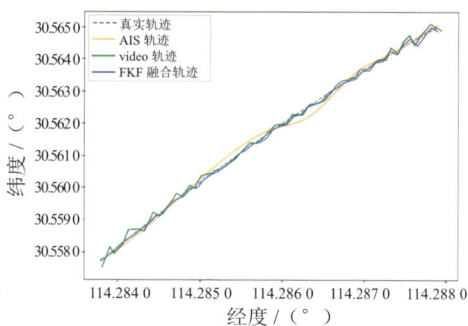

（a）　　　　　　　　　　　　　　　　（b）

图 5-21　WAM 和 FKF 算法融合比较

（a）WAM；（b）FKF

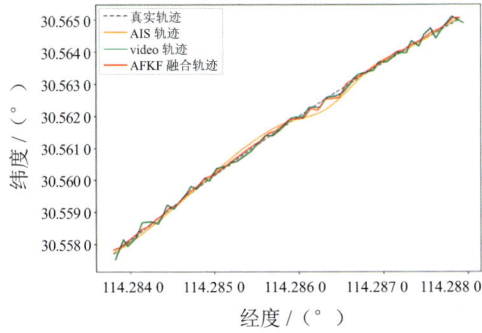

图 5-23 AFKF 融合效果

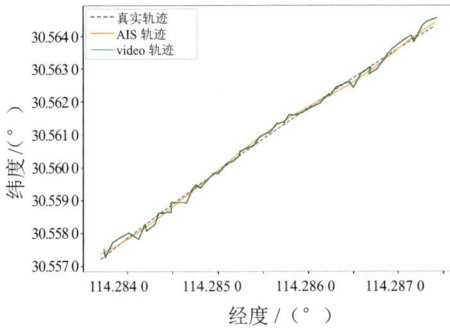

（a）

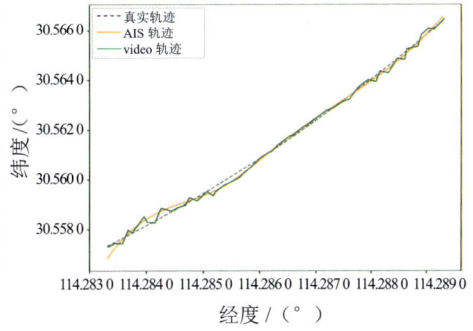

（b）

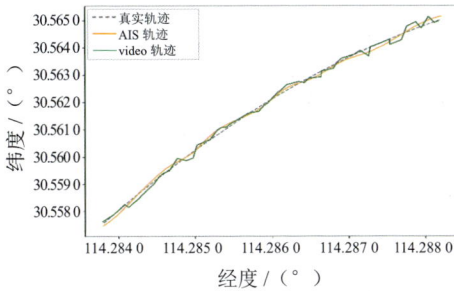

（c）

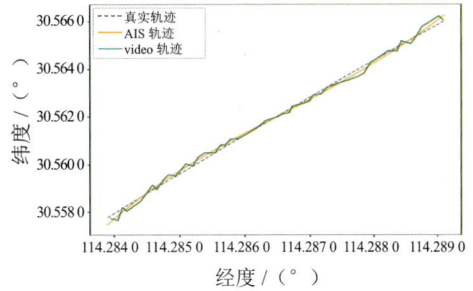

（d）

图 5-25 各船舶原始轨迹效果

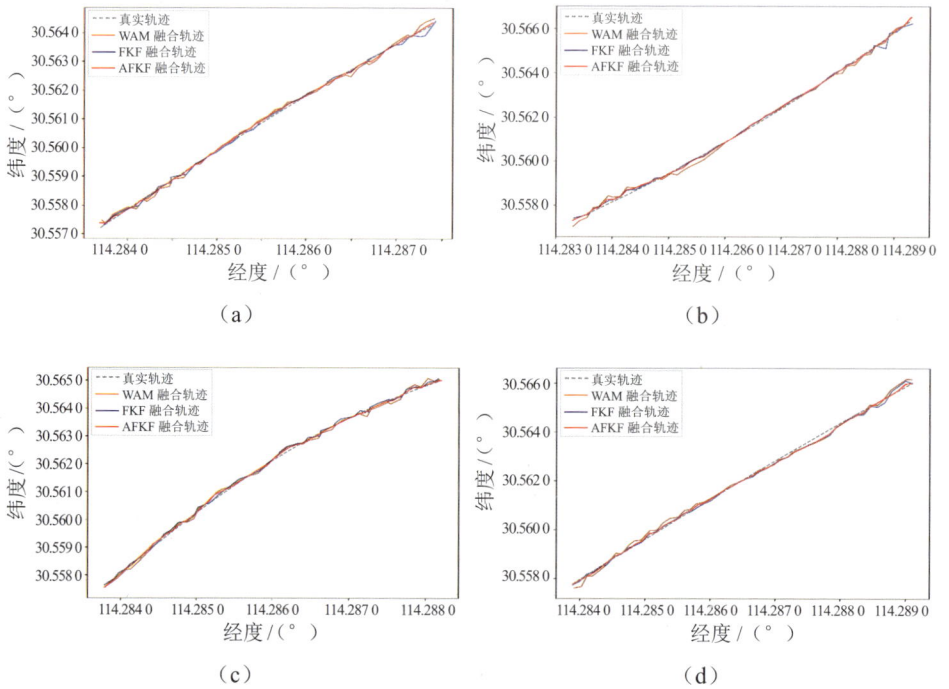

图 5-26　各船舶轨迹融合效果

图 5-28　船舶 AIS 和视频信息融合效果

（a）实例 1；（b）实例 2